自由主義的新遺產

殷海光
夏道平
徐復觀
政治經濟文化論說

何卓恩 著

崧燁文化

目錄

自序

第一章 殷海光、夏道平、徐復觀概說
- 第一節 「自由思想者」殷海光 13
- 第二節 「自由經濟的傳道者」夏道平 28
- 第三節 「勇者型新儒家」徐復觀 38

第二章 政治哲學家殷海光
- 第一節 從三民主義到自由主義的演變 53
- 第二節 辦政治與辦教育：殷海光政教關係認識的變化 65
- 第三節 民本與民主：1950年代殷海光經歷的兩場論戰 78
- 第四節 殷海光《中國文化的展望》的思想進境 90
- 第五節 殷海光的「五四」情結與「五四」觀念 95

第三章 經濟哲學家夏道平
- 第一節 自由與平等：《自由中國》時期殷海光、夏道平對政經關係的反思 121
- 第二節 夏道平對自由市場經濟的證成 136
- 第三節 夏道平對自由的釐定與闡發 147
- 第四節 夏道平論自由主義與宗教信仰 156

第四章 文化哲學家徐復觀
- 第一節 徐復觀、牟宗三與新儒學在臺灣的興起 173
- 第二節 徐復觀對中國思想文化的闡釋 189
- 第三節 徐復觀與牟宗三思想比較 208
- 第四節 儒學與自由主義之間：徐復觀和殷海光的思想合離及其啟示 224
- 代結語 近代中國自由主義的舊傳統與新遺產 257

附錄 殷海光、夏道平、徐復觀年表

後記

自序

本書是殷海光、夏道平、徐復觀三位赴臺哲人的合論。將這三個人物合併在一起加以討論，有兩個理由。

一是湖北赴臺哲人很多，陶希聖、胡秋原、徐復觀、殷海光、夏道平等都是，我就選取自己比較熟悉的殷、夏、徐三位，作為個案加以考察。這算「外在理由」。

二是殷、夏、徐三位不僅都是哲人，並且都對自由主義有過深入思考，各有超越於以往自由主義的新成就，將他們結合起來討論，意義就不僅僅是「湖北赴臺哲人」的隨意性案例了。這算「內在理由」。

我進入思想史閱讀和研究只是 10 年左右的事，屬半路出家。以前興趣比較雜，大學讀的政治學，畢業後熱衷文化哲學，後來工作需要進修過經濟學，都淺嘗輒止，不得要領。直到受單位派遣進入歷史學碩士學位班，因為學位論文寫作需要，才結合自己學業基礎確定研究思想史；到博士學位論文寫作階段，才更進一步將研究領域集中到近代中國自由主義思潮方面。

我的博士論文試圖以一個典型人物為觀察點，溯及源流，上下連貫，對近代中國自由主義演變作出嘗試性考察，選取的人物是 1949 年去臺灣而成為自由主義思想家的殷海光。對殷海光進行一番閱讀和探討，即始於此。2002 年博士論文完成，經修改兩年後在上海三聯書店付梓，書名《殷海光與近代中國自由主義》。本書中《殷海光從三民主義到自由主義的演變》一文，可說是該書一章的壓縮版，曾作為討論三民主義的論文提交給一次紀念辛亥革命的學術研討會。

該書出版之前，得益於臺北紀念殷海光學術基金會和政治大學歷史系的幫助，我有幸親赴臺灣補充資料和訪問前輩，期間榮獲政治大學歷史學報約稿，因此寫出一篇《辦教育與辦政治：殷海光政教關係認識的變化》，將書中提到而沒有展開的殷海光對政治與教育關係問題的認識做了專題考察。大致同時，又寫了一篇《殷海光〈中國文化的展望〉的思想進境》在大陸刊物

上發表,針對學界關注的殷海光晚年代表作《中國文化的展望》的思想變化做了若干探索。

此後一段時間,因為從事博士後研究,將研究對象調整為 1950 年代在臺灣的整個自由主義群體,也就是《自由中國》同人的整體思想傾向,有關殷海光個人思想的專題研究暫時放了下來。在臺灣水牛出版社出版的出站報告《〈自由中國〉與臺灣自由主義思潮》一書中,殷海光雖仍占有一定篇幅,內容上卻並無明顯延伸或深化。後來參加一些專題研討活動,才又繼續討論到有關殷海光思想的一些內容。本書中的《民本與民主:1950 年代殷海光經歷的兩場論戰》、《殷海光的「五四」情結與「五四」觀念》等文章,就是這樣寫出的。

在討論殷海光思想的同時,我也注意到他的道友夏道平和論敵徐復觀。

說夏道平是殷海光道友可謂千真萬確,這不僅僅是說他們同屬《自由中國》編輯委員會,同為該刊主筆,共同為該刊撰寫言辭犀利的社論,而且《自由中國》停刊後,他們也一直堅持思考自由主義理路,並常在一起交流討論。殷海光思考的重點在民主政治層面,但也觸及自由經濟;夏道平思考的重點在經濟自由層面,但也始終不離民主政治的目標。夏道平 1950 年代的思想在《〈自由中國〉與臺灣自由主義思潮》一書中已經有所反應,最近幾年,兩岸對夏道平思想價值的認識也在增多,2007 年夏先生誕辰 100 年,兩岸都舉辦了紀念性的學術會議,我都參加了,而且大陸的會議是我與夏先生長孫湖北經濟學院夏明教授共同推動的,還在《湖北社會科學》出了一個專號,所以有機緣做出幾篇小文,本書收錄的《自由與平等:〈自由中國〉時期殷海光、夏道平對政經關係的反思》、《夏道平對市場經濟的證成》、《秉持市場經濟理念的三位鄂籍經濟學家》等文均與此有關。《夏道平論自由主義與宗教信仰》則是略早寫給臺灣《經濟前瞻》的一篇文章。

說徐復觀是殷海光論敵則真假參半,確切而論應該是亦敵亦友,以友為主。他們的大目標是一致的,都是要實現民主政治和落實文化自由創造,所不同的只是對中國傳統文化的態度。徐復觀從來不諱言自己是一個自由主義者,但又說不滿足於「只做一個自由主義者」,他要將中國傳統文化與近代自由主義政治結合起來,這與殷海光一度以政治民主為中心對傳統文化展開

激烈批判是不同的。對於徐復觀的政治和文化思想，在《殷海光與近代中國自由主義》和《〈自由中國〉與臺灣自由主義思潮》中皆有涉及，最近完成的一個研究項目「大陸赴臺學人與臺灣光復後的文化重建」，則列專門章節做了一些討論，本書《徐復觀、牟宗三與新儒家在臺灣的興起》和《徐復觀與牟宗三思想的比較》即出自此項目。專門的文章《儒學與自由主義之間：徐復觀與殷海光的思想合離及其啟示》，是前幾年參加徐復觀思想研討會時撰寫的。

這些討論都圍繞自由主義思想而展開，三位先生的人生際遇、生平事跡和純學術性的專業領域，我始終沒有花太多精力去做考釋。實際上，這些應該也是很值得研究的一個方面，對解讀各自的思想有很重要的意義。對殷海光，最近刊出的一些資料，揭示出若干重要事實需要進一步釐清。如李文熹的《殷海光故家的幾件往事》（《書屋》2007年10期）、《關於「殷海光故家的幾件往事」的補正》（《書屋》2011年2期）等文章，對殷海光的家世、家人後來的遭遇，做了詳細的說明，提出殷海光的出生時間應為1916年而非其自述的1919年的觀點，留下了殷海光何以自改生年的疑問。臺北新出版的《殷海光夏君璐書信集》（臺大出版中心，2011），呈現了大量原始歷史資料，足以反映殷海光早年的心態，學術和政治的傾向，學界存疑的金陵大學副教授身分、蔣介石召見時間、《趕快收拾人心》等文章發表的背景和社會迴響等問題，也可以得到證實或證偽。對夏道平、徐復觀也有一些資料的披露。這方面的研究，只能留待日後來彌補了。

為什麼要研究中國自由主義傳統？這對我既有前述偶然因素，也經過一些思考。

中國是一個文明古國，思想文化始終左右著文明的方向。在傳統時代，儒墨道法四大思潮以及西來佛教各領風騷，而儒學居於主流；進入全球化時代，傳統思潮受到挑戰，耶教東來，世俗的民族主義、自由主義、社會主義三大世界性思潮也分別被知識界引進中國，作為救亡妙方。我曾試用「從常變之爭到主義之辯」來描述近代中國思想史的基本線索，當「主義之辯」成為中國社會思想的顯著表徵時，三大新型思潮各自如何落地生根，如何處理與中國社會和中國傳統的結合，如何爭取成為主導價值，塑造自己的前途與

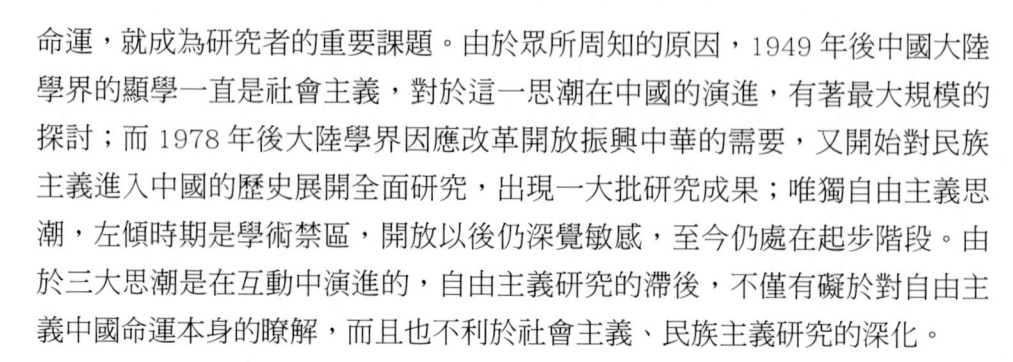

命運，就成為研究者的重要課題。由於眾所周知的原因，1949年後中國大陸學界的顯學一直是社會主義，對於這一思潮在中國的演進，有著最大規模的探討；而1978年後大陸學界因應改革開放振興中華的需要，又開始對民族主義進入中國的歷史展開全面研究，出現一大批研究成果；唯獨自由主義思潮，左傾時期是學術禁區，開放以後仍深覺敏感，至今仍處在起步階段。由於三大思潮是在互動中演進的，自由主義研究的滯後，不僅有礙於對自由主義中國命運本身的瞭解，而且也不利於社會主義、民族主義研究的深化。

由於三大思潮研究的不平衡，自由主義已經成為「主義之辯」中最含混的一種思潮。中國自由主義思潮研究最嚴重的問題，莫過於研究少而結論多，如中國自由主義主張自由散漫，中國自由主義是弱小的資產階級的思想，中國自由主義脫離人民，中國自由主義反傳統，中國自由主義與社會主義格格不入，中國自由主義者不愛國，自由主義不符合中國國情，等等。這裡其實許多是似是而非的認識，最需要正本清源。

我參與研究自由主義，基本的考慮在此。而選擇著力於考察1949年以後臺灣地區的自由主義發展，乃因這是20世紀中國自由主義思潮演變的一個組成部分，一個與以往自由主義在大陸發展有所區別的部分，且是常常被遺忘的一部分。迄今為止，大陸學者對於1949年以後赴臺哲人在臺灣的思想發展，尤其自由主義思想的演變，關注和研究仍然鳳毛麟角，特別需要加強。殷海光、夏道平、徐復觀三人思想未必能夠代表自由主義新傳統的全部，但應該足以代表自由主義的與時俱進。

本課題還邀請了三位朋友參與，他們是夏明教授、鄧文副教授、劉金鵬副教授。很榮幸，他們的成果也被允許收入本書。夏明教授是夏道平先生嫡長孫，《夏道平的「自由經濟傳道者」之路》是其根據曾發表在臺灣中華經濟研究院院刊的紀念祖父文章改定的；鄧文副教授是我曾經的同事，近年也對赴臺知識分子發生興趣，並以「雷震與戰後臺灣社會運動」為題完成其博士論文，期間也探索過其他赴臺思想人物，本書中的《夏道平對自由的釐定與闡發》為其提交給紀念夏道平研討會的文章，在學術期刊發表過。劉金鵬副教授研究新儒家人物多年，他專門為本書撰寫了《徐復觀對中國思想文化

的闡釋》一文,並三易其稿,令我特別感動。這些朋友的慷慨,為本書增色不少,激勵我不避淺陋,拋磚引玉,很感謝他們。

第一章 殷海光、夏道平、徐復觀概說

本書討論的，是三位個性鮮明，卻共同關注自由主義學理，關注自由主義東方命運的湖北籍赴臺學人。這三位哲人是：政治哲學家殷海光，經濟哲學家夏道平，文化哲學家徐復觀。

▎第一節 「自由思想者」殷海光[1]

歷史造就人物，人物也努力塑造著歷史。發生在 20 世紀中葉的歷史大變局，既是中國三千年未有之奇變的戲劇性延續，也是中國三千年常有之離合的再一次複製。在這場大變局中，一些大陸讀書人身不由己來到了偏安一隅的臺灣，他們力圖借助於不同既往歷史的時空環境，將偏安之隅率先帶出歷史的輪迴，從而逐步使全中國和平地步入全面現代化的新時代。殷海光堪稱其中之健者。

殷海光（1919-1969）

1949 年國民黨在大陸的全面潰敗，引發了前所未有的政治危機，為因應這種危機，不得不標榜言不由衷的民主口號，感召和拉攏自由主義的第三勢力。然而，當朝鮮戰爭爆發，美國介入臺海，臺灣局面漸趨穩定後，政治當

局又舊病復發，威權個性重新加強。隨著國民黨改造中堅持走威權路線的當權派取得絕對話語權，並主導完成了「改造」，包括黨內喪失表現機會的民主改革聲音在內的異端思想，便只好透過自由主義者主辦的《自由中國》等媒體來表達。這便使得自由主義者與政治當局之間暫時掩飾的分歧，不可避免地表面化。本以與當局合作為初衷的《自由中國》，1951年6月以後，批評監督當局的分量加重，與當局之間的摩擦和衝突也不斷升級，直至50年代後期徹底破裂。殷海光正是這一鬥爭中最著名的理論家和「自由思想者」、「自由鬥士」、「自由主義領港人」。在國民黨嚴厲禁絕共產主義思想的格局下，自由主義可以說是當時所能合「法」表述的唯一對抗官方意識形態的思想形態。

殷海光，1919年出生於湖北黃岡回龍山鎮殷家樓村一個農村基督教傳教士家庭，曾讀過私塾。中學在武昌完成，由大伯父殷子衡照管。大伯父曾是反清革命黨日知會的骨幹，辛亥革命後皈依基督並從事學術。高中畢業到北平問學家鄉名儒熊十力和清華教授金岳霖，後進入西南聯大哲學系並考入獨立建制的清華研究院哲學研究所，畢業前投筆從戎短暫參加青年軍，退役後以時論著作贏得了國民黨內一些高官的注意，被延攬到宣傳機構任職。1949年以《中央日報》主筆身分赴臺，期待國民黨徹底改革。不遂，乃辭職進入臺灣大學哲學系任教，同時加入自由派言論刊物《自由中國》批評時政，矢志於闡揚「五四」精神，成為臺灣自由主義的領航人物。《自由中國》被迫停刊，殷海光開始受到連串的迫害，1969年在貧病交加中離世。生壽半百、英年早逝的殷海光，在他寄住臺灣的二十年中，以他虔誠的理想主義精神，以他的「澄明之境」、「超凡脫俗」和「狂進不已」[2]，留下了璀璨的思想光芒和人格光輝。

一、「五四的兒子」：學者、知識分子、思想家

殷海光在臺灣的歲月，既任臺灣大學的教授，又做《自由中國》的主筆，還在自我反省中實現著思想人格的「日新、日新、又日新」。學者、知識分子、思想家的角色集於一身。三種角色中，學者角色最能體現的是「拾貝少年」求知的熱情；知識分子角色最貴於「社會的關懷」和「批判的精神」；思想家角色則呈現出為中華民族長遠前途求出路的心志、真誠與銳進。

◎學者的純真

殷海光的學者之路，起步很早。中學時期他開始對邏輯和哲學發生興趣，並有長篇學術論文在《東方雜誌》、《文哲月刊》等著名學術刊物發表，還出版了 40 萬字的譯著《邏輯基本》。大學階段親炙金岳霖的薰陶，有良好的專業基礎，出版過《邏輯講話》，翻譯了卡爾納普的講演集《哲學與邏輯語法》。這樣的起點，假以平順的環境，殷海光的學術成就未可限量。

但在一個急劇動盪的年代，一個熱血青年並不容易「躲進小樓成一統」。走出校門後的很長一段時間，殷海光的主要心力集中在論政方面。他雖然一度兼任金陵大學教職，當時內戰氣氛已經很濃，學生心不在學、教師心不在教，學術上要有進展比較困難。進入臺灣大學後，才總算有條件接續求學時代的學術追求。

殷海光在臺大先後教過「理則學」（邏輯學）、「邏輯經驗論」、「羅素哲學」、「理論語義學」、「科學的哲學」、「現代符號邏輯」、「歷史哲學」幾門課程。為了教好這些課程，他在既往的知識基礎上，進一步直接接通西方邏輯與分析哲學的發展，撰寫了《科學經驗論底徵性及其批評》、《輪選推論的解析》、《歷史解析底邏輯》、《經驗科學整合底基礎》等專業論文。有時他為了瞭解新知，不惜坐到自己門生主講的課堂認真當起學生來。殷海光後期對自己學術上頗有「貢獻不夠」之感，但對於自己不懈追求的熱情，仍然堅持。他說：

我像一個在海邊拾貝殼的小孩。我每天從早到晚迎著海風去拾，可是拾回來的竟是那麼少。然而，我並不氣餒，因為拾貝殼本身就是一種樂趣。投身在沙灘上，我可以嗅到帶鹹味的海水，我可以看海鳥俯衝下來捕魚的優美姿勢，我可以凝視天上變幻的雲。那雲勾起我多少回憶，多少幻想。當我看到海岸岩石被海浪衝擊成的形狀時，我就聯想到浪花淘盡古今英雄，領略著海的力量之偉大和無窮。我對於追求真理，也是抱著拾貝殼的這份情懷和態度。所以，即令我所得很少，也不足以阻止我去追求。[3]

友人記憶中的殷海光，對學術永遠是那麼專注。韋政通近年多次來大陸講演，每每講到殷海光，都會特別提到他心無旁騖的專注精神，說每一次去

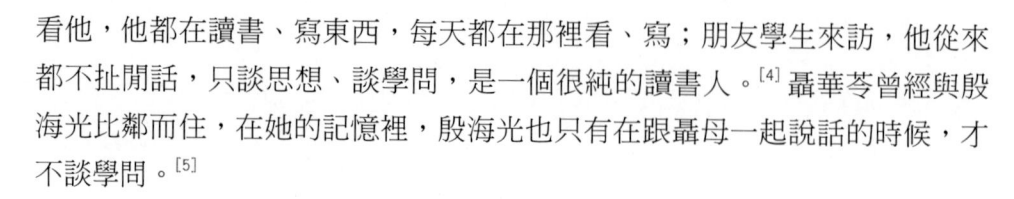

看他,他都在讀書、寫東西,每天都在那裡看、寫;朋友學生來訪,他從來都不扯閒話,只談思想、談學問,是一個很純的讀書人。[4] 聶華苓曾經與殷海光比鄰而住,在她的記憶裡,殷海光也只有在跟聶母一起說話的時候,才不談學問。[5]

◎知識分子的擔當與批判精神

殷海光之所以在邏輯哲學上沒有自己所期望的成就,很大程度上是因為他為時代所累。他處在一個社會劇變的時代,國家的前途、民族的命運、民眾的疾苦,時時在有良知的讀書人心靈中突起,逼其從象牙塔內走到十字街頭。殷海光的學者角色,在很大程度上被知識分子的角色遮蔽著,甚至覆蓋著。

自古以來中國讀書人皆倡導以匡世濟民為己任,「任重而道遠,士不可以不弘毅」的意識,支配殷海光終生。一位思想家曾說,嚴格意義上的知識分子,除了和專家學者一樣需要有豐富的知識,更需要有高度的社會責任心;要相當程度的沒有私心;思想非常獨立,對所提出來的問題有批判的能力;還要有很強的抗拒壓迫的能力。這些特質在殷海光身上都很典型。

殷海光的救世情懷和社會責任心,也從中學時代發蒙。當時「九一八事變」已經發生,國民政府「安內」優先的政策,就引起少年殷海光本能的憤慨,他經常痛罵蔣介石。後來讀大學,抗戰軍興,而內戰隱憂已現,他成了擁蔣派,經常與左派論辯國是,幾至挨打也不回頭。當時國民政府號召「十萬青年十萬軍」參與抗日,以研究生學歷報名參軍的,據說只有殷海光一人。之後的殷海光,無論在大陸還是在臺灣,主要精力均在實踐讀書人「文人論政、輿論救國」之志。

殷海光立言論世,惟以公是公非為基準,絕無偏私。赴臺之初,任卓宣是他的上級,因為對教育方針的見解不同,他不假辭色予以炮轟;陶希聖是在大陸時提攜過他的長輩,也是他的親戚,因為依附國民黨當局,殷海光照樣公敵視之;徐復觀是他很長時間的知交,後來互為仇讎,也只是因為他們對「道學」的看法發生衝突。

殷海光有極強的批判和抗壓能力。他以「五四」為旗幟，反對各種獨斷主義、蒙昧主義、教條主義，並一馬當先，與擁槍桿子自重的國民黨當局展開筆桿子戰鬥。國民黨在臺灣推行黨化教育，殷海光站出來為教師爭人格，為學術教育工作者請命，抨擊學校裡烏煙瘴氣的政治活動，明確主張學術教育獨立於政治。國民黨將三民主義神聖化，殷海光站出來，正告「我極不贊成國民黨藉著政治權勢把三民主義變成國教，但是我極其贊成國民黨享有不藉政治權勢來宏揚其三民主義的自由」。[6] 國民黨藉「反共抗俄」、「反攻大陸」以維持一個小朝廷的規模，連胡適都說這樣事關「政府」統治基礎的政治圖騰，是不能碰的，殷海光卻公開叫板，直斥「反共不是黑暗統治的護符」[7]，揭破反攻大陸「公算」（可能性）很低的事實，呼籲當局必須「實事求是、持久健進」。[8] 至於雷案發生後，他自攬「罪」責、抨擊政治當局野蠻行徑的烈士行為，他拒絕向警備當局低頭、寧可坐牢也不就範「教育部」職位的鬥士氣概，更為讀者所熟知。

◎自由思想者的銳進

殷海光還是一個真誠、銳進的思想家。他的思想家角色，在他從三民主義到自由主義，從激越的自由主義到理知的自由主義的思想軌跡中，有清楚的彰顯。

到臺灣前夕，殷海光開始對國民黨感到失望，但直到入臺之初的一兩年裡，對於國家的前途，他仍然在三民主義範圍內求答案，只是思考的重點，已經有所不同：內戰前期，他以民族主義為中心思考問題；徐蚌會戰打響之後，他特別注意到民生主義的意義；他到臺灣的時候，內戰形勢已急轉直下，國民黨政權在大陸墜之在即，他開始著力於發揮民權主義，團結自由知識分子來挽救局面。可以說，這段時間的殷海光，是在用國民黨的意識形態批評國民黨，國民黨意識形態的邊際效用被他發揮到極致。

國民黨來到臺灣時一度岌岌可危，表示過民主改革的姿態，但朝鮮戰爭爆發牽動的世界局勢變化，挽救了這個小朝廷的命運。得到美國無條件的保護，國民黨重新走向威權。殷海光感覺到國民黨意識形態框框中的民權呼籲，在批評威權政治上的乏力。他開始大量接引海耶克等世界反極權的思想，自我反省，自我洗腦，過渡到以人權為支點的「純正的自由主義」理路。他用

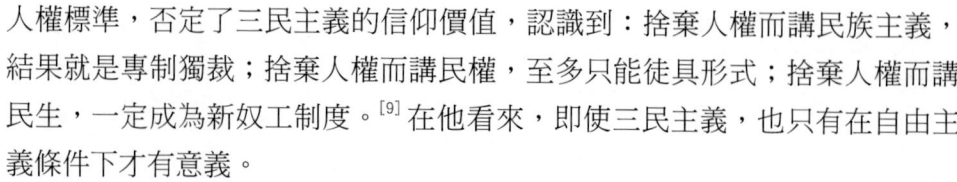

人權標準,否定了三民主義的信仰價值,認識到:捨棄人權而講民族主義,結果就是專制獨裁;捨棄人權而講民權,至多只能徒具形式;捨棄人權而講民生,一定成為新奴工制度。[9] 在他看來,即使三民主義,也只有在自由主義條件下才有意義。

為此,殷海光大力闡揚張佛泉關於「自由即人權」的觀念,否定人權以外的「自由」意義。他也否認「內在自由」、「意志自由」對於自由主義的意義。但到了生命的最後幾年,他再次經歷了「以今日之我非昨日之我」的挑戰,重新思考自由的內涵、民主的意義、自由民主的邏輯基礎、自由民主與平等的關係、保持自由的條件等問題,承認內在自由、道德自由的積極價值,正視自由民主的相對性,向理知的自由主義轉進。

二、「自由思想者」

殷海光在他去世前不久的一篇文字中,說過一段帶有人生總結性質的話:「在一方面,我向反理性主義、蒙昧主義、偏狹主義、獨斷的教條毫無保留的奮戰;在另一方面,我肯定了理性、自由、民主、仁愛的積極價值——而且我相信這是人類生存的永久價值。」[10] 這一段夫子自道,可謂最簡捷地勾勒了殷海光思想的輪廓。而在他的遺囑中,則徑稱自己為「自由思想者」。[11]

◎「啟蒙」取代「革命」

整個20世紀中國政治詞典中,「革命」都是正當、正確的代名詞,這個傳統很大程度上淵源於辛亥革命前的輿論話語。國民黨後來一路舉著「革命」的旗號,反清是革命,北伐是革命,「剿匪」是「革命」,到臺灣後「反攻大陸」也成了「革命」。在「革命」的大帽子下,正常的社會建設無法著手,黑暗行徑倒可大行其道。殷海光和《自由中國》同人不甘心於民族生機被如此的消耗,提出「啟蒙」取代「革命」的議題。

殷海光指出,「反共抗俄」、「反攻大陸」這樣的「革命」,人為製造精神緊張,不利於培養持久的心理基礎,根本之計,應該跟著「五四」啟蒙運動的腳步前進,發揚「五四」民主與科學的精神,從事於健全社會的成長。他說「五四運動」是與「革命」話語相對待的一場兼攝「清除」和「光照」二義啟蒙運動,這一工作遠未完成。「中國的問題,既非靠復古神話所能解

决，更非靠暴力與『革命』這類方式所能解決：在一長遠歷程中，我們能夠藉著啟蒙運動為中國開啟一條有希望的道路。」[12]他甚至說，「革命」是社會病態發展的產品[13]，是反科學反民主的，科學與民主才是我們的燈塔。因此他決意重新祭起「五四」的旗幟。

由於飽受號稱「小型五四」的西南聯大氣氛的薰陶，「五四」話題，對於殷海光，並非一個一夜之間的新發現。南京時期和來臺初期，他就多次談到這個話題，如1948年6月22日《五四與今日》，1949年5月4日《五四運動三十年》，1950年3月16日《這是唯一的出路》。不過那時殷海光談論「五四」，動機不是用於直接反對所謂共產黨的「運動學生」，就是用於所謂「反共救國」的動員。成為完全的自由主義者後，殷海光放棄國民黨式的反共立場，以啟蒙標識「五四」。

既然殷海光以「五四」為啟蒙旗幟，對「五四」的含義便不能不加以限定。以前殷海光每談及「五四」，總是胡適與陳獨秀並提，強調「五四」時期自由主義與社會主義的聯合，現在，為了與國民黨標榜的「社會主義」（民權主義）相區別，站在自由主義的立場，「五四」精神最可貴者當然是「胡適思想」而不是「獨秀思想」了。從此他開始認為，「胡適思想」是近代中國自由主義的核心，胡適思想之消長是中國國運起伏的寒暑表：「中國比較和平、安定、進步、趨向開明之時，正是中國人多容納並吸收『胡適思想』之時。反之，中國底國運乖違，禍亂如麻，趨向錮蔽之時，也就是『胡適思想』橫遭排斥與嫉視之時。」左右兩種勢力一直與「胡適思想」過不去，原因不外左右兩方面的思想在背後有基本的共同之點——都是絕對主義的、權威主義的、只問目的不擇手段的、群體至上組織至上的、自我中心的；而「胡適思想」，因為是主漸進的、重具體的、反教條的、個人本位的、存疑的、重實證的、啟蒙的，與它們格格不入。「必須『胡適思想』在中國普及，中國人才有辦法，中國人才能坦坦蕩蕩地活下去，中國才有起死回生底可能。其他的思想路子，不是情感的發洩，就是歷史的浪費。」[14]

殷海光不掩飾自己「青年導師的風格」。自1951年起的數年間，他一直與一班年輕朋友定期聚會縱談國是，「成為同志們在思想方向上的『舵手』」。[15]他還把他的啟蒙帶到自己的課堂內外，使本身不涉及價值問題的

邏輯哲學,成為一種教導學生「獨立思考」的啟蒙工具,常常一邊講解「講理」的邏輯規則,一邊用當時的政治做推論的實例。[16] 劉福增談到殷海光對臺大學子的影響時說:「因為當時學術封閉,故殷在學術思想上對年輕一輩的啟蒙有很大的影響。在當時的臺大(1950年代)殷先生與傅斯年對青年的影響最大,而殷先生對青年追求自由思想、獨立思考能力的啟發尤其影響深遠,殷先生可說是當時許多知識青年的啟蒙導師。」[17] 以這時他對於自由主義精神的把握,殷海光確有很強的信心和信念,要推動一次新的啟蒙運動。正好,《自由中國》立場的轉變和趨硬,為他的啟蒙心態提供了最佳窗口。

◎自由、民主是現代政治的正途

殷海光啟蒙的目標,在社會建構上,表現為對自由民主制度的追求。他堅持認為,自由民主是現代政治的正途。

未出三民主義框架前,殷海光已經在民權主義意義下開始談論民主自由。那時的言論主調是,強調「民主自由」與所謂「反共抗俄」不矛盾,要求走所謂「民主反共」之路。實際上這也是軍事失敗後,國民黨內對黨的改造問題存在的兩種主要意見之一。國民黨「改造」恰好反其道而行之,走了殷海光極力反對的極權之路。絕望之餘,殷海光走向抗爭,很快將批判的矛頭由「反共」轉向「反極權」。

在自由主義話語體系中,「極權」與「自由」對立,與「獨裁」親和;而自由則與民主相關聯。著眼於反極權,反獨裁,殷海光不再依託於過去那樣的反共語言,而開始正面提出自由民主的主張和理念。他提出了幾個基本觀點:

1. 個人自由具有終極價值,不因時代際遇而失去合法性。

他說「講自由,並不就是散漫、隨便,和高興怎樣便怎樣」,也不是「德式玄學家所說的抽象『理念』或『觀念』」,更不是破產了的「那些言不由衷的政治口號」,「而是每個人所能實實證證地感受到的那些基本人權,例如言論自由、學術自由、行動自由、住居自由、建構自由(freedom of institution)……這些種類的個人自由是不可渡讓和剝奪的……與人底生命、名譽,與財產之不可渡讓與剝奪正同」。個人自由的價值不是什麼「明天開

獎」，更不是「犧牲這一代以為下一代」，而是人之所以為人的最後防線。由於自由價值的終極性，自由為目的，政治為手段，「政治是為了人生，人生不是為了政治」[18]，任何時候，任何情境下，「搞政治」者，都應當搞「人的政治」，不把人變人畜。[19]

2. 愛國不構成貶損個人自由的理由。

殷海光反對把國家看作一個抽象的整體的「玄學國家觀」，認同實證論的國家觀，把國家看作一個實際的法治聯合。他說國家不是沒有份子的空類，也不是只有一個份子的獨類，而是有份子的每一類。依此應須承認一個一個的個人即各別地為國家之不可消革的真實主體，個人為國家的根本。所謂愛國，歸根到底，無非「在一特有傳習的界域以內，一個一個的個人愛他自己而且又彼此相愛」。這種愛國，說到底，也就是愛個人的自由。從倡導個人自由，推導不出「不著重國家」這一結論，同樣，提倡愛國，也不構成貶損個人自由的正當理由。「有而且唯有在大多數人能夠抬起頭做人的國家，談著重國家之事才不必出於勉強。」[20]只有在以實證論國家觀為基礎的民主國家才有真正意義的愛國，在信奉玄學國家觀的極權國家，「愛國」無異於聽任驅策。

3. 政治組織與個人自由之間並非必然衝突，關鍵是政治組織本身是否是「民主的政治組織」。

殷海光注意到「許多人現在一提起『個人自由』，厭憎之情，溢於言表，甚至視之若洪水猛獸：彷彿許多大事之所以敗壞，就敗壞在講個人自由。這類事象之所以發生，一方面的原因，是他們以為要將許多大事做好，必須自政治組織著手。而從事政治組織，就不能講個人自由。……他們以為政治組織與個人自由二者是互不相容的」。[21]顯然，殷海光不能同意這種看法，他認為政治組織有兩大類型，一類是「依據洛克這一路思想家的政治思想，在重商與重科學的環境裡，逐漸形成的政治黨派、團體、議會等等」；另一類是依據史達林式的（暗指蔣氏政權）思想與作風，「在專制暴政基礎深厚的環境基礎形成的」實現「主義」的工具。前者是「民主的政治組織」，建立在多元論、客觀相對論、名目論之上；後者是「非民主的政治組織」，建立在一元論、絕對論、通體相關論之上。與個人自由衝突的只是後者，前者是

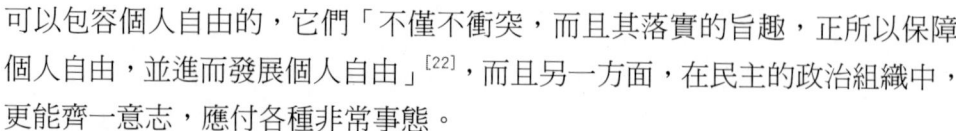

可以包容個人自由的，它們「不僅不衝突，而且其落實的旨趣，正所以保障個人自由，並進而發展個人自由」[22]，而且另一方面，在民主的政治組織中，更能齊一意志，應付各種非常事態。

4. 自由是獨裁的天敵。

「自由」涉及公共權力的限度，「獨裁」關涉公共權力的歸屬，表面不必然撞車。但是，由於權力屬於獨裁者往往就意味著權力不受制約，所以獨裁者大多編造各種謊言體系剝奪個人自由。殷海光發現，獨裁者之所以想盡辦法剝奪國民的個人自由，除了對權力的貪戀，實在還有對自由的恐懼：獨裁怕自由，有自由便無獨裁。[23]

5. 以肯定人權為核心的民主，是自由的保障機制。

自由主義雖以自由為要，同時卻也要關切民主。作為自由主義者的殷海光，對於民主的看法，與官方話語中的「民權主義」決然不同。

國民黨雖然在多種因素逼迫下，形式上實行了「民權主義」的「地方自治」和「選舉」，但是，不僅不斷加強的高壓統治使之名實不符，而且，在觀念上，對民主（民權）作出的解釋也相當離奇。1956 年，曾任國民黨秘書長、改造委員會委員，時任國民黨中央常務委員、政府教育部長的大人物張其昀，發表了「民主政治的三大真諦，一曰愛民，二曰教民，三曰養民」[24]的怪論，殷海光直諷之為「君主的民主」觀，這種充其量不過是「慈惠的君主專制」的「民主」中，只含有軍國主義、法西斯主義、復古主義、狹隘的民族主義、國民經濟主義，尤其是「牧民思想」，卻絲毫找不到民主的痕跡。「民主的真正核心是基本人權之肯定。凡避開基本人權而談民主者，不是對民主感到不安，便是對民主沒有誠意。」[25]

國民黨還經常用「愛國」「革命」等字眼混淆民主內涵，殷海光也不遺餘力地加以揭露，指出愛國與民主並沒有不可分的特殊關係，「極權政治，專制政體，也無不強調愛國」，「講求民主的人，沒有不愛國的；強調『愛國』的人，不見得就忠心民主」；以天下為己任的革命思想也與民主無關，民主不是鮮血之花，而是理智、商討與和平的產物，「想用『革命言論』來證明『民主的真諦』，豈非南轅而北轍，愈扯愈遠？」[26]

◎「講理」

「五四」的另一個題目是「科學」。殷海光沿著「五四」的道路前進，當然也會提倡科學。

殷海光提倡「科學」，主要偏重的是科學方法和科學精神，即理性。在他看來，這種意義上的科學，不僅有知識上貫通人文領域，實現「科際整合」的求真理功能，而且有著強大的社會功能——是實現自由民主不可或缺的條件。殷海光學術上追求的科際整合，自覺不自覺的用意，是要用現代分析哲學的武器，打破常常被用作極權統治基礎的各種非理性思想。例如，在《怎樣研究民族主義》一文中，他就提出要透過語意的層面化解「主義」的「虐政」：

講「主義」乃最大的語言虐政。近幾十年來，死於此一虐政之下的人以千萬計。狄思銳利（Disraeli）明明白白地說：「我們用字來統治人。」這可以說是語言方面的馬基維利主義者。自古至今，無一大煽動家大法師不是偉大的語言虐政之王。

語言的意義問題，自蘇格拉底以來即已有之。蘇格拉底在他生時是不受人歡迎的。所以如此，原因之一，是他高聲抨擊像「美」、「善」和「人性」這類字眼的濫用。蘇格拉底要求，在大家進行討論之前，須把所有字眼加以精確而明晰的界說。在今天看來，這就是一種語意的醒覺及語意的要求。[27]

類似這樣的「思想清道夫」的工作，在殷海光的幾乎每一篇學術性文章中幾乎都有清晰的反映。殷海光後期也明確承認「我二三十年來與其說是為科學方法而提倡科學方法，不如說是為反權威主義，反獨斷主義，反蒙昧主義（obscurantism），反許多形色的 ideologies〔意理〕方而提倡科法。」[28]

為了點化科學與自由民主的積極關係，殷海光提出了兩個命題：「民主必須科學」，「科學必須民主」。[29] 兩命題中，「民主」的含義都是指社會體制，而「科學」，則所指不盡一致。「民主必須科學」意即民主必須以科學的基本態度為心理基礎，「科學」是一種態度；「科學必須民主」是說民主能提供科學發展以必要的環境，同時只有民主政治才能安全地控制科學，「科學」則指實體的科學技術。兩個命題彼此關聯，但無疑殷海光更重視科

學態度對於實現民主的意義。因為，他認為，近代以來民主所受到的挑戰，主要來自非科學非理性的力量：來自左方的泛政治主義在社會基礎上打擊民主，來自右方的泛道德主義從倫理基礎上輕忽民主。

科學的態度是「講理」的態度，民主政治真要實行，必須講理（願意講理並知道怎樣講理）。不講理，則沒有自由民主可言。所以，殷海光主張，在社會生活領域要有講理的風氣和環境。這就必須克服中國重講禮而不重講理（他認為宋明理學家講的「理」是前科學的玄談，不是真講理）的傳統。「我們要看一個人是否講理，最直截了當的方法是考察他所發出的語句之真（truth），假（falsity），以及對（validity），錯（invalidity）。」真假應該訴諸經驗事實，對錯應該訴諸邏輯推論，在經驗和邏輯之外，訴諸傳統、權威、教條、風俗習慣、暴力、情感、政治立場、利害關係、人數、人身等，都不是在講理。

殷海光揭櫫的「講理」理論，主要是羅素—維根斯坦—維也納學派的哲學。徵引這一學派哲學觀點的基本背景，大略說來有三：一是與殷海光所受的教育很接近。殷海光中學開始鑽研邏輯，後來從學金岳霖又深受英國經驗論的感染，喜歡清晰的思考方式，厭惡形而上學，而且早年就已對羅素、卡爾納普等人的思想有所瞭解。二是邏輯經驗論（原名邏輯實證論）當時在英美學術界比較流行（70年代才開始逐漸走向衰落），屬於比較前沿的顯學。第三，這一線的理論觀點，帶有強烈的反意識形態、反形而上學色彩，被稱作「奧康剃刀」，正好與殷海光力圖掃蕩一切極權政治所常用的「意底牢結」、一切容易讓現實權力鑽漏洞的模糊思想的心理需要相符合。

在殷海光看來，科學不僅為自由民主所需要的一種精神，而且本身是一種自由民主的文化。由於中國傳統文化中缺乏科學理性，同時歷來的專制統治包括當下的蔣家王朝都以這種文化為溫床，他因而認為，傳統在中國的自由民主建設中，已經無復積極價值，倡導科學文化，就必須反對中國傳統文化。為此，他不惜與主張「反本開新」的新儒家團隊展開持續的交鋒，發生「誤殺」。

殷海光雖專門寫過一篇文章，討論傳統的「價值」問題，說自己對於傳統的態度，持傳統可塑說（非傳統主義），而反對傳統至上說（傳統主義）

和傳統吃人說（反傳統主義），但實際上則將「不能苟同衛道者對傳統的戒嚴態度」推到極致，斷言「無論如何，中國人要求解決百餘年來的大問題以求生存並發展下去，平平坦坦實實在在的道路，有而且只有學習科學並且實現民主。然而，不幸之至，支配中國數千年之久的這個傳統，竟是與科學和民主這樣不接近」。[30]

殷海光還用湯恩比的衝擊—反應理論乾脆否棄傳統存在的可能性。例如《胡適與國運》一文就講：「念憶過去的事物，誠然可以填補若干人現在的空虛。然而，何有助於打開今後的局面？拿不出有效的辦法時，『哭靈牌』又有什麼用？孔制誠然維繫了中國社會二千餘年，但它也僵凍了中國社會二千餘年。到頭來，我們因此失去適應的能力。如果中國底傳統教條或孔制果真是『救國』的靈丹妙藥，那麼中國何至於有今天？如果傳統教條或孔制果真有何『挽救狂瀾』的無邊法力，那麼何至連它自己都保不住？在中國目前這種『天下滔滔』的亂況之中，中國底傳統文化可說是『泥神菩薩下水，自身難保』。在這種情形下，若干泥醉的人士之提倡中國文化出口救世，這等於掉在水裡快要淹死的人大叫要救岸上的人！」[31]

◎自由、民主如何生根

關於自由民主在中國如何生根，直到今天並沒有很令人信服的解決方案。「五四」時期的自由主義者傾向於認為，中國傳統是自由民主的現代文明的障礙，要倡導「德先生」、「賽先生」，就必須「打倒孔家店」。正因如此，長期以來在一般人們的觀念中，自由主義與反傳統主義或全盤西化主義，幾乎是同一概念。在很長一段時期，殷海光實際上也沒有脫離這一走向。

殷海光反道學，反傳統，基本的理據有兩點：一為中國傳統缺乏清晰的思想系統和方法系統，不便於「講理」。二為中國傳統代表專制主義，是極權主義的幫凶。另外殷海光也接引湯恩比的「衝擊—反應」文明發展模式論，說明一種弱勢文明受到強勢文明挑戰時，不得不改變自己，適應強勢文明。

殷海光排斥傳統文化的態度，在他生命的晚期有明顯的轉變。在《中國文化的展望》中，他看到民初人物將民主科學與中國傳統對立起來的文化觀，是根本不通的，既然西方基督教能夠導出民主政治，中國孔仁孟義加上墨氏

兼愛，就也有可能導出。而且，與傳統道德一刀兩斷而建立所謂新道德，「這既無必要，又無可能」[32]。他對於當年與新儒家之間的對壘頗有悔意，承認這是「大大失策的事」[33]，很希望能多活幾年，認真思考「中國的傳統和西方的自由主義要如何溝通？」[34]這個課題。

◎知識分子的反省與創造

自由民主是現代歷史的產物，知識分子得風氣之先，對於這個目標的實現負有特殊的責任，殷海光非常強調知識分子的使命感。

殷海光相信知識分子能夠挽救時世、開創太平。50年代初他曾在新儒家主辦的刊物上發表《自由人的反省與再建》，指出在極權勢力威脅著人類自由的時代，最需要自由知識分子奮起拯救群倫，力挽浩劫。殷海光認為，現代科技和工業形成的「新支配力量」與「滾石下山的政治」相配合，造成了「自由人的墮落」。而要從墮落中「超拔」，消極方面須破除「經濟決定論所造成的暗影」，積極方面須發揮自主與自動的精神、獨立的精神、理性的精神，主導地尋求真理，主導地確立實踐原理，主導地創造情境，「自動地創造春天」。[35]

這種觀念一直持續到他後期，在《中國文化的展望》中，再次將中國建設自由民主的新社會的希望，歸結到知識分子頭上，希望知識分子敏感於新的觀念，並具備獨立思想和原創能力，做所在社會的批判者，「注重德操」，「獻身真理」。[36]

三、跨越時空的身影

殷海光重整「五四」的努力，給時人留下的印象也非常深刻。美國學者R. David Arkush說：「五四的口號『科學』和『民主』是殷氏無時或忘的字句——雖然他實際上並非身為科學家，他亦非身處民主政治之中。他跟『五四』時期的作者一樣，刻意要打破中國的舊傳統；正當國民黨政府在臺灣推行中國文化復興運動之際，殷氏批評中國人的思想不夠邏輯和嚴格。」[37]林毓生更說他不愧是「五四集大成的殿軍」。[38]

不過,殷海光思想奮鬥的目標,並沒有及身而成,相反橫逆卻接踵而至。在離世前夕,殷海光曾悲憤地感慨:作為「五四的兒子」,本希望以「五四」的觀念和那一時代傳衍下來的理想主義銳氣來創造一個新時代,奈何「時代的變動畢竟來得太快」,結果「任何團體也不要他」,連被歲月磨掉了光彩的「五四的父親」,也「有意無意的和他alienate〔疏遠〕起來」,保守人物更「視他為禍根」,下一輩人則「和他分立在兩個不易交通的『心靈世界』裡」,要麼被激刺成衝陣的火牛,要麼被壓成醃菜。他成了斷線的風箏,留給自己的只有孤獨。[39]

但是正如林毓生先生所說,「殷先生生命中追求的目標是否及身達成,似乎不是最緊要的事,他追求奮鬥、大仁大勇的精神是永遠不朽的。」[40]在「五四」時代的高潮時期,做一個「五四人物」並不難;但是到了內戰、冷戰的那個時代,那個場域,客觀環境已經發生劇變,殷海光能在種種橫逆之中,以一人之力傳播「五四」的精神,延續「五四」的目標,這種道德熱情正是人性中最純正部分的見證,也是最可貴的精神財富,會給良心未泯的人們一種永遠真切的精神鼓舞。而殷海光的思想,雖然尚未完全結晶成一代不世出的經典,卻也透過他真誠的銳進,達到了那個時空所可能的高點。他所提出的問題,對於相當長時間的中國和世界,仍然是有啟發性、需要繼續思考和解決的。

時移世易,今天殷海光離世已經四十年,他所希冀先行現代化的臺灣地區,經過後來者的繼續奮鬥,從體制上來說,已經大體上達成他的目標(儘管實際運作尚欠成熟)。在今年臺北殷海光基金會與臺灣大學合辦的紀念會上,馬英九以那個過去敵視自由主義的國民黨和迫害殷海光的政治當局的名義,對殷海光遺孀夏君璐女士深深鞠躬,給了殷海光一個遲到的正義。馬英九致辭中說,大陸和臺灣冷戰的時代,鬥爭使得憲法所保證的自由被限制得體無完膚,現在為了避免那段不堪回首的歷史重演,就要一方面推進法治、深化自由主義的民主,一方面創造一個沒有戰爭的海峽兩岸,不給專制提供藉口。[41]

而改革開放的大陸地區,也結束了冷戰對峙思維,將促進和平統一作為兩岸關係的新政策。在日益頻繁的交流中,臺灣閱讀史上的殷海光,也正在

進入大陸青年的閱讀世界。時至今日，大陸已經有十多家出版社出版過殷海光的著作，以及研究殷海光思想和人生的著述。透過這些著作，殷海光肯定的理性、自由、民主、仁愛的價值，和其表現的愛國、開明、進取、奮鬥的人格光輝，正跨越時空，激發著一代一代向學向善的青年。

第二節 「自由經濟的傳道者」夏道平

一、秉持市場經濟理念的三位鄂籍經濟學家

戰後臺灣經濟在經歷土地改革之後，逐漸走上市場經濟道路，實現了經濟起飛，成為著名的亞洲四小龍之一。推動臺灣的市場經濟的，有三位鄂（湖北）籍經濟學家：蔣碩傑、邢慕寰、夏道平。

夏道平（1907～1995）

蔣碩傑（1918～1993）是以市場經濟改變臺灣歷史的經濟學家，也是迄今為止唯一被提名為諾貝爾經濟學獎候選人的中國人。[42]

蔣碩傑是中國著名軍事政治家蔣作賓之子，最早並非從學於經濟專業，而是在慶應大學學理則學（邏輯學）。1937年在父親的安排下進入英國留學，考入倫敦政治經濟學院經濟系，才步入經濟學的殿堂。當時世界的很多經濟學大師，如海耶克、凱因斯、庇古、卡爾多、羅賓森、羅賓斯等，都雲集該校，蔣碩傑接受這些大師的薰陶，決定了他一生的人生道路。[43]

最初接觸經濟學時，他最欣賞凱因斯的理論，認真拜讀了凱因斯的《一般理論》，認為這是對付戰前經濟大恐慌的革命性學說。後來經過細膩研究，逐漸發現凱因斯的根本理論錯誤，轉而批判凱因斯，選擇追隨海耶克自由經濟學說。因為戰事的關係，他一度轉學到劍橋大學讀研究生，劍橋為凱因斯理論的大本營，但是蔣碩傑堅持自己的見解，在英國著名的《經濟學》期刊上發表兩篇批評凱因斯理論的學術論文。論文得到海耶克高度讚賞，認為「對經濟學有很大的貢獻」[44]。後來蔣碩傑又指出了福利經濟學創始者庇古教授《就業與均衡》中的錯誤，得到庇古本人的肯定。

1945年，蔣碩傑取得倫敦學院經濟學博士學位，時27歲。他的博士論文《景氣循環和邊際利潤的波動》，被評為倫敦學院最佳經濟學獎論文。是年冬返回中國，任東北行轅經濟委員會調查研究處處長。1946年在胡適校長的聘請下，執教於北京大學。

戰後面臨嚴重經濟混亂，他曾在雜誌上撰寫文章，向當局提出整頓金融、控制通貨膨脹的建議。然而當時的行政院長翁文灝沒有採納，最後通貨膨脹導致國民黨政權的全面崩潰。1948年國共內戰越來越直逼北平，蔣碩傑挾家眷逃往臺灣，任教於臺灣大學經濟系數月，1949年7月，赴美國進入國際貨幣基金會研究處，與另一位傑出的中國經濟學家劉大中一起工作。戰後經濟學界仍然繼續流行凱因斯理論，蔣碩傑也繼續發表文章指出這種理論之謬。他在《美國經濟評論》等刊物上發表的學術文章，奠定了他在國際金融和貨幣理論領域的大師地位。

任職國際貨幣基金會期間，蔣碩傑和劉大中經常返回臺灣，向臺灣當局建議推動自由市場經濟。1952年回臺時，蔣碩傑的經濟市場化理念被主持經濟工作的尹仲容接收，開始在政策中加以貫徹。[45]1954年起，他和劉大中同時返臺應邀擔任行政院經濟顧問，不久又都當選中央研究院院士。他們提出

臺幣貶值與貿易自由化政策，研擬外匯改革辦法，在尹仲容的推動下，臺灣迅速走向經濟起飛，創造了舉世共知的「經濟奇蹟」。

　　1963 年，「臺灣經濟之父」尹仲容去世，決策層重新瀰漫「保護主義」達 20 餘年，令蔣碩傑深感遺憾。他一方面結合中研院院士繼續向上層進言，一方面轉而透過報刊向社會宣傳自由經濟的理念。1981 年 3 月初，他在《中央日報》發表〈穩定中求成長的經濟政策〉一文，闡述控制貨幣供給增加率和維持利率自由化，實現物價穩定、經濟成長相輔相成的目標的理念，文章中由於對凱因斯學派有激烈批評，引起王作榮教授反擊，演變成著名的「蔣王論戰」（又稱「李斯特」大戰「史密斯」，或是「學院派與社論派之爭」）[46]。論戰到後來雖然並無絕對的答案出現，但在相當程度上擴大了臺灣學人和民眾對於自由經濟思想的瞭解。

　　蔣碩傑先後在美國、英國等地多所大學和單位工作，也在臺灣任職。1976 年任臺灣經濟研究所所長，1980 年改任中華經濟研究院院長。著有《皮特曼貿易圈的實際工資與利潤差幅之變數》、《臺灣經濟發展的啟示——穩定中的成長》、《匯率利率與經濟發展》、《經濟科學論文集：籌資約束與貨幣理論》等書。大陸開放後，曾赴大陸訪問交流。因對臺灣經濟改革貢獻極大，1982 年獲得提名角逐諾貝爾經濟學獎。

　　邢慕寰（1915～1999）亦為著名經濟學家，臺灣中央研究院院士。1915 年出生於湖北黃梅縣，1938 年考入中央大學經濟系，以優異成績畢業後，到國家資源委員會經濟研究組任職。任職期間曾到美國芝加哥大學研究院肄業一年，並受益於顧志耐（Simon Kuznets）教授門下，收穫甚豐。1949 年赴臺，任職行政院主計處，兼任臺灣糖業公司經濟分析師。1953 年受聘於臺灣大學商學系，從此專心致志地從事教學和學術研究工作，直至 1985 年退休。1955～1957 年間做過哈佛燕京訪問學者；1959 年曾與劉大中、蔣碩傑、顧應昌、鄒至莊、費景漢等經濟專家共同執筆財經政策提議供當局參考；1960 年起擔任臺灣的「國家長期科學委員會」講座教授、研究教授；1962～1985 年一直兼任中央研究院經濟研究所所長。他一生對臺灣經濟學術方面的發展，竭智盡力。1973～1982 年任香港中文大學經濟系講座教授，

並先後兼任其社會科學院院長及研究院院長，羅致和培養了香港經濟學界的許多棟梁之才，如林聰標、廖柏偉、王於漸、宋恩榮、何基、何濼生等。

邢慕寰對臺灣、香港經濟界和學術界貢獻至巨。在臺灣經濟學界學術成就也是最高的，是第一位在國際七大頂尖雜誌發表學術論文的中國本土經濟學家。

邢慕寰在臺灣也以自由經濟立場聞名。邢慕寰早年曾信仰過馬克思的計劃經濟、費邊社的社會主義等思想，他的自由經濟信念是經過十多年的曲折摸索之後，在顧志耐、海耶克的影響下才確定下來的。1950年代他已經是很堅定的自由市場經濟人物，並以此與蔣碩傑等一道說服尹仲容，影響當局決策。[47]

夏道平（1907～1995）生於湖北大冶保安鎮，畢業於武漢大學經濟學系，曾任職國民參政會等機關，1949年赴臺，成為《自由中國》主筆之一。11年中為刊物撰寫了116篇社論，還有不少專文。《自由中國》被迫停刊後，夏道平任教政治大學，與早年曾在倫敦經濟學院直接受教於海耶克的經濟學家周德偉過從甚密，相約分別譯述和研究奧國學派主要經濟學經典著作。周德偉「達旨」了海耶克的《自由的憲章》，並著有專書《當代大思想家海耶克學說綜述》；夏道平則系統翻譯了米塞斯的《經濟科學的最後基礎》和近百萬字巨製《人的行為》，又翻譯了海耶克三本論文集中最精彩的《個人主義與經濟秩序》，以及洛卜克的《自由社會的經濟學》等眾多自由經濟理論著作，成為臺灣公認的「自由經濟的傳道者」。

這些譯著文字規模以數百萬字計。無論從系統性、完整性上講，還是從專業性、完美性上講，都堪稱嚴復以來西學東漸、中外文化會通的又一典範。他的翻譯水準，至今兩岸罕有出其右者。夏道平除了系統介譯市場經濟經典著作，尚執著於對這些著作的理念進行深入淺出的闡釋，有《我在〈自由中國〉》、《自由經濟的思路》、《自由經濟學家的思與言》三本表達自身經濟學見解的自選文存傳世。一位哲人說過，拔除一個信念要比拔除一顆牙齒還要疼痛，況且我們沒有知識的麻醉藥。夏道平先生的思想努力，就旨在拔除各種計劃經濟、統制經濟的錯誤信念，事實上這個努力對臺灣經濟市場化政策的貫徹和「經濟奇蹟」的出現發生了流水無聲、潛移默化的重要作用。

三位鄂籍經濟學家不僅分別向臺灣社會傳播自由市場經濟思想，而且他們之間也常常相互支持。略舉兩例：

　　蔣碩傑由於天性木訥寡言，不善言辭，在 80 年代的蔣王論戰中，每每激怒對方，受到不少人的圍攻，內心深感孤獨鬱悶。當時夏道平深受蔣碩傑先生兩篇文章感動，乃寫信對當時身處弱勢，倍感「苦寂」的蔣先生表示敬佩和支持，而蔣先生將之視為「如聞空谷足音，實引以為莫大鼓勵」，而且更盼望夏道平也能「常為文駁斥濫竽充數之經濟學家在報章發表之言偽而辯之文章」；蔣先生認為：「這些經濟學家之所以猖獗，實因行家過於沉默不予痛擊故也」。[48] 夏道平果然寫了《討論經濟問題應有的共識》，在《中央日報》發表以為聲援，多少解除了蔣先生「各報圍剿之苦」。

　　1985 年邢慕寰退休後，出版了一本新書——《通俗經濟講話：觀念與政策》，比較完整地表達了他的自由經濟觀念。書出版不久，夏道平就在《中國時報》發表書評，稱讚其教育價值「遠高於一般的大學經濟學教科書」。這既因為它通俗，特別有利於教學的普及；更因為它不僅沒有像一般大學經濟學教科書裡面的那種曲解和誤導，而且特別著重於指責和糾正當今流行的一些錯誤觀念以及受這些觀念影響的經濟政策，為一般教科書望塵莫及。最後，他特別強調書中第十二講《技術官僚主義與晚近經濟迷思的危險》的重要性，認為它警示人們「科學迷」（Scientism）和工程師心態是扭曲市場機能，阻礙經濟自由化的基本認識論根源。正如海耶克所說，「從一個聖潔而真誠的理想主義者變到一個狂熱魯莽之徒，往往只有一步之差」[49]。

　　自由市場經濟思想在近代中國極其稀薄，即使在戰後臺灣，信奉者也鳳毛麟角。這些為數不多的堅信者，一方面苦心傳道，一方面彼此惺惺相惜，維持著信念之不墜，致力於思想的政策化。臺灣經濟列名「四小龍」之一，他們的貢獻彌足珍貴。臺灣經濟學家吳惠林先生在《當代財經傑出經典人物》一書中，錄入了八位對臺灣經濟發展卓有功勳的經典人物，鄂籍學人夏道平、蔣碩傑、邢慕寰均列名其中，而以自由經濟的傳道者夏道平開篇，這是後人對前賢的一種由衷感戴。2007 年夏道平百年誕辰，在臺灣，臺北紀念殷海光學術基金會、中央研究院、中華經濟研究院等單位召開專門的紀念研討會，

表達對夏先生的尊敬；在湖北武漢，華中師範大學與湖北經濟學院也聯合舉辦了一個兩岸學人共同參與的研討活動，紀念這位鄉賢。

二、夏道平的「自由經濟傳道者」之路[50]

夏道平1907年5月生於湖北省大冶縣保安鎮的一個多代同堂大家庭裡，是父母的獨生子。保安鎮當時人口不到一千，但都以開店鋪為生。夏家也是歷代以商業為主，每逢年尾還買進若干田地，租給佃農耕作，算得上是一鎮的巨富之家。由於家境殷實，請得起家塾老師。夏道平七歲上學，先後跟從四位老師，其中杜星符最具啟蒙作用。這位長於辭章學、作文講究謹嚴的桐城義法的家塾先生是清末民初名儒之一張裕釗的再傳弟子，在長達六年的教學中，他不僅教授了夏道平經史子集的重要部分，為其奠定了傳統古典文化的扎實基礎，而且「並不因家塾束脩的豐厚而戀棧」[51]，而經常勸夏家父輩要讓後輩去考新制學校，以適應時代潮流。在因緣際會中，夏道平後來以「同等學力」考進新制學校，之後於1929年考進武漢大學預科，兩年後直接升入大學本科。「進入武漢大學學習，決定了我後來大半生的命運」。[52]

升入大學本科，本來夏道平準備選讀哲學系，由於自己心儀的一位哲學教授轉任其他大學，而經濟學系碩彥雲集，於是就改念了法學院經濟學系。不過，夏道平讀大學期間，由於1929～1933年資本主義世界全面經濟危機和蘇聯計劃經濟第一個五年計劃的成功，中國國內正盛行計劃經濟的論調，他所接觸的知識，幾乎跟他後來倡導的市場經濟背道而馳。只是到了二、三年級的時候，任凱南等幾位教授從倫敦經濟學院回來教課，才使他對自由市場經濟的理念有所瞭解，晚年他回憶道：「在第三學年開始上課的某一天，任老師以系主任的身分帶一位新來教統計學的先生進到我們教室，在任老師講完幾句介紹話以後，那位留美的年輕碩士在滔滔的演講中，扯到當時美國時髦的制度學派而大『蓋』一陣。他講完後，任老師在臨走時的講話中又簡短地以他一向結巴巴的詞句，在微笑中著力點了一句：制度學派不過是德國歷史學派的後代。這句話，我當時不懂其中的含義。到後來念經濟思想史的時候，從奧國學派與德國歷史學派的方法論的爭辯中，我才領悟到任老師那句話透露了他自己的經濟思路。」[53]任凱南教授還擔任夏道平的畢業論文指導，因而單獨聆教的機會也較多，使他種下了市場經濟思想的種子。

這顆種子在十多年後的臺灣,得到一些機緣,終於發芽。夏道平曾在《自由經濟的思路》的自序中寫道:「就我個人而言,我這一生終於走上的自由經濟思路,是經由上述那一漫長、曲折,而又崎嶇的過程,以及在這過程中遇合到的幾位夥伴給我的激勵和啟導。」[54]

原來,在武大經濟學系畢業後,夏道平留校當了助教。他原想一邊工作一邊備考公費留學,爭取到英美等國深造經濟學理論,準備了兩年,遇到日本的全面入侵,打亂了他的計劃。他隨學校內遷到四川樂山,日軍仍然經常空襲,一次夏道平差點在空襲中喪生,全身衣著都染上了身旁死者濺出的鮮血。這次事件,使他覺得在現代戰爭中沒有什麼前方後方的區別,於是改變初衷,毅然離開學校,跑到洛陽前線,做了一名文職軍官。後來因為戰區人事變動,他轉回重慶,任職於國民參政會經濟建設策進會,擔任研究室主任職務。在這裡,他結識了後來在臺北主持《自由中國》半月刊的雷震。當時的雷震是參政會的副祕書長,經常主持會務,平易近人,成為夏道平終生信賴的好友。

1949年赴臺後,由於「打算在民間作點有意義而可謀生的事情,再也不要進政府機構擔任公職」[55],夏道平進入王雲五籌辦的華國出版社工作。正好雷震創辦《自由中國》協助「反共抗俄」,夏道平被邀請參加該刊的創辦,並被聘為主筆之一。很快,朝鮮戰爭爆發,臺灣得到美國「協防」,國民黨變本加厲走向極權獨裁,《自由中國》遂轉變成批評國民黨當局的「反對」刊物。在《自由中國》,夏道平結識了殷海光、張佛泉、傅正、聶華苓、戴杜衡、宋文明、馬之驌等一大批熱愛自由、追求民主的開明人士,雖然「各人所學的專業不同,但對於自由理論的鑽研,都具有同樣熾熱的熱情。這是因為我們所處在這個時代親身體驗到種種反自由的政權為害之深而燃起的」[56]。夏道平開始自覺思考市場經濟問題,就從《自由中國》這一轉變開始。

在《自由中國》將近11年的歷史中,夏道平和殷海光是重要的兩支健筆。「兩人所學不同,但在作文論政方面,無論夏先生從事實制度層面著手,或者殷先生從思想觀念層面切入,都能做到綿密細膩,鞭辟入微。」[57]夏道平寫過許多篇擲地有聲的文章,批評的矛盾直指軍方、高層官員和官方傳播機構,其中最著名的當推第4卷第11期(1951年6月)社論《政府不可誘民

入罪》。這篇社論因為「有事實、有膽氣,態度很嚴肅負責,用證據的方法也很細密」,被遠在美國的胡適看作「《自由中國》出版以來數一數二的好文字,夠得上《自由中國》的招牌」。[58] 這篇社論觸怒了當時執行金融管制的軍方,險些使《自由中國》在它不滿兩歲的時候而被捉人停刊。

為了抨擊國民黨的獨裁,夏道平不斷地充實自己論政的知識,特別是「對於自由理論的鑽研更起勁」[59]。《自由中國》曾經從第 9 卷 5 期到第 11 卷 7 期連載過另一主筆殷海光譯述的海耶克著作《到奴役之路》,在激發人們反思自由思想方面起了很大作用。夏道平是學經濟學出身的,當然較易於接近這些思想,1957 年的上半年,同為武大校友的詹紹啟寄給他一本《美國新聞和世界報導》著名英文雜誌,上有介紹米塞斯的《反資本主義心理》這本書的摘要,夏道平立即於 1957 年 1 月和 2 月分四期(16 卷 1-4 期)將其連續譯介於《自由中國》。這本小冊子雖不是米塞斯的思想精華所在,但卻將各種各類反對自由市場經濟的學說,逐一加以批駁,極為通俗易讀,因而正可供作傳布自由經濟思想的絕佳工具。它將夏道平市場經濟的理念推到了一個新的水準。

《自由中國》1960 年 9 月因國民黨羅織「雷震案」而被迫停刊,雷震被捕之際,夏道平和殷海光、宋文明冒著極大的危險,共同發表聲明,指出那些所謂「涉嫌叛亂」的文字,大都是他們三人撰寫的,願文責自負,表現出一位有良知的知識分子的傲骨和膽識。《自由中國》停刊後,臺灣自由主義日益寂寥。夏道平又回到大學教書,有趣的是「那年 7 月間我分別接到法商學續聘的聘書及政大的兼任聘書。雷案發生後,法商學的續聘被校方單方面解除。政大的兼任聘書,倒沒有藉故收回。所以我能夠一直教書到現在」[60]。

儘管身處逆境,困守校園,但夏道平仍然沒有放棄對自由民主的關懷,常跟殷海光交換意見。他們兩人很早就經常在一起討論問題,「談民主、談自由、談海耶克、談羅素、談自由經濟。他們坐在屋前臺階上,兩人都不改鄉音:一個湖北大冶、一個湖北黃岡。聽的人很累,談的人可樂,談得欲罷不能,就到殷先生房間,再談下去,一面喝咖啡、吃小點心」[61]。《自由中國》結束以後,兩人見面長談的時候,反而比以前多。[62]「我們除『教』書外,

對於『讀』書也都有很濃厚的興趣。儘管在專業上我們所讀的書不同，但在較高的層次，彼此的學問卻有些轇合之處，因而我們所選讀的有些相同」。[63]

對自由經濟的鑽研，夏道平用力最勤。除了殷海光，在夏道平「可談學問思想問題的」人當中，還有周德偉。他說：「周先生是我生平所知的做官而不忘學問的稀有人物之一。他是在倫敦經濟學院直接受教於海耶克的。他對海耶克的經濟學專著與哲學層面的著作，讀得比我多，譯述的也比我多。當他從關務署長退休以後，專心翻譯《自由的憲章》那段時間，我們每週要面談一兩次。晚年因病留居美國，直到他去世前的半年，我們之間的通信從未間斷。其中大多數是我向他請教。」[64]「他在美國度過了生命中最後的十一年。在這十一年當中，除掉病勢沉重的最後一年多，我們之間的通信從未中斷到一個月以上。十一年下來，我已積存他的來信將近百封，其中討論學術思想的長篇大論，竟長到一兩萬字，有的只是商榷一個名詞的翻譯。有時我們為一個名詞或概念的涵義，爭辯得不能罷休，最後還是各執己見。」[65] 周德偉曾師從世界著名自由經濟學家海耶克，信守自由主義，在自由經濟理論上造詣頗深。夏道平經常與之交往，彼此切磋。

然而，隨著時間的流逝，這些談得來的朋友越來越少。1962年胡適逝世，1964年戴杜衡逝世，1969年殷海光逝世，而雷震、傅正坐牢，周德偉去了美國，致使自由主義在臺灣黯然失色，夏道平倍感孤寂。[66] 在「風雨如晦」的政治氣候下，夏道平忍受著孤獨寂寞，把主要心力放在翻譯自由主義的經典名著上，除了早年翻譯的米塞斯《反資本主義心境》，1968年，翻譯出版米塞斯《經濟科學的最後基礎》。在該書譯序中，夏道平很欣賞海耶克說過的話「只是一個經濟學家的人，不會是一個好的經濟學家」，認為米塞斯的這本書就是一個好的經濟學家的作品。他認為廣博與精深是米塞斯和海耶克共有的優點，米塞斯廣博更勝於精深，海耶克精深更勝於廣博，表示「譯者在譯完米塞斯這本書以後，再譯點海耶克論著的心願油然而生」[67]。果然，夏道平譯出了海耶克三本論文集中最精彩的一本《個人主義與經濟秩序》，又翻譯了米塞斯理論體系的代表作《人的行為》。透過這些翻譯，夏道平對米塞斯、海耶克為代表的一種經濟學思路，有了更深一層的瞭解，他說：

奧地利學派的這兩位經濟學家都不只是經濟學家,更不同於當代籍籍有名的一般經濟工程師。他們的經濟理論是植根於「把人當人」的社會哲學,而不像後者的所謂經濟思想之受制於聯立方程式或電子計算機。前者有助於維持或恢復以某些公認的原則作基礎的社會秩序,後者則有利於用命令來創造社會秩序。[68]

米塞斯和海耶克這個學派的經濟思想,是有其深厚廣博的社會哲學基礎的。所以米塞斯寫了經濟學方面的專書,如《貨幣和信用理論》等等以外,還能寫這本《人的行為》;海耶克除寫了《價格與生產》、《資本純論》等書以外,還寫了《自由的憲章》。可是當代大多數經濟學者所宗奉的凱因斯,除幾本經濟學專著以外,留給我們的就是一本《機率論》。由此可以看出:米塞斯和海耶克這個學派的經濟學家是把經濟學納入社會哲學或行為通論的架構中來處理;凱因斯則偏於把經濟學寄託於數學或統計學部門。這一差異,關乎他們個人學問造詣之深淺廣狹者,乃至關乎經濟學之是否被確實瞭解者,其事小;關乎其影響於人類文明演化之分歧者,其事大。面對這個關係重大的分歧路口,我們能不審慎取捨於其間嗎?[69]

在翻譯了這些名著之後,夏道平更加深切地、更周延地理解了理知的自由主義,而篤定了其終生的信念。而正是這一信念的抱持,使夏道平受到了兩大益處。一是感到「理知的自由主義者研討社會問題,不是一味地靠經驗知識,他們更憑藉先驗的推理。舉例來說,米塞斯在社會主義風靡世界,而蘇聯的社會主義蘇維埃制度受到世人讚賞時,他獨樹一幟,預言社會主義因扼殺市場機能而終慘敗。海耶克在凱因斯學派聲勢赫赫的時候,痛斥他們將導致通貨膨脹率長期的累增而終結陷於假象繁榮中的貧困。米塞斯、海耶克憑先驗推理的預言,現在都已實現」。二是「近來幾年由於米塞斯、海耶克二人的預言實現,我以前埋頭做的冷門工作,在今日臺灣的學術界已博得相當的肯定,這一『不虞之譽』,又給了我意外的安慰」[70]。

對於夏道平的傳道自由經濟思想,臺灣學者曾有這樣的評述:「戰後臺灣譯介米塞斯、海耶克思想並非起始於夏道平。殷海光於1954年註釋海耶克名著《到奴役之路》,分章發表在《自由中國》上;楊承厚也於1967年譯出米塞斯的名著《貨幣與信用原理》(臺銀)。可是後來居上,孜孜不

倦，努力不懈地譯介米塞斯、海耶克思想的，則是夏道平與周德偉。周德偉於 1973 年翻譯出版海耶克的代表作《自由的憲章》（臺銀），並於 1975 年出版《海耶克學說綜述》一書。然而夏道平以其暢達的白話文在翻譯、闡述米塞斯、海耶克思想上，則比周德偉典雅的半文言體，更容易讓人明白通曉，因此其影響力也就更大。」[71] 夏道平、周德偉共同努力移植當代奧國學派米塞斯與海耶克的理論體系，並運用當代奧國學派的理論與政策來批評時政，再加之蔣碩傑、劉大中、邢慕寰秉持奧國學派理念提出許多政策建言，尹仲容採納良言並主導臺灣「自由化」行動，從而引發了臺灣第二波自由主義浪潮並創造了臺灣 1960 年代的「經濟奇蹟」。臺灣自由主義經過當代奧國學派的思想洗禮後，走向了新的里程。

第三節 「勇者型新儒家」徐復觀

一、新儒家之路

徐復觀（1903～1982）

徐復觀是湖北浠水人，1903 年生。1949 年 5 月到臺灣，定居臺中。他的前半生很難說是一個「學人」，雖然他早年曾接受比較豐富、完整的舊學和新學教育，特別是著名學者劉鳳章主持的湖北省第一師範五年和國學大家王葆心主持的湖北省國學館三年的學習，「為他日後的學術事業打下了堅實的基礎」[72]。當他在「對於什麼主義，什麼黨派，完全沒有一點印象」[73] 的十年寒窗生涯因為北伐軍攻占武昌（1926），學館關閉，求學不得不停頓之時，大革命的激流也將他捲走。他參加過國民革命軍，擔任過湖北省商民協

會宣傳部長，後來崇信三民主義，熱衷各種政治活動。1927年國共合作的國民革命發生分裂，徐復觀差一點被當作共產黨人而殺頭，他才暫時退出政治，作了幾個月的湖北省立第七小學校長。1928年開始，徐復觀到日本，先後留學明治大學經濟系和陸軍士官學校步兵科，學習之餘開始熱衷研究馬克思主義。1931年日軍在華發動「九一八」事變後，徐復觀參加留學生抗議活動，遭到逮捕和驅逐。回國後，一度想組織一個「開進社」，「以唯物辯證法來完成三民主義理論的發展，以發展完成了的三民主義來指導中國的革命」[74]，後來因經濟原因未果，而加入到國民黨軍隊任職，開始了長達十五年的軍旅生活，官至陸軍少將。抗戰期間，徐復觀曾奉國民黨軍事委員會派遣前往延安擔任八路軍聯絡參謀，與中共中央領袖人物多有往來；以此經歷，隨後又作為蔣介石的高級幕僚參與了國民黨的高層工作，成為國民黨內比較有影響的政治人物。

徐復觀的「學人」生涯，肇端於抗戰後期與現代儒學大師熊十力的結識。熊十力為徐復觀鄂東同鄉，早年曾參加辛亥革命，後失望於民初政治，脫離政界轉向學術，擔任過北京大學哲學系教職，抗戰時期流亡四川，在馬一孚的復性書院和梁漱溟的勉仁書院講學。其間，在文言文本《新唯識論》的基礎上，相繼刊行語體文本。徐復觀讀到熊十力的語體本《新唯識論》上卷，立即為之吸引，遂試著寫信求教，終被熊十力約見於勉仁書院。被熊十力約見在徐復觀的人生歷程中，具有「生命的轉折」[75]的意義。其所以如此，乃因熊先生在見面中給過他「起死回生的一罵」[76]，把這位陸軍少將罵得目瞪口呆，覺悟到「小聰明耽誤一生」的危險，開啟了「走進學問之門」的門徑。而同時，熊先生關於文化為國族之本的教誨，和不遺餘力弘揚中國文化的精神，也啟發著徐復觀對於「道」與「勢」的認識，為他從政治轉向學術埋下了伏筆。

1945年8月，日本宣布無條件投降，抗日戰爭取得勝利。國民政府還都南京，開始對付抗戰中迅速崛起的中國共產黨及其領導的軍事力量，國共之間的矛盾呈現日趨上升的趨勢。徐復觀對現實政治感到失望，斷然決定退役，致力於做一個學人。為了得到學術界的接納，他爭取到蔣介石的資助，1947年5月在南京創辦《學原》雜誌，邀約中國國內知名學者在上發表研究論文。

雖然他並沒有發表過自己的學術見解，但這個舉措顯然是走向學人生涯的第一步。

國共之間的內戰不可避免地爆發了，而且越來越朝向南京國民黨政權崩潰的方向發展。1949年1月，蔣介石被迫下野，《學原》雜誌也在該月停刊，面臨「江山不保」。3月，徐復觀到溪口見蔣介石，提出過一個《中興方略草案》，未被採納；又提出在香港辦雜誌，進行文戰的想法，得到蔣介石的贊同。蔣介石批給9萬元港幣經費，而徐復觀拿著這筆撥款所辦的刊物，就是《民主評論》半月刊。

徐復觀說，「我自此正式拿起筆來寫文章，由政論而學術，開闢了進入大學教書，並專心從事研究、著作的三十年的新的人生途徑。」[77]這裡所說的「進入大學教書」，是指1952年徐復觀接受設立在臺中的臺灣省立農學院聘請，成為該校兼任教師。在「兼任」期間，主授「國際組織與國際政治」課程；一年後改聘為專任教師，主授國文，「正式成為講授中國學術文化的大學教授」。[78]1955年，美國基督教會在臺中建立了一所東海大學，校長曾約農聘請徐復觀來文學院任中文系教授兼系主任，徐復觀辭舊職履新，在東海大學執教14年直到1969年退休離校。東海大學幽雅清靜的環境，確實為他筆耕不輟潛心著述創造了良好的外部條件。

《民主評論》成為徐復觀發揮學術的平臺，其不少文化學術著述曾經在此發表；他終於實現了熊十力「此人將來可以做學問」[79]的期待，成為當代新儒家代表人物之一。終其一生，徐復觀以他特有的勤奮，著有《學術與政治之間》、《中國思想史論集》、《中國人性論史先秦篇》、《中國藝術精神》、《公孫龍子講疏》、《兩漢思想史》、《中國文學論集》、《儒家政治思想與民主自由人權》、《中國經學史的基礎》等書，在海內外有廣泛影響。

二、勇者型的新儒家

在那個時代的港臺新儒家中，最有代表性的是牟宗三、唐君毅、徐復觀三位齊名的學者，它們分別被尊為智者型新儒家、仁者型新儒家、勇者型新儒家。徐復觀之所以被尊為勇者型新儒家，因為「他不是那種皓首窮經的儒者，而是那種知行合一的儒者」[80]，「他的人生、他的思想、他的心靈總是

時時與時代相通的,總是面對動盪的時代而難以平靜的。敢於論爭、敢於批評、敢於打抱不平,成為這位大學教授、現代儒者的又一面」[81]。

這一點,從他與《自由中國》半月刊的關係上,能看得非常清楚。

參與《自由中國》的反獨裁爭自由的鬥爭。徐復觀不是《自由中國》編輯委員,但他一邊辦《民主評論》宣傳道統救國,一邊也支持《自由中國》的反獨裁爭自由的鬥爭。他在這份刊物上共發表四篇文章,即《從一個國家來看心、物、與非心非物》、《「計劃教育」質疑》、《青年反共救國團健全發展的商榷》、《我所瞭解的蔣總統的一面》,其中三篇被視為跟國民黨「過不去」而受到兩蔣懷恨。

逃到臺灣的國民黨總結大陸失敗的原因,認為關鍵是教育失敗,因此「反共抗俄」就需要建立在嚴格控制青年教育上,貫徹以官方意識形態為中心的「計劃教育」路線。《自由中國》發表了不少社論來批評國民黨的計劃教育和黨化教育,徐復觀也參與進來,並發表重頭文章。他 1952 年 5 月在《自由中國》發表的《「計劃教育」質疑》,認為若把「計劃」一詞,作常識性的廣義解釋,則人事現象中總含有若干計劃性,值不得提出來標榜。若把「計劃」限定為一個政府機構根據政府的企圖去規限統治教育的活動,以形成所謂「計劃教育」,則「在現代教育史中,尚屬少見的」。這種罕見的教育路線不符合「民主政治的立場」,須知:

政治是一種權力,權力是人類無可如何中的不愉快的產物。凡是正統的中西政治學說,無不以限制權力為第一義。所以一個政府,永遠只能,而且也只應,處理擺在他眼面前事情。把眼面前的事情處理得好,即是為將來開好了路,為將來奠定了基礎。就教育來說,只要教育是合乎兒童、青年身心的正常發展,以養成他正常的選擇力與擔當力,則此一政府在教育上的責任便算盡到。至於下一代根據他的選擇力與擔當力去做些什麼,這是應由下一代人的環境與意志去決定的。任何有能力的統治者,他不能完全掌握到下一代的環境,他不應徹底干涉到下一代的意志。因而僅僅根據這一代的眼前要求,以規定下一代人們的任務,這在民主政治的立場來看,確是值得加以考慮的。所以言論自由,學術思想自由,是人類自由的最後堡壘。只有靠著此一堡壘,才可以為人類留下無限生機,才可以使人性保持無限的可能性。現

代的政治家，多半根據教育原理去談教育方針，而不輕於根據一時的政府要求去規定一種所謂「計劃教育」。這其中，實有現代政治家的不敢和不忍的良心在發生作用。國家越進步，這一國家的政治家之不敢和不忍之心也越加顯現。[82]

徐復觀的文章批評了當局的兩種論調。一種是從量上說需要「計劃」，因為大學生就業困難，所以規定政府能容納多少人，學校便培植多少人；一種是從質上說需要「計劃」，因為「大陸上專科以上的學校，思想複雜，積極的作了共產黨的應聲蟲，消極的成為政府的負擔；假定今日政府在臺灣，不極力加以計劃的限制，豈不重蹈過去的覆轍？」對於前者，文章指出現代國家之所以成其為現代國家，乃是「藏勢力於社會」。現代國家真正的事業，在社會而不在政府；學校所培植出的人才，其最大的出路，也是在社會而不在政府。只要政府培養有大批的身心發育健全的青年，散布在社會，則這些青年的本身即是社會的動力，即可以自己之力創造自己的事業，以推動國家的前進。政府「偏要代替社會去包辦一切，此即所謂極權政治」。

對於後者，徐復觀說：

我認為大陸上教育的失敗，假定政府人士，認為這僅應由自由主義的智識分子去負責，而不是當時的政府和國民黨負最大的責任，則我敢斷言，中國的教育只有更失敗下去。……我們反共，正應以思想去反他的反思想，以成熟的思想去反他的幼稚思想，這才有成功之望。一個政府的能力水準，是以支持他的文化意識水準去作衡斷的。假定一個政府得不到一般成熟的文化意識的支持，這便是此一政府沒落的信號，而應為該政府的負責人士憂勤惕厲，深責痛改之資。如政府不此之圖，反因此而懷疑文化，害怕青年之接受文化，更進而想以「工具主義」來代替自由演進的文化思想，其結果如何，真有令人所不忍言的。[83]

徐復觀希望「負國家責任的人」，應該擯棄工具主義的觀念，發揚自由教育，為後代多留生機。

當局實施「計劃教育」，一方面透過法定的教育機關來貫徹，一方面還透過某些特殊組織來掌控。1952年3月成立的「青年反共救國團」，就是「在

三民主義的最高原則指導之下」以「擁護元首」為宗旨、以具體實施「黨化教育」為使命的一個特殊組織，這樣的組織之對青年教育危害甚至大過法定教育機關。10月4日救國團團章一公布，徐復觀就立即作文《青年反共救國團的健全發展的商榷》提出批評，並在《自由中國》第7卷8期發表。徐復觀指出，救國團在組織的合「法」性（救國團的任務包含多數政府機構的工作，但它的成立未經法定機關審議）、在與國民黨的關係（救國團在指導原則和組織領導上與國民黨並無不同）、在與「政府」職能的關係上，都存在值得商榷之點，尤其他幾乎囊括了政府教育機關的職能，把初中到大學的學生包括淨盡。這對於教育是極其不利的，因為：

  一個機構應該只在一個主管領導之下，才可以有秩序地進行工作。學校有校長，其下有教務、訓導、總務以及級任專任各教職員，有其完備的一套，任何反共抗俄的教育，都可以在這一套之下去實施。現在學校之內，另外有一領導系統，其領導的範圍，從擔任教育以至國家的整個工作，無不包括在內；其領導的依靠的不是國家的教育的法令，而是國家教育系統以外的組織；在一學校之內，有在團與不在團的兩種青年，有教育規章以內與教育規章以外的兩種訓練，有校內校外兩種工作，有在組織與不在組織的兩種教員。……現在由青年反共救國團的團章看，它與各方都發生交叉，然則今後將只聽一個縱隊前進，而令其他縱隊停止不前呢，抑使各縱隊都擠在交叉路口上，彼此都進退維谷呢？[84]

  徐復觀說，學校才是政府正常的教育機構，是青年的正常學習生活組織，「我們不能認學校不能負擔青年教育，或以學校為不可靠」；學校的職能以基本教育為主，「青年以受基本教育為主，我們不能說基本教育與反共抗俄無關」[85]。他並提議為將兩套機構的衝突減到最低，救國團領導人應由教育部長兼任，且救國團的活動以不妨礙正常教育為度。文章發表後，引起已任該團主任的蔣經國之極大不滿，認為徐復觀和雷震「這是與他過不去」[86]，甚至「有幫助共產黨之嫌」[87]。

  徐復觀對此毫無忌憚，還將批判的矛頭直接對準蔣介石。威權時代的國民黨一切權力集於「領袖」一身，自然對於「領袖」的個人崇拜愈演愈烈。蔣介石一生重視過生日，黨政要員便每逢蔣介石壽辰，都不錯過獻媚的良機，

個人的生日幾乎變成全「國」的慶典。1956年10月31日，是蔣70歲生日，按慣例應是大慶。蔣介石鑒於「國」步維艱，社會恐生怨恨，不能不作出婉辭的姿態，遂手令各機關「不得發起有關祝壽之任何舉動」，提議海內外各界「與其藉祝壽來表達對國家元首的愛護，何若對國家反共抗俄政策之貫徹，以及內政應有之興革，貢獻具體意見，以此紀念本人生日」，並「切望全國報章雜誌」徵請海內外「直率抒陳所見」。《自由中國》接到「行政院新聞局」傳達的「婉辭」，順勢響應，邀請知名人士對「總統」和「國策」提出意見，發行「祝壽專號」。

1956年10月31日，《自由中國》祝壽專號出版。專號除社論《壽總統蔣公》外，包含15篇專文——其中最著名的兩篇，一是胡適的《述艾森豪總統的兩個故事給蔣總統祝壽》，一則是徐復觀的《我所瞭解的蔣總統的一面》。

胡適的《述艾森豪總統的兩個故事給蔣總統祝壽》一文，主要批評蔣介石沒有做「憲政國家元首」的風度，奉勸蔣介石「從現在起，試試古代哲人說的『無智、無能、無為』的六字訣，努力做一個無智而能『御眾智』、無能無為而能『乘大勢』的元首」[88]。徐復觀的文章從心理的角度批評蔣介石的強勢性格。他說蔣介石具有「一副堅強的意志」，這種意志造成了他的成功，但是「他的失敗也是因為這種堅強的意志」[89]。從字面看「堅強」並不壞；但領袖人物如果把它用到政治上，便成為頑固堅持專制獨裁，因而難免阻礙民主政治制度的建立，最終必然導致政治的失敗。「今日國家的根基便是一部憲法；我懇切希望蔣公自今以後把畢生克服各種困難的毅力，一貫徹於憲法之中，把學校中教授三民主義的時間，分一半出來教授憲法。根據憲法來重新訓誡自己的幹部，重新安排政治的設施，使每一人都在這一常軌上運行，相扶相安而不相悖，使國家在風雨飄搖之中，奠定精神和法理的基礎，這將是蔣公的旋乾轉坤的一大轉機，也是我們國家旋乾轉坤的一大起點。」[90]

祝壽專號發行後，引起社會極大迴響，很快被搶購一空，以後又一再重印，一年內連續印刷達11次，發行3萬餘冊；當然也引起國民黨當局極端不滿。在蔣經國組織的《向毒素思想總攻擊》的極機密「特種指示」裡，分別以「長居國外的所謂知名學者」與「好出風頭的所謂政論家」指代胡適和

徐復觀，安排進行重點的攻擊。徐復觀因而也成為特務們關注的「危險」人物。

徐復觀之勇，不僅表現在「以自由主義論政」、對抗國民黨強權上，也表現在「以傳統主義衛道」、接受自由派否定傳統文化價值的挑戰上。徐復觀曾不假辭色地與《自由中國》發生激烈的衛道與反衛道之爭。

徐復觀是《民主評論》主持人，《民主評論》的創刊宗旨跟初期的《自由中國》類似，後來重點轉向「在溝通東西文化的這一方面」[91]，成為新儒家主要言論陣地。新儒家堅持反本開新，要求回到中國傳統，從中國傳統道統中開出一個自由民主的政統和科學理性的學統，反對「五四」以來知識分子對待傳統的否定態度；《自由中國》的自由主義者，也愛談論文化問題，但他們反對復古、主張建立英美式的新文化，高舉「五四」旗幟。在這個層面上徐復觀與《自由中國》展開了多次論戰，最有代表性的論戰是所謂「五四」之爭。

1957年「五四」紀念日前夕，《自由中國》發表社論《重整「五四」精神》，一方面稱譽「三十八年前的五月四日，是中國現代最有意義和最有價值的日子，這個日子所表徵的，是當時醒覺的知識分子開始創導中國的啟蒙運動。這個運動的目標，是要洗刷不適於中國人生存的保守文化，提倡進步的新文化。……依這個趨向發展下去，中國可以開始逐步走上現代化的道路」；一方面感嘆「這樣重要的節日，幾乎被人忘記了」，「這個日子居然成了不祥的記號」。這個「凡屬希望中國新生進步的人士所要紀念的日子，也是凡屬真正愛國的中國人所應該紀念的日子」，何以遭遇這樣的待遇？結論是：「這是開倒車復古主義與現實權力二者互相導演之結果。復古主義者在情緒上厭惡『五四』。他們擺出衛道的神氣來製造『五四』的罪狀。這符合現實權力的需要。復古主義者又想藉現實權力以行其『道』。二者相遇，如魚得水，合力摧毀『五四』的根苗。於是『五四』的劫難造成。『五四運動』成了二者的箭靶。」「五四運動」為什麼受復古主義與現實權力詬病呢？因為「五四」提倡科學與民主。科學所形成的社會尚懷疑和重實證，這與復古主義者神聖的道統思想難以調和；民主的社會氛圍是權威的對頭，這與崇尚權威的現實權力更勢不兩立。「依據向量解析，復古主義和現實權力二者的

方向相同,互相導演,互為表裡,彼此搆煽,因而二者所作用於『五四運動』的壓力合而為一。」

《自由中國》對傳統派的這一激烈批評,引起徐復觀同樣激烈的反映,發表《歷史文化與自由民主——對於辱罵我們者的答覆》予以回擊。在文前序語中直指社論作者是「文化暴徒」,他說:

《自由中國》半月刊自出刊以來,倡導自由民主,為各方所推重。但他們一談到文化問題,則常常是偏狹武斷……尤以最近十六卷九期《重整五四精神》的社論,其態度之橫蠻,對於中國之歷史文化及中國歷史文化的研究者所加的辱罵,只有用「文化暴徒」四字,才足以形容。[92]

他逐層反駁《自由中國》對傳統文化和傳統主義者的批評,首先反對將研究歷史文化的學者視為「復古主義」,指出「我們目前在政治上迫切需要民主自由,但我們只有從歷史文化中才能指出人類在政治上必須走向民主自由的大方向,才能斷定民主自由的價值。從邏輯上推不出自由,推不出民主,作不出自由民主的價值判斷。邏輯的本身,不是從天上掉下來的,也是歷史文化的產物。歷史文化,是以時間為其基底;時間之流,總是在變的;研究歷史文化者是要從歷史文化中看出他變的方向,在變的方向中,尋找變的某種程度的原則,以為人的抉擇行為的資助。假使說這是復古主義,則在自由世界的報紙雜誌書刊中,到處都是復古主義」[93]。

其次反對將歷史文化的提倡與極權主義、專制主義相提並論,指出不能因為現實政治的當權者國民黨提倡歷史文化,就將所有歷史文化的研究者歸為同類。「現實政權提倡歷史文化……他們對於歷史文化只是口頭上講講,絕沒有存心要把歷史文化中好的東西拿來實行。而中國的歷史文化精神,在現實上是要見之於行,見之於事的」[94],「縱有少數人講歷史文化而不瞭解自由民主,也不能由此而證明歷史文化與自由民主不能相容,更不能證明在自由民主之下不能講歷史文化」[95]。

《自由中國》停刊後,徐復觀繼續表現衛道之勇,目標直指自由派領袖胡適。1961年11月胡適在一場國際會議上作了一場題為《科學發展所需要的社會改革》的講演,重申東方人應該承認老文明中很少甚至完全沒有精

神價值。徐復觀迅速以《中國人的恥辱，東方人的恥辱》加以怒斥，用「臉厚心黑」這樣的詞語來描述胡適，並說「一個中國人在外國人面前罵盡自己民族的歷史文化，在外國人心目中只能看作是一個自瀆行為的最下賤的中國人」。[96] 後來這篇文章成為《文星》發起的中西文化論戰的導火線。[97] 而在這場論戰中，徐復觀也充當了傳統派的論戰主角。

注　釋

[1]. 本文基本內容曾載 2009 年 9 月 16 日《南方週末》，但限於報章體例，引文未加註釋。

[2]. 參見王中江：《萬山不許一溪奔：殷海光評傳》，臺北水牛出版社 1997 年版，第 322-333 頁。

[3]. 殷海光：《讓我們攜手從事文化創建》，《殷海光文集》修訂本，湖北人民出版社 2009 年版，第 166 頁。該文為臺北桂冠版《殷海光全集》所漏的文章。本書所引文獻，《全集》收錄者皆引《全集》，漏收者則引「文集修訂本」。

[4]. 韋政通 2006 年 4 月 19 日在武漢大學哲學學院的講演，收入《韋政通文存》之三，北京三聯書店出版中。

[5]. 聶華苓 2009 年 8 月 15 日在臺灣大學紀念殷海光先生逝世四十週年研討會上的講演，會議文集臺北紀念殷海光學術基金會出版中。

[6]. 殷海光：《我對於三民主義的看法和建議》，林正弘編《殷海光全集》，臺北桂冠圖書公司 1990 年版，第 12 卷，第 933 頁。

[7]. 殷海光：《反共不是黑暗統治的護符》，《殷海光全集》第 12 卷，第 887 頁。

[8]. 殷海光：《反攻大陸問題》，《殷海光全集》第 11 卷，第 520 頁。

[9]. 殷海光：《你要不要做人》，《殷海光全集》第 12 卷，第 761-762 頁。

[10]. 殷海光：《海光文選自敘》，《殷海光全集》第 17 卷，第 652-653 頁。

[11]. 殷海光：《口述遺囑》，張斌峰、何卓恩編《殷海光文集》修訂本第 2 卷，第 219 頁。

[12]. 殷海光：《開展啟蒙運動》，《殷海光全集》第 12 卷，第 819-820 頁。

[13]. 殷海光：《「五四」是我們的燈塔！》，《殷海光全集》第 12 卷，第 875 頁。

[14]. 殷海光：《胡適思想與中國前途》，《殷海光全集》第 11 卷，第 437-446 頁。

[15]. 黎漢基：《殷海光思想研究》，臺灣正中書局 2000 年版，第 21 頁。

[16]. 孟祥森：《殷海光的最後夜晚》，《殷海光全集》第 18 卷，第 345 頁。

[17]. 簡明海訪問劉福增。簡明海：《救亡與啟蒙的困境》附錄第 28-29 頁，東海大學碩士學位論文（1997 年）。

[18]. 殷海光：《政治組織與個人自由》，《殷海光全集》第 11 卷，第 318、298、305 頁。

[19]. 殷海光：《獨裁怕自由》，《殷海光全集》第 11 卷，第 335 頁。

[20]. 殷海光：《政治組織與個人自由》，《殷海光全集》第 11 卷，第 326-327 頁。

[21]. 殷海光：《政治組織與個人自由》，《殷海光全集》第 11 卷，第 297 頁。

[22]. 殷海光：《政治組織與個人自由》，《殷海光全集》第 11 卷，第 331 頁。

[23]. 殷海光：《獨裁怕自由》，《殷海光全集》第 11 卷，第 345 頁。

[24]. 張其昀：《民主政治的三大真諦》，《政論週刊》第 88 期，第 1 頁。

[25]. 殷海光：《教育部長張其昀的民主觀》，《殷海光全集》第 11 卷，第 413 頁。

[26]. 殷海光：《再論「君主的民主」》，《殷海光全集》第 11 卷，第 416-417 頁。

[27]. 殷海光：《怎樣研究民族主義》，《殷海光全集》第 14 卷，第 609-610 頁。

[28]. 殷海光：《致林毓生》，《殷海光全集》第 10 卷，第 149-150 頁。

[29]. 殷海光：《論科學與民主》，《殷海光全集》第 13 卷，第 307、312 頁。

[30]. 殷海光：《傳統底價值》，《殷海光全集》第 13 卷，第 284 頁。

[31]. 殷海光：《胡適與國運》，《殷海光全集》第 12 卷，第 845-846 頁。

[32]. 殷海光：《中國文化的展望》下，臺北桂冠圖書公司 1996 年版，第 697 頁。

[33]. 韋政通：《我所知道的殷海光先生》，《殷海光全集》第 18 卷，第 58-59 頁。

[34]. 殷海光：《病中語錄》，《殷海光文集》修訂版第 4 卷，第 306 頁。

[35]. 殷海光：《自由人的反省與重建》，《殷海光全集》第 13 卷，第 183 頁。

[36]. 殷海光：《中國文化的展望》下，臺北桂冠圖書公司 1996 年版，第 749 頁。

[37]. R.David Arkush：《悼念殷海光先生》，《殷海光全集》第 18 卷，第 103-104 頁。

[38]. 林毓生：《中國傳統的創造性轉化》，北京三聯書店 1988 年版，第 308 頁。

[39]. 殷海光：《致張灝》，《殷海光全集》第 10 卷，第 164-165 頁。

[40]. 林毓生：《殷海光先生終身奮鬥的永恆意義》，《殷海光全集》第 18 卷，第 137 頁。

[41]. 馬英九在臺灣大學紀念殷海光逝世四十週年學術研討會上的致辭，會議文集臺北紀念殷海光學術基金會出版中。

[42]. 吳惠林：《當代財經傑出經典人物》，臺灣翰蘆圖書出版公司 2002 年版，第 17 頁。

[43]. 吳惠林：《當代財經傑出經典人物》，臺灣翰蘆圖書出版公司 2002 年版，第 18 頁。

[44]. 引自吳惠林：《當代財經傑出經典人物》，臺灣翰蘆圖書出版公司 2002 年版，第 19 頁。

[45]. 吳惠林：《當代財經傑出經典人物》，臺灣翰蘆圖書出版公司 2002 年版，第 23 頁。

[46]. 吳惠林：《當代財經傑出經典人物》，臺灣翰蘆圖書出版公司 2002 年版，第 25 頁。

[47]. 吳惠林：《當代財經傑出經典人物》，臺灣翰蘆圖書出版公司 2002 年版，第 85 頁。

[48]. 吳惠林：《當代財經傑出經典人物》，臺灣翰蘆圖書出版公司 2002 年版，第 25 頁。

[49]. 參見夏道平：《一本新書的讀後感》，《夏道平文存》第二集，臺北遠流出版公司 1989 年版，第 60-65 頁。

[50]. 本小節原稿出自湖北經濟學院夏明教授，根據篇幅要求有壓縮改寫。

[51]. 夏道平：《我最難忘的一位恩師和一位益友》，《夏道平文存》第三集，臺北遠流出版公司 1995 年版，第 193 頁。

[52]. 夏道平：《我最難忘的一位恩師和一位益友》，《夏道平文存》第三集，第 194 頁。

[53]. 夏道平：《自由經濟的思路》自序，《夏道平文存》第二集，第 6 頁。

[54]. 夏道平：《自由經濟的思路》自序，《夏道平文存》第二集，第 10 頁。

[55]. 夏道平：《紀念王兄德芳》，《夏道平文存》第三集，第 138 頁。

[56]. 夏道平：《自由經濟的思路》自序，《夏道平文存》第二集，第 9 頁。

[57]. 張忠棟：《夏道平與殷海光》，氏著《自由主義人物》，臺北允晨文化事業公司 1998 年版，第 80 頁。

[58]. 《胡適致本社的一封信》，《自由中國》第 5 卷第 5 期，第 5 頁。

[59]. 夏道平：《自由經濟的思路》自序，《夏道平文存》第二集，第 8 頁。

[60]. 夏道平：《紀念殷海光先生》，《夏道平文存》第三集，第 129 頁註釋。

[61]. 聶華苓《夏道平——寂寞的微笑》，臺北《中國時報》1996 年 3 月 2 日。

[62]. 夏道平：《自由經濟的思路》自序，《夏道平文存》第二集，第 9 頁。

[63]. 夏道平：《紀念殷海光先生》，《夏道平文存》第三集，第 129 頁。

[64]. 夏道平：《自由經濟的思路》自序，《夏道平文存》第二集，第 9 頁。

[65]. 夏道平：《周德偉先生未受重視的一項業績》，《夏道平文存》第三集，第 147 頁。

[66]. 熊自健：《夏道平與戰後臺灣自由主義的新開展》，（臺北）「國家科學委員會」專題研究計劃成果報告，1994，第 21 頁。

[67]. 夏道平：《〈經濟科學的最後基礎〉譯者序》，《夏道平文存》第二集，第 15-17 頁。

[68]. 夏道平：《〈個人主義與經濟秩序〉譯者序》，《夏道平文存》第二集，第 25 頁。

[69]. 夏道平：《〈人的行為〉譯者序》，《夏道平文存》第二集，第 19-1720 頁。

[70]. 夏道平：《我最難忘的一位恩師和一位益友》，《夏道平文存》第三集，第 198 頁。

[71]. 熊自健：《夏道平與戰後臺灣自由主義的新開展》，（臺北）「國家科學委員會」專題研究計劃成果報告，1994，第 21-22 頁。

[72]. 李維武：《徐復觀學術思想評傳》，北京圖書館出版社 2001 年版，第 10 頁。

[73]. 徐復觀：《我的讀書生活》，《徐復觀文錄選萃》，臺灣學生書局 1980 年版，第 313 頁。

[74]. 徐復觀：《我的教書生活》，《徐復觀文錄選萃》，臺灣學生書局 1980 年版，第 304 頁。

[75]. 李維武：《徐復觀學術思想評傳》，北京圖書館出版社 2001 年版，第 20 頁。

[76]. 「起死回生的一罵」，是指徐復觀求教熊十力時受到的一次嚴厲而有震撼效果的訓斥。據徐復觀回憶，他第一次見熊十力時，熊十力推薦他讀王船山的《讀通鑑論》；徐復觀以往讀過這部書，熊十力要求他再讀，過了一段時間，終於又讀完一遍，於是去向熊十力報告。熊十力要他講一講心得，徐復觀就根據自己的理解接連批評王船山，熊十力未聽完就怒斥道：「你這個東西，怎麼會讀得進書！任何書的內容，都是有好的地方，也有壞的地方。你為什麼不先看出他的好的地方，卻專門去挑壞的，這樣讀書，就是讀了百部千部，你會受到書的什麼益處？讀書是要先看出他的好處，再批評他的壞處，這才像吃東西一樣，經過消化而攝取了營養。譬如《讀通鑑論》，某一段該是多麼有意義，又如某一段理解是如何深刻，你記得嗎？你懂得嗎？你這樣讀書，真太沒有出息！」這一罵，使內心自傲的徐復觀狼狽不堪，也由此而徹悟。徐復觀：《我的讀書生活》，《徐復觀文錄選萃》，臺灣學生書局 1980 年版，第 315 頁。

[77]. 徐復觀：《末光碎影》，《徐復觀雜文續集》，臺灣時報文化出版事業有限公司 1986 年版，第 349 頁。

[78]. 李維武：《徐復觀學術思想評傳》，北京圖書館出版社 2001 年版，第 28 頁。

[79]. 語出牟宗三：《悼念徐復觀先生》，曹永洋等編《徐復觀教授紀念文集》，臺灣時報文化出版事業有限公司 1984 年版，第 13 頁。

[80]. 李維武：《徐復觀學術思想評傳》，北京圖書館出版社 2001 年版，第 31-32 頁。

[81]. 李維武：《徐復觀學術思想評傳》，北京圖書館出版社 2001 年版，第 33 頁。

[82]. 徐復觀：《「計劃教育」質疑》，《自由中國》第 6 卷 9 期，第 8 頁。

[83]. 徐復觀：《「計劃教育」質疑》，《自由中國》第 6 卷 9 期，第 9 頁。

[84]. 徐復觀：《青年反共救國團的健全發展的商榷》，《自由中國》第 7 卷 8 期，第 11 頁。

[85]. 徐復觀：《青年反共救國團的健全發展的商榷》，《自由中國》第 7 卷 8 期，第 10 頁。

[86]. 雷震日記，1952 年 10 月 27 日，《雷震全集》第 34 卷，第 146 頁。

[87]. 雷震日記，1952 年 11 月 5 日，《雷震全集》第 34 卷，第 151 頁。

[88]. 胡適：《述艾森豪總統的兩個故事給蔣總統祝壽》，《自由中國》第 15 卷 9 期，第 8 頁。

[89]. 徐復觀：《我所瞭解的蔣總統的一面》，《自由中國》第 15 卷 9 期，第 9 頁。

[90]. 徐復觀：《我所瞭解的蔣總統的一面》，《自由中國》第 15 卷 9 期，第 10 頁。

[91]. 徐復觀：《復刊辭》，《民主評論》第 3 卷 1 期，第 1 頁。

[92]. 徐復觀《學術與政治之間》，臺灣學生書局 1985 年版，第 525 頁。

[93]. 徐復觀《學術與政治之間》，臺灣學生書局 1985 年版，第 529 頁。

[94]. 徐復觀《學術與政治之間》，臺灣學生書局 1985 年版，第 536 頁。

[95]. 徐復觀《學術與政治之間》，臺灣學生書局 1985 年版，第 536 頁。

[96]. 《徐復觀雜文續集》，臺灣時報文化事業公司 1981 年版，第 381 頁。

[97]. 李維武《徐復觀學術思想評傳》，北京圖書館出版社 2001 年版，第 44 頁。

第二章 政治哲學家殷海光

本章著重對殷海光政治哲學思想演變的歷程加以探討，並就若干當今學界討論的熱門哲學問題，反觀殷海光當年的見解，凸顯其思想的歷史性。

▌第一節 從三民主義到自由主義的演變[1]

三民主義是孫中山領導辛亥革命的旗幟，也是國民黨一直標榜的政治符號。國民黨從發動反清革命到反抗北洋軍閥建立國民政府，再到領導全國抗戰的過程中，三民主義一直是聯合各種社會政治力量和知識分子的重要思想基礎，顯示了三民主義的統一戰線功能和思想張力。但是，抗日戰爭結束後，隨著國民黨的日趨腐敗和獨裁，越來越多的社會政治力量和知識分子與國民黨分道揚鑣，對三民主義失望，三民主義的統一戰線功能越來越弱，思想張力的限度相應地日益呈現。殷海光從三民主義到自由主義的演變，便是三民主義張力及其限度的一個例證。

一、三民主義理念認同

殷海光成長於國民革命急流澎湃的年代，長期接受黨化教育，加上又親歷日軍侵華的慘痛，所以在他發表政治意見的初期，他堅執地同情國民黨，認同並信奉三民主義。1945年出版的《光明前之黑暗》對共產黨「違背」抗戰時承諾的「中山先生的三民主義，為中國今日之所必需」之諾言極表憤慨，並認為以三民主義相號召的「偉大」的委員長「一定會領導我們走上光明的路」[2]。1946年撰寫的《中國共產黨之觀察》又說國民黨有「人才之多，歷史之悠久，主義之正大」[3]的優勢。在受到「識貨」的國民黨宣傳當局青睞，安排進入國民黨喉舌《中央日報》後，更是不遺餘力地鼓吹三民主義。

進入報社不久，殷海光便寫過一篇題為《中國文化建設之路》的署名文章，明確提出以三民主義作為中國文化建設的指針，認為布爾什維克主義和自由主義不能解決中國問題：

布爾什維克主義的文化，顯然是滅亡中國的文化前鋒；自由主義底本身雖然有絕對價值，可是在中國發生的影響仍不免有其毛病。那麼我們從事中

國文化建設，究竟應須走哪一條道路呢？……革命是歷史發展底內容之一，所以革命理論也常常是文化底一種反映。既然如此，我們從革命理論中就可以體察出伴隨革命而進行的文化建設之道路。依據這個道理，我們中國的革命既以三民主義為指導原則，而且中國依然在革命過程之中，那麼我們中國底文化建設自然不外乎以三民主義為原則。以三民主義為文化建設的準則來建設文化，自然就是建設三民主義的文化了。

為了消除人們對於三民主義的「誤解」，殷海光還作了特別的解釋：

也許有人覺得，這樣地建設文化，豈不是混合雜湊嗎？不是的。民族主義、民主主義，和社會主義，在三民主義之中得到有機的統一。三民主義的文化不是混合而是化合這三者的結果。……只有這三種精神元素在均衡協調的狀態中有機地統一起來，才能使中國之互相矛盾衝突激盪的各種力量在均衡協調的狀態中有機地統一起來。……這樣一來，便可從根本上結束目前的紛亂狀態，而使國家走上和平安定建設的大道。[4]

1947年雙十節，他又為《中央日報》撰寫《中國現代政治思潮》，該文在分析了自由主義、社會主義兩大思潮之「得失」之後，斷言中山思想，即三民主義「具有高度的可實踐性」，在現代中國「具有無比的支配力量」，是「中國現代政治思想底主流」[5]。

隨著國民黨腐敗的加劇，殷海光後來逐漸與國民黨漸行漸遠，但是作為思想的部分，三民主義立場他並沒有動搖。殷海光對三民主義的認真，從他稍後對國民黨的批評也可以得到說明。

1948年9月發表於《青年雜誌》的文章《我們走哪條路》，表示「我們」雖不能跟共產黨走，也不能跟國民黨走，因為國民黨已經背叛了自己早年的三民主義理想：

國民黨沒有具支配力的意識形態。雖然，在一九二八年以後的若干年月，國民黨標尚三民主義，可是，在大部分的情形之中，這種標尚不是作為一種形式的黨教，便是作為獲取團體或個人利益的護符。到了現在，連這種形式上的黨教也不能維持，這種護符給許許多多人底實際行動拆穿以致失靈了。

實際說來,國民黨沒有中心思想,更沒有作為基本出發點的具支配力的觀念形態。[6]

顯然,殷海光認為,現在仍繼續標榜三民主義的國民黨已經實質遺棄了三民主義,所以不能跟它走。言下之意,當前時局的困難,正在於國民黨實質上遺棄了三民主義。

殷海光不僅認同三民主義,而且持續的時間相當長。直到他「轉向」民主社會主義後,仍然未脫三民主義框架。字面上看,從《我們走哪條路》開始,殷海光已經失望於國民黨,明確轉向追求「政治民主」和「經濟平等」的「民主社會主義」。但在殷海光那裡,「民主社會主義」,不是獨立於三民主義,而只是三民主義重心的調整。1948年12月19日,殷海光發表《論胡適南來》,認為「實現政治自由和經濟平等,是中國近五十年來的課題。這課題一日不交卷,中國歷史底死結一日不能解開,社會一日不得太平,戰禍一日不能止息。所以,無論怎樣困難,我們必須求其實現」,同時又說:

孫中山先生所提出的解決方案是足以解開這一死結的。在他所提出的方案之中,除了標尚民族獨立以外,又強調政治民主和經濟平等底原則。中山先生畢生為了實踐這些原則以解開歷史底死結而奮鬥。[7]

1949年6月2日,殷海光寫《中國底前途》,再次結合三民主義談論民主社會主義的相關論題,並進而將三民主義歸結為民族、民權、民生「三大節目」[8],認為這三大節目遠未完成,但必須實現。可見,殷海光談「政治民主和經濟平等」,實際上乃是三民主義之民權、民生主義之翻版,並無特殊內涵。直到進入《自由中國》的初期,他的文章主題,除了「民主社會主義」,還有民族主義,說「反共戰爭」既是社會戰爭,又是民族戰爭。[9]

當然,殷海光心目中的三民主義,不可視為一種完整、嚴格的思想體系,與孫中山當年對三民主義的解釋也不完全相同。孫中山提出的三民主義,事實上包括兩個層面,理想的層面,即追求實現國家獨立、政治民主、經濟均富的「畢其功於一役」;內容、方略的層面,民族主義即排滿或五族共和、反帝,民權主義即五權憲法、權能分開,民生主義即平均地權、節制資本。殷海光心目中的三民主義,更多只是孫文主義的前一層面,只是表達「民族

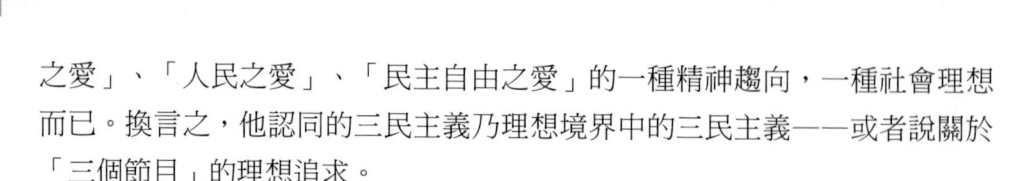

之愛」、「人民之愛」、「民主自由之愛」的一種精神趨向，一種社會理想而已。換言之，他認同的三民主義乃理想境界中的三民主義——或者說關於「三個節目」的理想追求。

二、三民主義重心的游移

三民主義由「三大節目」構成，三大節目各有訴求，在不同的時局背景下，訴求有所側重。殷海光心目中的三民主義，重心就有一個游移的過程。

殷海光最先突出的是民族主義。由於這種民族主義不同於文化民族主義（傳統主義），而只在政治層面強調國家整體的利益和價值，可以命之為「國家主義」、「愛國主義」。

政治民族主義或國家主義，本來可以是立意以民族為中心解決個人與民族，民族與人類的關係問題的一種思想體系，一種區別於個人主義或世界主義的理論建構，但許多情況之下，卻直接表現為一種與民族利益有關的情緒，涵義相當模糊。殷海光在中華民族空前危機的抗戰之際及和平建國「千呼萬喚不出來」的抗戰勝利之後，揭櫫的正是這樣一種情緒。這種民族主義，或「愛國主義」，凸顯的是一個「愛」字——對民族國家的愛。近代民族國家概念由三要素構成，即國土、國民、國權（主權），這就使得愛國主義呈現出複雜性：有愛祖國河山的愛國主義，有愛祖國同胞的愛國主義，有愛民族政府的愛國主義。早期殷海光的愛國主義，似乎沒有明確的區分。殷海光素習「分析」，但當時在國家主義的義涵上，顯然理性屈從於情感。很長一段時間，他事實上把領土、人民、政府、領袖「有機地」聯繫在一起，使國家主義發展到法西斯主義的邊緣（對於領袖，殷海光受蔣介石接見後，印象不佳，才不再崇拜）。

從 1945 年秋不到三年的時間內，殷海光訴諸國家主義文章、論著可謂連篇累牘。舉其要者有：1945《中國共產黨的氣象學》、《光明前之黑暗》、《質問周恩來》；1946 撰寫《中國共產黨之觀察》（出版於 1948 年）；1947《政治自由與武裝暴動》、《共產國際底世界政策》、《革命與暴動》、《「內戰」問題底分析》、《共產黨會放下屠刀嗎？》、《共產國際再度顯現》、《共黨「土地革命」底用意》；1948《人海作戰》、《反迫害·反暴

動‧反賣國》、《論所謂「新政治協商會議」：共黨匪徒之兩面作法底透視》、《中共對南共事件的聲明》等。其中主要的訴求內容，一是反侵略，以日本和蘇俄為主要「敵體」；一是和平建國，以共產黨這個他心目中的「暴亂勢力」為主要「敵體」。反對日本侵略，道理不言自明。反對蘇俄和中國共產黨，則主要是源於他自幼接受的黨化教育——說共產黨「叛亂」中央政府，「出賣」中國。

殷海光突出民族主義，將領土、人民、政府、領袖「有機地」聯繫在一起，自然蘊涵著政府和領袖是合法的，人民支持的。這一思想預設的模糊性，儘管在抗戰結束不久，殷海光就不無覺察[10]，但直到國民政府戡亂形勢日趨逆轉、表現出民眾與政府強烈對立的1948年秋，尤其他親赴徐蚌戰區慰問，對戰區民眾苦難的瞭解日益加深和變得真切後，他才痛感民生問題對政府合法性的強烈置疑，從而將民生主義由一般性話題提升到中心議題。

思想重心由民族主義轉向民生主義，殷海光批評政府「腐舊」、「腐惡」的文章越來越多，計有《我們走哪條路？》、《我對國共的看法》、《趕快收拾人心》、《爭取人民擁護》、《謀和與革新》、《革新問題》、《外援與自救》、《設防的基礎在人心》、《扭轉錯誤，回到原路》、《外傷與內潰》、《勝利底關鍵何在？》、《重整北伐精神》等，尖銳提出貧富懸殊問題，直指「國民黨底政權是建立在黨閥、軍閥、財閥，和政閥這四大閥之上。這四大閥底利益是與廣大人民底利益相衝突的」[11]。尤其殷海光自視為轉向民主社會主義標誌的文章《趕快收拾人心》，說國家在這樣的痛苦時分，特權者享有特權如故，人民莫可奈何，少數人生活驕奢淫逸，抽丁納糧的卻只有老百姓。人心失盡，如何得了！ 呼籲國民黨改革嚴辦豪強特權之輩，減輕人民負擔。文風充滿激憤之情，與以往理論色彩濃厚的風格大為不同，顯示其對於民生問題感受之痛切。

殷海光認為，共產黨之所以得勢，主要是利用了政府的弱點，因之此時此刻，最迫切的要求，莫過於國民黨把解決民生問題這個「題目」從共產黨手中奪過來，示天下以無私，收拾人心。由於民生主義中蘊涵的經濟平等訴求，與共產黨社會主義主張中有精神相通之處，為了顯示與後者的區別，殷海光強調自己的「經濟平等」是與「政治民主」相配合的——他認為共產黨

雖主張經濟平等，但政治上是不「民主」的。因此，這一時期，殷海光對民主自由問題——即民權問題，也有相當的關注。人們一般認為，這一時期是殷海光將經濟平等與政治民主並重時期。不過，嚴格說來，這一時期殷海光雖談了不少民主自由問題，言論主題並不是民權主義，而是民生主義，或曰「社會主義」——關注由於官僚腐敗造成的社會成員嚴重不平等問題。民權問題主要不是向「政府」當局的訴求，而是對治共產黨的不「民主」。

真正正面表述民權主義，以民權主義為中心，那是從1949年初夏開始的。基本的背景為，政府方面當時在軍事上節節敗退，首都南京失守，為支撐轉瞬即潰的局面，不得不打出了自由民主牌，宣稱與共產黨之間的戰爭，是「為自由民主而戰，絕非普通政權之爭」，希望藉以在民怨沸騰的時境下，能爭取到熱衷自由民主的自由主義者的支持。同時不少自由主義者從自身立場出發，在自由民主的所謂「多少問題」和「有無問題」之間，經過權衡，也決定以「第三勢力」等形式支持政府渡難關。殷海光此時已隨中央日報社先頭人馬撤退到臺北，除繼續擔任《中央日報》社論主筆，還在該報主編《青年週刊》，並兼任新創刊的《民族報》總主筆。流亡經驗，加上對於政府由於「老作風」而自行孤立所造成的形勢，使他迫切感到作為社會良心的知識分子對於挽救「危局」的重要。因此思想重心轉向民主自由（民權主義）的呼喚。

這時起，殷海光雖然不少文章形式上仍然是拉開陣勢攻擊共產黨，實質的意義已經變為面向國民黨政府的政治訴求。他一反過去對自由主義者的批評態度，開始正面談論自由主義者在中國政治前途中的價值，稱他們是「新生力量」，要求聯合這支力量進行「自由中國運動」，實行真正的憲政，以「光明」對「黑暗」。從1949年5月到1951年，這方面的文章有：《自由主義的新教育》《論「反共教育」》《給青年以新教育》《政治與寬容》《中國底前途》《讓新生力量起來救國》《以光明對黑暗》《政治與寬容》《自由主義者與中國底未來》《展開自由中國運動！》《選擇哪條道路？》《教條主義與思想自由》《主義並非國教》《論國民黨底改造運動》《戰爭與自由》《關於「統一思想」的問題》《共黨語言可以襲用嗎？》等。

突出呼籲自由民主「救」中國，標誌殷海光早年思想已走入在三民主義框架內看問題的最後階段，這個階段也正是他轉軌到自由主義思想系統的起點。

三、逸出三民主義

在以民權問題為重心的階段，殷海光極力反對三民主義教條化，指出「主義並非國教」，「教條主義」妨害言論自由，喜歡用「自由主義」這個名詞代表民權主義的內涵，但是他仍然覺得三民主義本身的正確性和全面性是毋庸置疑的。他為《中央日報》撰寫的社論《自由主義的新教育》，本來是主張用自由主義教育取代黨化教育，但仍很清楚地表明，繼續信任三民主義，他說，「孫中山先生底三民主義及其思想，早為全國人民所共信」，一般人所反對的並非這個黨義，而是口說黨義者之所作所為：

三民主義本來是很好的，可是，當著一些國民黨員口稱三民主義的時候，手上老是做著禍國殃民的事，甚至袒護豪門權貴，與人民作敵。二十年來，日日如此，久而久之，以致人民一聽到說三民主義，頭都痛了，厭煩已極。這樣的「黨化教育」怎能施行得下去？[12]

他批評黨化教育，原來主要是從方法方式上講的，教育目標上，他並不懷疑三民主義理想是切當的理想。

今日我們要配合反共戰爭，如果還是用那一批老人，還是灌輸黨八股，不獨絲毫無效，而且一定會發生反作用。我們要教育青年，必須使青年徹底明瞭上述情形，使青年瞭然於現實一切必歸死亡……未來的中國必須是民族獨立，政治民主，經濟平等的新中國。而要實現這個目的，必須經過保衛自由的階段。[13]

這也難怪黨方理論家任卓宣，與之論戰時說，「這樣的自由主義顯然為三民主義底別名。所謂民族獨立，不是民族主義嗎？所謂政治民主，不是民權主義嗎？所謂經濟平等，不是民生主義嗎？……與其以『自由主義的新教育』為言，不如說是『三民主義的新教育』之為名實相符。」[14]

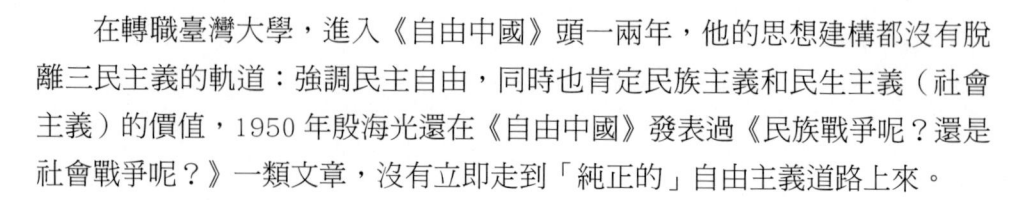

在轉職臺灣大學，進入《自由中國》頭一兩年，他的思想建構都沒有脫離三民主義的軌道：強調民主自由，同時也肯定民族主義和民生主義（社會主義）的價值，1950年殷海光還在《自由中國》發表過《民族戰爭呢？還是社會戰爭呢？》一類文章，沒有立即走到「純正的」自由主義道路上來。

殷海光游離三民主義軌道的跡象，從1950年秋開始顯露。

1950年6月，朝鮮戰爭爆發，美國從本國國家利益出發，一改一年多來對國民黨的冷遇和對國民黨當局不民主的指責，派軍「協防臺灣」，全面恢復對國民黨的軍經援助。國民黨風雨飄搖的危局得以緩解，遂於7月啟動黨的「改造」計劃。這場頗有聲勢的改造運動，從一開始就朝著重建威權體制的方向進行。本來，改造國民黨之議早在1949年夏已經提出，當時為了避免在解放軍進攻面前國民黨徹底分裂沒有實施。敗退到臺灣後，國民黨人對於黨的改造必要性意見基本一致，但對於改造的方向態度卻有兩種：一種主張向民主方向改造，以便開展「自由中國運動」；一種主張向集中方向改造，以便「反攻大陸」。鑒於其思想中心已經游移到民權主義，殷海光顯然贊同前者。[15] 所以，當蔣氏父子啟動改造運動並使改造航向駛入極權方向時，殷海光的失望不言自明。殷海光講的是「三民主義」，蔣氏父子口口聲聲講的也是「三民主義」，而其指向何其不同！

為了支持自己的民權主義信念，同時與「政府」當局劃清界限，殷海光感到必須尋找新的思想資源。1950年9月開始，殷海光撰文有較大變化。大量的書評文章和譯著[16]顯示出他為民權主義尋找新動力的心跡。

殷海光引介的著作大多為英美當代自由主義者的新作，二戰以後，東西世界的冷戰開始，英美自由主義者一方面繼續強調個人主義，一方面從世紀初傾向社會主義的「新自由主義」氣氛中走出來，呈現出向古典回歸的趨勢。正是透過接觸西方新古典的思想，殷海光逐漸反思民主自由與社會主義、民族主義的關係。

殷海光過去長期認同三民主義，民族主義（國家主義）、民生主義（社會主義）、民權主義一直並行不悖，雖不同時期有所側重，卻從未覺得彼此之間存在什麼矛盾。1950年秋，殷海光讀到漢斯・孔恩（Hans Kohn）指出

社會主義和國家主義對自由民主的「威脅」的著作《第二十世紀》，開始受到刺激。[17]《第二十世紀》作者認為，1848年後，歐洲被兩種新起的力量——社會主義和國家主義——所控制，這兩種力量將十九世紀自由的人道主義變換為侵略的排斥主義，將著重於個體尊嚴的態度轉換而為著重於集體的權力，從而給予西歐近代文明以重大的創傷，使二十世紀紛擾益行激化。這一觀點顯然對殷海光所默認的民族主義和民生主義是一個衝擊。殷海光沒有直接對此論點發表評論，顯示出一時之間他還難猝下結論。

經過一年多的思想進口，1951年底，殷海光為文推介美國刊物《自由人》，終於公開肯認並站到前臺去倡揚自由主義的實質主張，明確與「昨日之我」告別——對自己思想中默認的民族主義、社會主義進行了清算。該文不僅提出，「挖掉傳統的自由主義和個人主義，所謂民主也者，不過虛有其表啊！」而且認為《自由人》所提出的「無論什麼地方，只要完全實行社會主義——無論什麼地方政府是唯一的顧主，那麼便不能有經濟自由。一旦經濟自由不存在，便不能有任何種自由」的見解，「道出了所謂社會主義的危險」[18]，正式結束了在三民主義思想架構內發言的歷史。

作為殷海光轉軌的自我表白，人們熟知的《我為什麼反共》，已有清楚說明，無須贅述。

轉軌到自由主義後，殷海光高調主張思想、言論自由，對治國民黨的所謂「民權主義」；倡言穩健、理性的愛國主義，對治國民黨的「民族主義」；反對經濟集權，疏遠國民黨的「民生主義」。在一篇文章中，他說：

第一、捨棄人權而講民族主義，結果就變成君王、專制者、獨裁者鞭策之下的順民。這有什麼值得欣幸的？……第二、捨棄人權而講「民治」，到頭來一定徒具形式，內容全失：所謂「人民的公僕」，既不「公」又非「僕」。選舉變成耍猴戲。政府官吏說話可以叫做「諭示」。第三、捨棄民權而講「民享」，結果是大家變成配給制度下的新奴工。[19]

這便表示，在殷海光看來，自由主義與三民主義判然有別，不可同日而語。成為真正自由主義者的殷海光，雖然表示國民黨有不藉權勢宣傳三民主

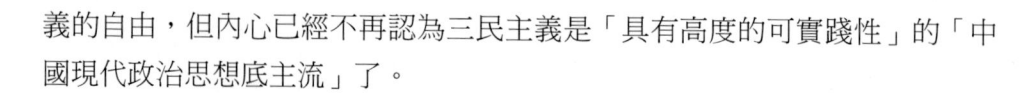

義的自由，但內心已經不再認為三民主義是「具有高度的可實踐性」的「中國現代政治思想底主流」了。

四、與三民主義合離之因緣

殷海光早年認同三民主義，以三民主義視角觀察分析問題，後來卻又自覺地從三民主義走向自由主義，回過頭來批評三民主義，這一合離的過程，契理契機何在呢？

有人傾向於從發言角色的變化看問題，認為殷海光以前身在國民黨陣營，自然應該認同「一個領袖，一個黨，一個主義」；後來轉到民間的自由主義言論陣地，自然鼓吹自由主義。這種看法顯然忽略了幾點：一、殷海光認同三民主義在吃官飯之前；二、殷海光轉職（由政入教）和換位（從《中央日報》到《自由中國》）後，一段時間仍然認同三民主義，基本思想觀點與前並無變化；三、殷海光若屬於「飯碗指揮腦袋」的那一類，何來後期的慘境？

也有人覺得殷海光思想轉變是由於他對蔣介石印象突變導致的。鼓吹三民主義的時期，他是崇蔣的，後來受蔣接見，頓時改變心態，由一個極端發展到另一個極端，走向自由主義。這種見解，只是一種臆測。因為事實上，殷海光見蔣發生在1946年國民政府復員南京之前的重慶，儘管確實從此不再崇蔣，但並沒有影響到他對於三民主義的態度，否則南京時期和臺北初期殷海光對三民主義的堅持（而對黨和領袖卻充滿批評）就沒法得到解釋。

筆者覺得，殷海光與三民主義的合離，既有殷海光本人的因素，也與40～50年代中國政局的演繹和國民黨治下的言論空間的變化有關，與三民主義本身的特點也有相當聯繫。

殷海光當初進入三民主義思維框架，是他本人社會關懷熱情和理想氣質，與三民主義浮泛性相結合的結果。理想性的社會關懷，造成他熱衷「主義」，而難免思想駁雜。在早年殷海光思想圖景中，同時包含有社會主義成分、民主主義成分和民族主義成分，不滿足於當時分別代表這些思想的布爾什維克主義、自由主義和傳統主義等思想體系。在他看來，布爾什維克不愛國、反自由；自由主義不能挽救國家危亡、實現社會平等；傳統主義難以導向自由、平等。當時中國有影響的意識形態中，同時滿足所有這些理想的，只有三民

主義。因為三民主義,既是「一個主義」又是「三個主義」,既可以滿足思想信仰一元性要求,又可以滿足思想追求多重性的願望。雖然它算不上縝密的思想體系,顯得比較浮泛[20],但對於追求完美理想而思想又相當粗糙的早年殷海光而言,可謂正合時宜。

得於斯,失於斯。殷海光理想性的社會關懷和三民主義浮泛性,後來同樣成為他思想轉軌的基本因素。不同的是,後來的他,社會關懷面由廣而專,理想性日益集中到民主自由上來;而這時,三民主義由浮泛而產生的包容,除了包容殷海光求自由求民主的心願,也「包容」著當局反民主、反自由的思想質素,直至在三民主義旗號下,民主竟然被解釋成「君主的民主」[21]。

這種演變當然與政局的演變和言論空間的變化分不開。

40年代後期開始,國內環境的變化,使殷海光在其激化下,在三民主義框架內有所側重,而且一步步由寬向窄(整體性的民族主義;大眾性的民生主義;精英性的民權主義)游移。起初,國民黨的軍事力量尚居優勢,在對共鬥爭中處在主動進攻位置,殷海光對民心方面的重要性雖有所正視,卻不太緊迫。何曾想,戰端一起,國共之間的力量對比很快發生根本變化,「失民心者失天下」的古訓,立即生效,蔣經國的「打虎」,李宗仁的「和談」,相繼均告落空,國民黨的頹敗顯露出一發不可收之勢。過去殷海光堅定地認為存亡優先於好壞,「如果國家民族根本不能存在,那麼就根本說不上現狀底好壞,也說不上政治上的好壞了」[22],隨著形勢的發展,他逐步認識到這一關係絕非單向的,邏輯上「存亡」固然優先於「好壞」,而事實上則「好壞」同樣決定著「存亡」,有好的政府國家才能立起來。什麼樣的政府是好的政府呢?當然是得民心的政府。殷海光的思想由「國」向「民」(經濟平等、政治民主)傾斜,先冀望於爭取普羅大眾;不成,退而求其次,爭取人數雖少,卻代表社會進步力量的自由主義者的支持。而真實地實行自由民主,是獲得自由主義者支持的關鍵。各思想階段重心突出,潛在地涵蘊了理想追求由廣而專的可能,由寬而窄的游移則更加強了專的趨勢。

不過,由於在殷海光認同三民主義的整個時期,三民主義內部的張力始終存在,殷海光雖表現出由廣而專的可能,卻沒有真正專到只奉「一個主義」(非「三個主義」)的程度。在重心各異的各個階段,殷海光始終能兼顧到

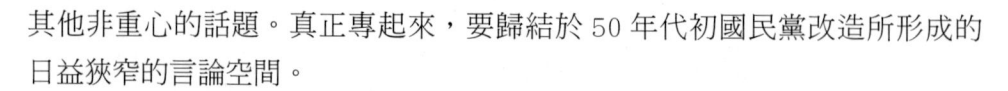

其他非重心的話題。真正專起來,要歸結於 50 年代初國民黨改造所形成的日益狹窄的言論空間。

國民黨改造以前,當局注意力主要集中在軍事領域,在言論方面,為了粉飾民主門面,有一定的發揮餘地。尤其軍事形勢逆轉後,即使像《中央日報》這樣的國民黨中央機關報,也常有對政府嚴厲批評的文字出現,甚至對報社負主要責任的中央黨部宣傳次長陶希聖,也一度著文嚴詞批評當權人物失民心的錯誤。[23]而當國民黨改造開始後,言論空間頓時壓縮,當初作為國民黨統戰陣地的《自由中國》,越來越頻繁地遭遇來自官方的直接干預。[24]國民黨以民族主義為藉口,一意孤行地重新建構極權體制,公然背棄過去的「憲政」承諾,與民主自由的正路愈行愈遠,三民主義成為日益專制極權的護身符,直接導致了殷海光失望和離心。一方面「三民主義」(官方統治工具的)不容三民主義(理想性的),另一方面三民主義的內部矛盾被逐步發現(前文已述),殷海光思想轉軌便順理成章。

需要進一步指出的是,五十年代初,從三民主義走向自由主義的遠不只殷海光一人。已故張忠棟先生已經注意到,類似的情況,還有雷震、傅正等人,「雷震原來是國民黨核心人物,後來脫黨,成為對抗國民黨的領袖人物。……傅正參加過青年軍,替國民黨在學運中作打手,到臺灣之初,還是蔣經國的幹部,曾幾何時,他也脫離政工幫,並且參加反對運動,從生到死,無怨無悔」[25]。張先生當然是略舉幾例以明其意而已,其實這種情形還可以繼續列舉,如戴杜衡就與殷海光同樣從《中央日報》轉歸《自由中國》。雷震、殷海光、傅正都是《自由中國》的核心成員(一為主持人,一為理論主筆,一為後期主編),戰後新興的自由主義陣營的主力。他們從三民主義游離出來的經歷(具體的轉變方式略有不同)很有代表性,追溯中國自由主義的歷史,不難發現,以往的自由主義者多數是英美留學歸國的知識分子,而戰後十年臺灣起來與政治當局叫板的自由主義者卻主要是三民主義的「叛徒」。這種群體性思想轉換,更能說明幾年間國民黨意識形態張力的變化,對於社會思想動向確有實際影響。過去在張力中逐漸型塑的新因素,突遇剛性意識形態環境,亦必然做出剛性的反映。張先生有感於此,嘆道:「執掌權力的

人把一批一批有血、有肉、有靈魂的人才壓抑到反對陣營裡去,讓他們成為眾人景仰的政治良心和社會良心,這實在不可思議,可嘆亦復可悲!」[26]

▍第二節 辦政治與辦教育:殷海光政教關係認識的變化[27]

殷海光以政論家,尤其以自由主義政論家名世。但同時他又是一個知識分子,一個幾乎終生沒有脫離學校環境的教育中人。自從他步入論政舞臺,教育就一直是他關心的主要問題之一。這不奇怪,政治是安民之事,教育是育人之事,本來關係就非常緊密。「青年是社會底儲蓄,是民族底新生命,是國家未來的主人」[28],培養什麼樣的人,往往就意味著貫徹什麼樣的政治,所以,關心政治的人們,幾乎無一例外地關心教育。政論家殷海光正是如此。他一生撰寫的有關教育的文章不下數十篇,而且隨著他政治理念的變化,教育觀念前後也在調整,其中的意涵,很值得研究殷海光思想的學者關注和發掘。可惜,現有的殷海光思想研究成果,雖然數量已相當可觀,卻基本上將注意力集中在殷海光的政治思想、哲學思想、文化思想等方面,惟獨有關教育思想的部分,涉足者極為少見。

殷海光對於黨化教育問題的意見,大致有三個階段的變化,我們的討論也將分三部分依序進行。

一、抨擊「職業學生」、認同黨化教育時期

「黨化教育」一詞,出現於1920年代後期。當時國民政府新立,國民黨由軍政而訓政,以黨治和黨高於國相號召,要求教育全面貫徹黨的意志,遂有「黨化教育」之議。大致的做法,包括各級學校設置訓導機構,開設黨義和歌頌國民黨及其領袖的課程,高等學校設立黨部等等。「黨化教育是有一種基本精神的,就是訓人的精神,也就是以宣傳代教育的精神。」[29]殷海光雖然在金岳霖門下求學很久,求得安身立命的主要知識營養,但同時他本人也是黨化教育不自覺的長期接受者。成為自由主義者以前的歲月裡,他的政治理念,受到國民黨官方意識形態相當強烈的影響,很大程度上就與他接受的黨化教育有關。他本人就承認早期自己據以反共的思想,其中,許多來

自他所受的教育,既包括金岳霖式的「自由教育」,又包括「一個利害群組」給他的黨化教育。[30] 殷海光在西南聯大的表現,無論他自己後來的評價——「黑褐色的法西斯味兒太濃厚了」[31],還是承擔黨化教育的訓導長之稱譽——「好學深思」、「能辨別是非」[32],都顯然相當符合當局的教育願望。殷海光開始論政生涯後的很長時間,即使在談與現實問題比較間接的「純理論問題」時,仍然是反覆標舉三民主義(或稱「中山思想」)是「中國現代政治思想的主流」[33],中國革命的「指導原則」[34],顯示切合他受的黨化教育影響為多,自由教育影響為少。

直到1946年政治協商會議之後,國民黨不得不做出結束訓政、實行憲政的姿態,公開的黨化教育才形式上有所鬆弛(事實則仍在半明半暗中進行)。不過,一黨的黨化教育雖有所鬆弛,繼之而起的,則是國共兩黨對青年學生日趨激烈的爭奪。教育機關,尤其大學裡,接受共產黨組織領導和思想影響的左派漸成氣候,左右派學生的衝突也隨之逐漸白熱化。殷海光過去求學時,本已不滿左派學生,經常與之筆戰,乃至口舌戰和拳腳戰,完全可以想像,此時對於左派勢力的膨脹會特別憂心。果然,進入《中央日報》社後,殷海光以與日俱增的焦急心情,「常午夜疾書,揮汗構思,不覺其苦」[35],大量著文,指責共產黨的「職業學生」破壞教育。除《中國民主運動的正確方向》等署名的長文外,經考證可以確知為殷海光所撰或經其修改之社論,即有《知識青年底警覺》、《從于子三案件說起》、《愛護學校,愛惜自己!》、《反迫害·反暴動·反賣國》、《火速清除學生之敵!》、《職業學生之職業》、《五四與今日》、《收回學校租界!》、《「學運」底作用》等十餘篇。[36]

既然這一時期,殷海光關注教育的主要針對點是左派學生,不難設想,他便會將左派學生及其策動的學生運動,作為直接鞭撻對象。

本來,在中國這樣一個缺乏正常表達異議政治管道的國家,學生以「學潮」方式表達不滿的傳統,由來已久。中國高度集權的政治體制下,沒有類似西方議會那樣的常規異議表達機關。個別賢能的統治者,尚能透過虛懷納諫吸收部分民意;多數的庸君和暴君,則一意孤行,為所欲為,忌諱逆耳之言。一旦社會發生嚴重危機,只有那些代表社會良知又常常身少牽掛的學生士子,挺身而出,訴諸「街頭政治」對當局施壓。古有太學生干政,近有「公車上

書」,「五四運動」,都是例證。抗日戰爭後期,國民政府腐敗現象已然顯露,西南聯大就曾因為達官顯貴以專機搭載寵物事件鬧過大規模學潮。抗戰勝利後,接收過程中發生更普遍更嚴重的腐敗,權貴魚肉百姓,大眾飽經戰亂生活赤貧,又加內戰爆發,苦不堪言。社會不滿影響到學校,便是全國學潮迭起,一浪高過一浪。

殷海光並不一概反對學潮,因為「的確,沒有人能夠否認,中國底現狀是夠令人苦悶的,尤其是經濟的貧血症,更造成了普遍的痛苦,這種現狀是必須改革的」[37]。但他認為,這些以學潮面目出現的,不止於一般的「學潮」,而更是受共產黨所派遣的職業學生精心策動的「學運」。學運與學潮的區別,殷海光指出了兩點:一是目標和作用不同,學潮乃青年學生不滿現狀,要求改革,要求進步,要求民主自由的積極表現,它的目標是建設性的,具有「摧毀舊社會創造新社會的動力」作用;學運的目標恰好是破壞,它的直接作用,「乃闢開闢共產黨軍事進攻之外的第二戰線,使國軍陷入前後夾攻之危境」;間接作用,則在「破壞教育,使國家無可用之人,而迫令在學青年不得不接受叛徒訓練,使人人變成叛徒,學校變成叛徒養成所」。二是性質不同,「學運是技術性的,是出於共匪職業間諜分子之操縱的。是藉組織力量和宣傳煽動而產生的,學潮則不然。學潮是政治性的,是出於自發自動的,是由學生之共同的政治反應與熱情而產生的。」[38]

殷海光認為,學潮即使有時不免過激,政府仍然要善待之,虛納之。而對於學運,則絕對不能手軟。因為它使「純潔的教育園地,成為陰謀策動的機關」和「享受治外法權之租界」[39],「學生不能安心求學,學風敗壞」,「大多數無組織的青年不得不噤若寒蟬,正確的認識反而不能伸張」,發展下去,「不獨歪曲社會與國際之視聽,而且大有危害於青年教育」,「影響到青年自身」同時也「影響到國家、民族、社會底前途」[40]。

這一時期,殷海光對於政府和具體的教育當局,幾乎沒有任何實際批評,相反,態度相當同情,每每主動為之辯護和出謀劃策。例如,1947年12月9日,教育部為防範左派學生利用學生自治會發動學運,公布學生自治會修正規則,限制左派學生當選自治會理事,規定自治會以促進學生「德育、智育、體育、群育之發展」為職能,引起學生反抗。同情學運之《大公報》,

亦以此舉有「防閒學生」嫌疑，加以批評。殷海光不以為然，力加辯護道：「『學校』一詞，顧名思義，乃作育青年，研究學術之場所，此乃任何人所不可否認者。近來學生自治會既然毛病百出，教育當局修改學生自治會規則，藉以一方面切實維護學術研究，另一方面積極培育在學青年之法治精神。用意至善，毫無防閒學生之意，更無絲毫可以反對之理由。」[41]

殷海光不僅以教育當局的限制措施深得其宜，毫無過錯，而且，認為總體上講，政府當局對待左派學生，礙於對讀書人的「尊重」，手段過於軟弱，指陳「職業學生底這些職業，當初都是利用中國社會傳統地尊重讀書人並對於青年學生不懷戒心的這種心理祕密發展。吾人曾一再為文，希望社會及教育當局力加注意。今茲上述職業學生之職業暴行，已一一暴露。教育當局，京滬治安機關，以及若干學校當局，亟宜火速予以清除」[42]；聲言「以美國之民主，且公開檢舉不忠於國家之分子，何況中國臨此生死存亡之關頭，豈能不操刀一割？」[43]；「政府當局，尤其首都及滬杭各地負責治安之機關，絕不能抱粉飾太平，得過且過，及息事寧人之態度。須知覆巢之下絕無完卵，禍變所及，無人可以倖免」[44]。

表面上看，這裡似乎純粹在談政治，與「黨化教育」議題毫無關涉。其實，在這些論說的背後，已經隱然透露出早年殷海光對於國民黨黨化教育的認同。

其一，黨化教育首先意味著道德上對執政黨正當性、正義性的高度認可，當時的殷海光正是這樣。國民政府是國民黨專政之下的政府，殷海光為政府辯護和謀劃，也必然涉及執政的國民黨。在學生運動中，左派學生常將不願配合罷課的學生罵為「國民黨底走狗」，殷海光很不滿，說：「國民黨乃維護學術研究的，作維護學術研究者之『走狗』，似非奇恥大辱。而掀動罷課的職業學生呢？蓄意破壞學術研究，根本無視祖國安危，絲毫不愛母校，此類分子，一舉一動，唯背後指使者之命是從，其下於「走狗」又不知若干等級矣！」[45]殷海光哀國民黨之不幸，怒國民黨之不爭，希望國民黨主動向親共左派挑戰，「中國國民黨人，苟稍有自尊感，苟稍有天賦之自衛本能，與其於共黨匪徒武裝暴力尚未征服之先，任憑共匪間諜職業學生橫加侮辱並以『戰犯』相待，侮毀名譽，危及生命，何若及早振臂而起，與共匪間諜決鬥？」[46]這已很可說明，此時的殷海光是承認國民黨具有黨化教育資格的。

其二，黨化教育涉及執政黨與教育機構的關係。近代主張教育獨立的教育家，像蔡元培、胡適、潘光旦等人，無不要求黨的活動在教育體制之外進行。黨化教育則相反，要求教育機構在體制上直接服從黨的指令。當時的殷海光不同於那些自由主義教育家，他不是要求學校當局按照教育規律自主處理學校事務，相反，極力主張學校「協助政府」[47]，打擊執政黨的異己勢力。

其三，黨化教育強調黨義的最高指導地位。殷海光歷來主張思想的疾病要用思想來克服，他承認親共學運之所以能得逞，是因為青年學生受了共產黨思想的誘惑，要克服這種誘惑，唯有靠思想的力量，他向青年學生推薦「五四精神」。不過，他對「五四」的解釋很不同於他後來在《自由中國》的時候，而是用三民主義等同「五四」精神，說「五四運動」是愛國主義（保衛山東）的行動，也是自由主義（胡適）和社會主義（陳獨秀）的聯合行動，而愛國主義、自由主義和社會主義，則正是中山先生民族、民權、民生三大主義[48]，即作為國民黨指導思想的三民主義。他認為教育部修訂學生自治會規則，規定「學生自治會，以根據三民主義，培養學生法治精神，促進其德育、智育、體育、群育之發展為目的」[49]是完全應當的，奉勸學生遇事多問「是否為國家為民族？是否為人類為社會？是否為民主為和平？」[50]可見，殷海光，對三民主義是衷心推崇的。

早年的殷海光雖然沒有直接在教育內容、目的和方式等議題上談論黨化教育，但考慮到在現實狀況下，「職業學生」（共產黨）與「黨化教育」（國民黨）本來就有著此起彼伏、你死我活的關係，他對於「職業學生」的鞭撻，也就間接意味著對「黨化教育」的支持。何況，在反對「職業學生」的論述中，他也流露出不少默認黨化教育的基本教育觀點。「黨化教育」在他那裡，應該說基本是被認同的。

二、反對訓練式黨化教育、向「新教育」轉折的時期

殷海光認同黨化教育的時候，國民黨在與共產黨的搏鬥中，尚保持著主動和優勢。在殷海光心目中，國民黨仍然是匡救國運的唯一希望。何曾料到，開戰剛一年，形勢便發生逆轉。國民政府方面由「全面進攻」而「重點進攻」，又由進攻轉入「全面防禦」「重點防禦」，節節敗退，不可收拾。掩隱於表

面的戰場形勢之下的，則是國民對於「國民政府」的怨怒激憤與日俱增。殷海光透過一次戰場慰問，瞭解了更多的真相以後，開始對過去的信念發生懷疑和動搖。思想的天平從過去一向傾向政府，漸漸地開始轉向民間。三大戰役還在進行，他便接連有激烈批評政府的言論發表，弄得他一度崇拜備至的國民政府領袖十分氣惱。[51]用殷海光自己後來的話說，他開始由「黑褐色」的法西斯色調，轉向「民主社會主義」了。

殷海光轉向「民主社會主義」發生在 1948 年秋，實際上，最初的半年，多側重「社會主義」議題，呼籲政府重視民生，將收拾人心的題目從共產黨手裡奪過來。[52]1949 年初夏，才又進而重視「民主主義」，要求政府改變專制作風，寬容自由主義者為主的「新生力量」，讓他們一起參與「救國」行動。[53]之所以有這樣微妙的改變，存在政府方面和殷海光個人方面雙重的原因。就政府講，所謂「人之將死，其言也善」，國都失守，「國」將不國，為了籠絡唯一可以爭取的力量——民主人士和自由知識分子，避免政治上的孤立，國民政府宣稱擬厲行憲政，改良政治，聯合自由主義者開展自由中國運動。而殷海光當初那種將收拾人心的題目從共產黨手裡奪過來的想法，在兵敗如山倒的形勢下，難有顯效，也退而求其次，認為只有自由主義者才是靠得住的現實力量。也就是在這種狀況下，殷海光對於黨化教育的看法，發生著重要的轉變。

1949 年 5 月，為配合憲政反共議題，教育部表示將重新擬訂今後教育施政方針和計劃，並準備邀請蔣夢麟、李書華、朱家驊、王世杰、陳立夫、梅貽琦、陳雪屏等社會名流，參與「會商研討」。有感於此，殷海光為《中央日報》撰寫了一篇題為《自由主義的新教育》的社論文章。文章說，「教育當局為配合反共軍事，即將邀請名流，制定新的教育方案；並且將要付諸實施。這一措施，雖然行之未免太晚，可是究竟是很必要的。」接著，他開始批評過去幾十年來政府實行的黨化教育，指出「時至今日，共黨這樣猖獗，二十餘年來『黨化教育』底優劣成敗都暴露無遺了」，「許多施行黨化教育者行為是官僚作風，學識人品尤成問題。天天背誦陳詞濫調，自己對於主義既然沒有真正的信仰，更不去奉行，如何可以使別人信仰奉行？⋯⋯當著一些國民黨員口稱三民主義的時候，手上老是做著禍國殃民的事，甚至袒護豪

門權貴，與人民作敵。二十年來，日日如此，久而久之，以致人民一聽到說三民主義，頭都痛了，厭煩已極。這樣的「黨化教育」怎能施行得下去？」不獨如此，二十餘年來，當局靠開辦黨化「訓練班」，養成大批不用頭腦只一味盲目順從的人，「這樣的『黨化教育』，渴望前途的青年，怎看得起？」有鑒於此，他提出，「今日我們要配合反共戰爭，如果還是用那一批老人，還是灌輸黨八股，不獨絲毫無效，而且一定會發生反作用」，正確的道路是實行「自由主義的新教育」[54]。

由認同黨化教育到檢討黨化教育，主張「自由主義的新教育」，無疑對於殷海光是一個很重大的思想演變，至少從名詞上說，相對過去，這已經是一個一百八十度的大轉彎。當時，國民黨老牌的意識形態「專家」任卓宣（葉青）就注意到這一前所未有的提法出現於黨的機關報的衝擊性，忍不住立即撰寫長文「糾正」。這篇題為《反共教育的主義問題》的文章特別說明三民主義教育只能改進，不能廢止，三民主義教育優越於自由主義教育，最後乃至祭出大棒，給主張「自由主義新教育」的人戴上「反對憲法」的大帽子。

當然，任卓宣的文章主旨在於反對從內容上改變國民黨的教育方針，對於《自由主義的新教育》這一具體文章來說，他倒不認為作者真是希望改變三民主義教育為自由主義教育。他說，從原文作者給出的自由主義新教育的內容看，「這樣的自由主義顯然為三民主義底別名」[55]。

單就任卓宣對殷海光所撰社論作出的分析，不能說毫無道理。因為，殷海光雖然主張結束黨化教育，但卻主要是以黨化教育形式方面的過失和弊病（用人不當，辦法不妥）具論，教育內容和方向上並無特別見解。他提出「自由主義新教育」的概念，也是形式面多於內容面，內容仍然是「民族獨立，政治民主、經濟平等」的「理想」[56]，與孫中山民族主義、民權主義、民生主義名異而實同。事實上，殷海光充分瞭解「所謂黨化教育，無非根據中國國民黨底黨義以施教，這就是說，藉著教育的方式，將黨義灌輸於國民，使人人信服，共同奉行」，而「中國國民黨底黨義就是孫中山先生底三民主義及其思想」，可是，他在主張結束黨化教育的同時，明確表示「孫中山先生底三民主義及其思想，早為全國人民所共信，即共黨亦不敢明目張膽反對」，「三民主義本來是很好的」[57]。

殷海光希望改變黨化教育的形式方面而不求內容上的重大變化，還可見之於他另一篇為《民族報》撰寫的社論《論「反共教育」》[58]。這篇文章略有補充的是，解釋黨化教育的失效時，在用人不當和辦法不妥之外，更加上理想空殼化（藉「古人底屍骸」和粗製濫造的「訓辭」「講話」表現三民主義理想）的問題。說「這樣的一些東西，連自己都不相信，連自己都覺得是自欺欺人的，連自己都認為是糟蹋紙張的，如何能使年青人相信？更如何能對抗共產國際有精密計劃，並針對現實的長期巧妙宣傳？」

這一補充解釋，表面似乎是著眼於內容方面，實質仍然是形式方面的。因為他的用意無非還是說，那班「老人」辦黨化教育的方法陳腐不堪，不能採用鮮活的具體思想內容去行教育，而老是藉所謂權威的說教去強行訓練青年學生。任卓宣的長文剛一連載完，殷海光就以「英弗遜」（「殷福生」諧音）筆名發表《給青年以新教育》作為答辯，開篇即對「教育」和「訓練」作出區分，直指長期以來的黨化教育實際上並非「教育」，而是一種「訓練」。「政治訓練，至少要灌輸某種政治意識。二十多年來的這一套訓練，何曾真正灌輸了某種政治意識？如果真正灌輸了某種政治意識，那末在失去軍警保護以後，何以很少人繼續與政治上的敵人奮鬥？在事實上，什麼『訓練團』，『訓練班』，是把人當工具來訓練。……在這樣的訓練之中，個性被剝奪殆盡，弄得大家都變成機械，失去了創造精神，失去了自發活動的能力，完全盲目服從；只注重枝枝節節的事物的應付之術，不注意原則，更不談理想，並且視談理想為唱高調。」[59]正因為以訓練代教育，百弊叢生，才需要結束「這個樣子的」黨化教育，而以能夠發揮個性和激發理想三民主義精神的「新教育」取將代之。

三、全面否定黨化教育、主張民主科學教育的時期

雖然在殷海光思想轉折時期，他對黨化教育只從形式面加以反對，但他提出的發揮個性和激發理想主義精神的「自由主義的新教育」，已經蘊涵了全面走向真正自由主義教育觀的幼芽。這是因為，固然一定的內容可以採取不同的形式來表現，但形式的運用也會影響到內容的變化。殷海光為改革黨化教育開的藥方既然是不同於「訓練」的「教育」，根據他的區分，教育與訓練最大的不同，是訓練把人當作工具，而不當作目的；教育則以人文主義

為基本出發點,「注重人性底陶冶,理性底啟發,情操底培養,知識底灌輸,和意志底鍛鍊」[60]。既以人文主義為出發點,則一定以人為中心而不以「主義」為中心,不管是僵化的「主義」還是活潑的「主義」,邏輯上說,三民主義這一「早為全國人民所共信」的主義也不會例外。所以,按這一思路發展下去,殷海光遲早會全面屏棄黨化教育。

不過,畢竟殷海光主要精力集中在論政方面,對於教育,往往在論政的第二層次處理。所以教育觀的調整具體而言總是跟著政治意識的調整實現的。殷海光大陸政權易手之際,已經進入民權主義為重心處理三民主義的階段,而隨後朝鮮戰爭爆發,美國介入臺海事務,使國民黨小朝廷得以偏安臺灣,將危機時期的憲政號召拋到九霄雲外,專制獨裁的舊病復發,並有變本加厲之勢。為與打著三民主義旗號的獨裁當局劃清界限,殷海光開始從當代西方自由主義思想庫中廣泛汲取營養,加固自己自由民主的信仰。1950-1955年間,殷海光譯述了近四十篇西方自由主義者的著作(海耶克《到奴役之路》的系列連載以一篇計),正是在這一過程之中,(1951年底)殷海光由三民主義的信仰者轉變為自由主義思想者。此後,他堅持自由主義的原則,在一系列領域,進行「自由主義論政」,其間自然也包括教育領域。

這一階段,殷海光論述教育比較集中的時期,在1958-1960年,這也是他論政最激烈的時期。以作為《自由中國》「今日的問題」系列之一的《我們的教育》開端,他還先後發表了《學術教育應獨立於政治》、《為學術教育工作者請命》、《對梅部長的低調希望》、《為教師爭人格》、《教育的轉機》、《科學教育的基本認識》、《烏煙瘴氣的政治活動在臺大》、《給雷震先生的一封公開信》、《我對於三民主義的看法和建議》等文章,闡述他的自由主義教育主張。這些文章涉及多方面的論題,包括教育指針、教師待遇、教師評聘、學術開展、學生管理等,其中最突出的一點仍然是教育指針中有關黨化教育的部分。從自由主義立場出發,他全面否定黨化教育具有任何合法性。

首先,他嚴厲指責日趨嚴重的黨化教育所造成的極大危害。他說「今日臺灣的教育,細細觀察,不僅不及民國初年,而且不及滿清末年」,清末民初的教育雖然還很落後,卻是逐步向一「開放的社會」發展,臺灣的黨化教

育（和狹隘的民族精神教育），則完全是邁向一個「封閉的社會」[61]。「封閉社會」和「開放社會」本是波普提出的概念，大體相當於我們今天所說的「前現代」社會和「現代」社會，殷海光藉此概念以表達黨化教育開歷史倒車之意。「屬行黨化教育者挾其無可抗拒的政治優勢和一二頂大帽子，控制學校機構，樹立黨團組織，並且掌握大部分教職人員，網既布成，彼等進而規定課程，灌輸黨化思想，傳播政治神話，控制學生課內外活動。彼等藉黨化教育，把下一代人鑄造成合於他們主觀需要的類型」[62]這種情形，自國民黨當權以來既已形成，偏安臺灣後愈形嚴重，而那個提出民主就是「愛民、養民、教民」（殷海光斥之為「君主的民主」）的教育部長張其昀辦教期間（1954～1958），則更是大行其道，雷厲風行，以致「這四、五年來，臺灣教育在課程和教材方面黨化程度之廣與深，是中國近三十年來所未有的。而中國青年所受毒害之深，也是中國近三十年來所未有的」[63]。

其次，殷海光表示，黨化教育根本要不得，不僅訓練的方式要不得，而且設定黨義為教育目標本身也要不得。他不再停留於思想轉軌過渡時期對黨化教育技術方面（能否奏效）的批評，而更著眼於黨化教育本身（是否正當）的根本否定。他質問，「我們反對蘇俄共黨的重要理由，就是反對黨化。聲言反共抗俄者為什麼還要實行黨化？」指出在世界的現狀之下，黨化教育是不會成功的；退一步說，黨化教育即令可以成功，充其量也不過是造出一批只聽一個黨的話的盲從之眾而已。「這樣的人，離開了黨的窩子，根本不能適應外界的新環境，只能成為廢料。真正『為國家民族的前途』而辦教育的人，怎會作這樣『傷天害理』的勾當？」[64]辦教育的人稍有良心和常識，就應該建議有權力者趕快停止黨化教育，停止對大家毫無益處的黨化課程，以及圍繞黨化目標的一切設施。

再次，他強調價值中立是學術教育的常道。「一切真正的學術教育都是中性的東西」[65]，它對於任何「主義」都一視同仁，「既不應該持『恭維』又不應該持『瞧不起』的態度」[66]，而只能以研究定其對錯和應否遵循。三民主義如果是真理，那麼用不著藉槍桿保護，所以殷海光公開聲明，「我極不贊成國民黨藉著政治權勢把三民主義變成國教；但是我極其贊成國民黨享有不藉政治權勢來弘揚其三民主義的自由」[67]，「無論如何，學術與教育一

定要獨立於政治之外,學術與教育不能作政治的工具」[68]。西方國邦的學術之所以高度發達,教育之所以臻於健康,主要係因獨立於政治之外。

　　針對有人藉口處在「非常時期」,為黨化教育辯解,殷海光嚴正指出:也許有非常時期的軍事,但沒有非常時期的學術教育。「學術教育是百年千年大事。學術的目標是吸收知識、發現真理、增進技能、保存文化。教育的目標,除此之外,還在陶鑄優良的品性,這些項目都是學術教育的常道。從事學術教育的人或機構豈能守住這些常道」。他承認,如果一個國家的學術發達、教育優長,那麼學術教育所發揮出來的力量,可能有助於這個國家應付它所面臨的非常時期,像第二次世界大戰時期的美國就是。但他反對倒過頭來,說有所謂非常時期的學術教育,斷言「恰恰相反,非常時期的那些非常因素,剛好是毒害或扼殺正常的學術教育的」[69],這已為幾十年動亂中的經驗所證明。

　　最後,殷海光提出了教育的靈魂問題。教育不能與政治混為一談,那麼教育的靈魂究竟是什麼呢?殷海光提出兩點:一是民主,二是科學。[70] 他認為把人當人來培養,是民主的教育精神。民主教育的精神與黨化教育之不兼容,自不待言,「時至 1960 年代,在自由世界陣營裡,如果還有人想藉一個黨派霸占一塊土地,高調一個主義,壟斷財政、經濟、教育,一切的一切由一個集團一把抓,這顯得多麼尷尬,多麼不合時代需要,又多麼令人憎厭!」[71]

　　至於科學的教育,殷海光正如「五四」先驅一樣劃分了兩個層面。一個是科學的「結果」,包括科學知識和科學成就;一個是「科學的根本」,即他所說的「科學的精神、科學的態度、科學的方法,與科學的思想模式」。震於科學成就偉大的直觀事實,國民黨當局並非不重視科學的成就和科學知識的教育,但是,他們「徒炫於科學的結果而不明科學的根本」,徒事治標,頑固拒絕科學的根本。其深層原因,乃「科學的精神、科學的態度、科學的方法,及科學的思想模式,與黨化教育所培養出來的心理狀態是絕不相容的」[72]。前者重解析、重實證、富於懷疑精神,後者則是籠統的、空幻的和獨斷的,二者冰炭不相投。

實踐上，國民黨教育當局固執於黨化教育，不僅置民主精神於不顧，而且拒斥科學精神。不僅作為「教育剋星」的張其昀如此，而且身為著名教育家的梅貽琦也無法真正越雷池一步。1958 年 7 月梅氏接張氏任教育部長，殷海光曾特別提出「低調希望」，不求梅氏能夠「興利」，但求其能「除弊」。10 月 18 日，梅氏在立法院教育委員會作報告，坦承臺灣科學教育實在落後，甚至不如很多貧窮落後的小國，必須加緊追趕才行，表示今後加強科學教育，應該尊重學校意見，集思廣益；應該改良課程，修正教科書，「教科書不必全由教部編印，鼓勵實力雄厚之書局編印，經本部審定後發行，這樣競爭便會有進步」；應該注重使學生從小具有「開啟的思想」。殷海光據此認為這位新部長辦教育具有「注重科學」、「正視事實」、「重證驗」和「實行民主」的精神和態度，讚賞他強調科學教育和使學生從小具有開啟的思想，實在可以補救時下學生「封閉的心靈」，不失為「教育的轉機」[73]。可是，很快他發現，梅部長心目中所想的「提倡科學教育」只是「提倡自然科學的教育」，「在根本上所走的還未完全脫離一八六三年以來所謂『辦理洋務』的道路」[74]，與「科學的根本」相距尚遠。雖然他明知要一個以教育部長地位和力量的人能廢除黨化教育，未免強人所難，仍然失望溢於言表。

按照他的想法，要走向開放的進步的現代社會，黨化教育是根本行不通的。根據歐美民主國家行之有年的原理原則，「我們的教育必須從黨化思想裡根拔出來，而與民主及科學密切配合」[75]。這樣辦教育，才能使青年的心智和身體得到正常而健全地發展，才會有輝煌的科學成就和富強康樂的生活。只羨慕歐美科學成就和富強康樂之結果，卻否定獲致此諸結果的教育制度，荒謬至極。

這一時期的殷海光，已經是一個相當徹底的「黨化教育」批判家。值得補述一筆的，他除了文字的批判，還將批判貫徹於他十餘年教育生涯之中。一方面，自始至終，他從未「說半句恭維三民主義的話」，更用行動努力消解黨化訓練所帶來的惡劣影響，不惜與當局相衝撞，最後並為此付出巨大代價；另一方面，他一貫堅持以民主精神、科學精神啟導學生，使學生從他那裡秉受了當時已然斷線的「五四」傳統，正因其如此，受其感召的眾多青年學子，由衷感佩這位啟蒙導師，視其為「克里斯瑪」權威。殷海光實踐上的

奮鬥，與思想上的破立，互相印證，造就出他一個真正自由主義教育家的形象。

四、結論

　　殷海光在教育與政治關係問題上的思想演變經歷了一個曲折過程，前後差異頗巨。大體來說，國民黨在大陸尚可維持之時，他對共產黨滲透教育極其反感，卻基本認同國民黨黨化教育；大陸易手之際，他雖贊成以三民主義理想為教育目標，卻強烈置疑黨化教育的訓練方式；直到國民黨得以偏安臺島，重行專制路線，強化黨化控制，他才徹底轉變到自由主義教育觀點上來，否定黨化教育的任何合法性。政教認識的這三個階段之形成，當然不是孤立的，而是與殷海光政治思想演變的三個環節，即「法西斯味兒」的民族主義——「民主社會主義」——自由主義過程相適應。這三個環節何以演化？具體說，「法西斯味兒」如何能最終與自由主義對接？回答這一問題，關鍵是對他早期思想形態的理解。早年的「法西斯味兒」雖為殷氏夫子自道，實際上他當時服膺的並非真正的法西斯主義，而只是其民族主義情愫的激烈表現。這個民族主義，在情感上無疑具有抗戰時期的歷史背景，而在思想方面，則與他當時的政治信仰密切相關。殷海光早期認同三民主義，《光明前的黑暗》已有流露，《中國文化建設之路》、《中國現代政治思潮》等文中表達得更清楚直白。三民主義包含三大主題（殷海光稱之「三大節目」），歷史背景不同，突出的重點也不同。從殷海光的客觀思想進程看，1948 年 9 月以前，比較偏重民族主義；此後到 1949 年 5 月前，轉向偏重民生主義；1949 年 5 月後，民權主義成為問題中心。雖然重點不同，1951 年底完成向自由主義轉化之前，思想上歸屬三民主義卻始終同一。[76] 正因如此，「法西斯味兒」的殷海光才能轉變成「民主社會主義」的殷海光（《論胡適南來》等文顯示，所謂「民主社會主義」，不過也是三民主義中民權、民生兩大主義的強調而已），並進而以三民主義的民權思想為入口，在沒有產生任何緊張感的情形下，完成思想上（在外人看來）天翻地覆的大變，轉道成為純粹的自由主義者。殷海光政教關係認識的演變，正是他政治思想演變的反映，可見這些演變雖然曲折，卻並不離奇。

殷海光教育論述幾經變化，實際上是以個人時間維度的思想差異表現了近代中國空間維度的意見對立。在整個近代中國社會里程中，辦教育與辦政治，究竟應該是一種什麼樣的關聯？利害立場不同的勢力，主張各異自不必論，即使利害上置身事外的思想人物，看法也相當分歧。有的出於「穩定壓倒一切」的考慮，或公開或私下，願意支持政治當局將政治意志貫徹到青少年教育中去，以免受教育者失去「理想」，產生離心傾向，我們可以稱為權威主義政教觀；有的出於「進步才是根本」的想法，堅決反對政治當局干預教育事務，力主教育獨立，教育家治校，用人道主義和科學精神教育下一代，為國家培養國本，避免受教育者提前進入現實政治，導致惡性循環，這是自由主義政教觀；介於其間的則是務實折衷的看法，目標上接受政治當局比較富於理想的意識部分，實踐上拒絕政治當局具體介入。殷海光前後出現的三種態度，正好折射出這些分歧。而這些分歧的看法，在近代的每一個時間段，都可以找到同情者。尤其，黨化教育現象出現後，支持、反對以及要求改進的呼聲，隨時都可以在報刊上看到。孰是孰非？孰優孰劣？站在彼時具體情境之下，實難遽斷。殷海光以一人之身，在十來年的歷程裡，三易其思，今人雖不應簡單地隨之否其所否，認其所認，多少可從中獲取分析此一問題的一些參考。

第三節 民本與民主：1950年代殷海光經歷的兩場論戰[77]

由於多種因素的持續推動，民本與民主的關係問題在中國大陸學界越來越有成為熱門焦點之勢。目前的學術觀點中，比較有代表性的有三類：一是大致認為民本為中國式民主，它既屬於民主，又與西方民主不同；一是基本認為民本為民主的對立物，代表專制主義意識形態；三是認為民本非民主，但亦不反民主，實為民主的初級形態，和引進民主的橋梁。[78] 其實這些觀點都有些似曾相識，殷海光在1950年代臺灣地區就曾經歷過有關此一問題的兩場著名論戰。殷海光為臺灣著名的自由主義思想人物，1950年代他以「五四精神」為旗幟，以雷震主持的《自由中國》為支點，與國民黨威權政治作戰，也與各種反西式民主論、非西式民主論的思想作戰。這兩場論戰，

一場發生在他與張其昀之間,一場發生在他與徐復觀之間,對其進行一些回顧和反省,能夠給今天的大陸學界留下若干啟示。

一、殷海光與張其昀之戰

張其昀與殷海光之論戰發生在 1956 年。起因是時任「教育部長」的張其昀於 1956 年 9 月 1 日在歡迎華僑青年軍中服務團時,作了一個題為《民主政治的三大真諦》的講演,提出「民主政治的三大真諦,一曰愛民,二曰教民,三曰養民」的論斷。這個講演由當月 10 日出刊的《政論週刊》第 88 期發表出來,引起殷海光的注意,遂在 10 月 5 日出刊的《自由中國》第 15 卷 7 期以社論形式發表《教育部長張其昀的民主觀——君主的民主》進行抨擊。張其昀首創的刊物《中國一周》乃代張出戰(是否明確授意不得而知),在該刊第 337 期發表社評《糾正〈自由中國〉的謬誤》,殷海光和《自由中國》則在次期再出社論《再論君主的民主》,對方沒有再辯。

這場論戰的直接焦點,在於民主政治的真諦究竟是什麼;但學理層面的問題,則是民本是否即是民主。

張其昀字曉峰,是中國現代著名的史地學家、教育家。1901 年出生在浙江鄞縣一個書香之家,曾祖與祖父兩代都是前清舉人,在這種家庭文化氛圍下,加之後來深受東南大學國學學術的薰染,其志趣與品性表現出濃厚的傳統情結。他前半生建樹的別具特色的歷史地理學,後半生創建的獨具一格的中國文化學院,都是這種情結的反映。不過在這場論戰中,張其昀和《中國一周》所表達的,倒未必能夠簡單地歸結為對中國傳統文化的同情,而涉及對於政治取向的認識。在歡迎華僑青年軍中服務團的講演中,很明確地表示他的針對性和他的依據,他說:

前幾天,你們有幾位同學,曾經和本人談話,大家都以澄清思想為當前急務。共產黨的假面具,早已揭破。我們是民有、民治、民享,俄共是非民所有,非民所治,非民所享。是非黑白,事實昭彰,有目共睹。現在你們海外青年所要問的,是在自由祖國發行有些刊物的言論思想。[79]

很顯然,他並不是要談文化問題,而是要談政治問題。他點出的「共產黨」、「我們」、「有些刊物」(指《自由中國》),實際上就是 20 世紀

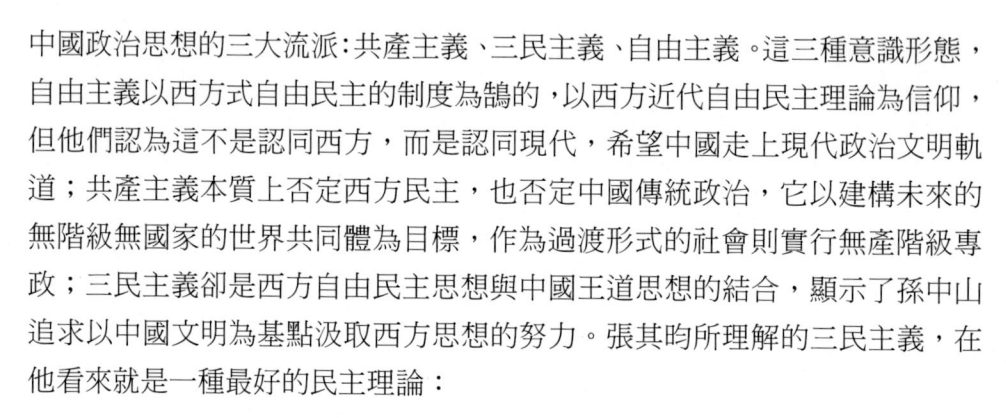

中國政治思想的三大流派：共產主義、三民主義、自由主義。這三種意識形態，自由主義以西方式自由民主的制度為鵠的，以西方近代自由民主理論為信仰，但他們認為這不是認同西方，而是認同現代，希望中國走上現代政治文明軌道；共產主義本質上否定西方民主，也否定中國傳統政治，它以建構未來的無階級無國家的世界共同體為目標，作為過渡形式的社會則實行無產階級專政；三民主義卻是西方自由民主思想與中國王道思想的結合，顯示了孫中山追求以中國文明為基點汲取西方思想的努力。張其昀所理解的三民主義，在他看來就是一種最好的民主理論：

　　國父倡導三民主義，在求中國自由平等。民族主義之目的，在謀國家獨立，民族自由，即為國際上的民主。民權主義之目的為政治上之民主，民生主義則為經濟上之民主，理論尤為精深透闢。[80]

在張氏看來，三民主義之作為民主理論，跟俄共之專政理論之區別是顯而易見的；需要辨析的只是它與「亦強調自由民主，高唱民主政治」的「有些自由主義者」之間的分別。他一邊指責自由主義民主觀，一邊提出「民主政治三大真諦」說，闡明他所理解的三民主義民主觀的特質所在。

張氏說：愛民，「就是要使國民都能安居樂業，欣欣向榮。對內言之，即為社會安全秩序；對外言之，則為抵抗強權侵略。故愛民必須愛國，愛國方為愛民」。教民，就是要「知立國之道，必先樹人，而樹人之本在心理建設。……我們現在講民主政治，必須使全國國民團結統一，痛癢相關，成為一有機體和戰鬥體」，而不是「一盤散沙的烏合之眾」。養民，就是本著「不患寡而患不均，不患貧而患不安」的中國精神，「利用科學技術，開發天然資源，務使『設計有系統，用物有準度』」，把中國古代大同理想見諸事實，使「老有所終，壯有所用，幼有所長，鰥寡孤獨廢疾者皆有所養」。[81]

張其昀將民主理解為愛民、教民、養民，被殷海光譏為「君主的民主」，因為這太像中國傳統中為帝王將相作說辭的民本思想。殷海光指出，張氏的愛民、教民、養民的「民主」論，來自「視民如子」的歷史文化傳統，這個傳統中隱然存在一個先天的特權主體，不允許任何「民」有拒絕被「愛」、被「教」、被「養」的權利，「找不到一絲一毫民主思想的痕跡」，充其量不過是「慈惠的君主專制」而已。[82]

不過，持平而論，將三民主義理解為民本思想，也絕非張其昀個人的發明。在孫中山的思想中，民本因素確實是存在的。

說到三民主義的民主觀中的民本思想根基，孫中山本人並不諱言，他自稱其主義「有因襲吾國固有之思想者，有規撫歐洲之學說事跡者，有吾所獨見而創獲者」[83]，因襲吾國固有思想就包括對傳統民本思想的繼承。研究中國政治思想史的學者對於此一關聯，基本上都是肯定的，並且作出相當正面的解釋。羅香林說：「國父在中國，所以必倡導三民主義，與所以必以三民主義為救中國的唯一的主義，實在也是因為中國早有『民本思想』做他倡導的基本的緣故。」[84] 蕭公權說：孫中山先生之三民五權學說，於是，「二千餘年之政治思想，至此乃臻成熟之境」[85]，意即三民主義是傳統民本思想的完成。金耀基在他的《中國民本思想史》裡，則設專章闡述這個「民本思想完成時期」，認為「吾人欲對三民主義有真瞭解，必先瞭解民本思想對中山先生的思想的影響」，民本思想對孫中山先生思想的影響實在不止於民權主義，其民族主義的王道精神，其民生主義的尊生重養，都有儒家民本思想的根源，「固然，中山先生之思想非儒家之思想所得而範圍，但其主義之大經大脈則確係『因襲吾國固有之思想』而來」。[86]

問題在於，三民主義除了「因襲吾國固有之思想」，還有「規撫歐洲之學說事跡」和根據時境「獨見而創獲者」，這就使得三民主義還可以有更多的解釋空間。顯然，張其昀選擇的只是「一孔之見」的皮相解釋，論定民本即中國式的民主。

殷海光和《自由中國》認為，傳統的民本思想，因為先天特權主體的存在，根本與民主背道而馳。民本做到極處，只能是「慈惠的君主專制」，這種君主專制施之於現代社會，「一與現代通知技術結合，只要稍微有點偏私，就變成極權暴政」；「民主的真正核心，是基本人權之肯定。凡避開基本人權而談民主者，不是對民主感到不安，便是對民主沒有誠意。」[87] 民主以人權為基礎，這是典型的自由主義的民主觀。

《中國一周》的社評「以三民主義者的立場」，從三個方面對《自由中國》的自由主義論點「加以糾正」。一是「國」與「民」的關係：認為「愛民必須愛國」有革命烈士事跡為證，而「張先生的『愛民、教民、養民』之說，

強調愛國愛民，教養兼施」，是要「政府和人民協力共謀」，這是「三民主義共和國建國精神之所在」。二是「教」「養」人民是否只有「君主」為之：認為孫中山的行儀和教養民眾遺教證明，「教」「養」人民是「民主政治的真諦」。三是「基本人權」的理解問題：認為「基本人權不是一空洞的名詞，我們要充實其內容」，「民主政治的忠實信徒，必須深深覺悟，我們要捍衛國家，來保障人民的生存權；振興教育，提高人民的知識水準，來保障人民的工作權；發展實業，提高人民生活水平和文化水準，來保障人民的享受權」。[88]

顯然這三層「糾正」，並沒有直接面對對手提出的問題：愛民、教民、養民是否就是民主？愛國不能證明是民主，不民主的國家也會提倡愛國；孫中山的行儀和教養民眾遺教證明不了教民養民就是民主，君主國家也有教民養民的行為。殷海光在《再論》中詼諧地說：「除了讀到最後所說並不反對基本人權這一點而心靈稍有補償以外，通篇所表現的是觀念模糊，思路不清，東扯西拉，滿紙浮詞泛語。」[89]

實際上，《中國一周》乏力的強辯，以及作者被迫承認基本人權的觀念（《真諦》文實際上是否定的），已然顯示「民本即民主」論氣勢不再。

二、殷海光與徐復觀之戰

殷海光與徐復觀關於民本與民主問題的論戰，發生在 1957 年。

徐復觀，湖北浠水人，原名秉常，字佛觀，熊十力為其更名為復觀。在抗戰時期師事熊十力，接受「欲救中國，必須先救學術」的思想，棄政從學，到臺灣後成為新儒家重鎮之一。徐復觀也信仰三民主義，但這場論戰與殷張之戰顯然不同。因為徐氏與殷海光等自由主義者一樣，明確肯定自由人權為民主的基礎和根本標準，而且致力於在中國實現這種以自由人權為基礎的民主制度。

在上述殷張之戰中，殷海光《君主的民主》等文引發國民黨對自由主義者開起火來，徐復觀還撰寫《為什麼要反對自由主義？》、《悲憤的抗議》等文字為自由主義辯護，聲稱「儘管一個人不標榜自由主義，甚至不甘心僅僅做一個自由主義者，但在他的知識和人格成長的過程中，一定要透過自由

主義」。[90]他對於自由主義與三民主義的關係,跟張其昀的解釋完全不同,他指出:三民主義固然並不等於自由主義,但是「三民主義的目標,難道不是為了各種自由(包括政治中的個人自由)的實現?三民主義,中山先生自己說得很清楚,是以民為主的民有、民治、民享的主義。民治、民有、民享,是把傳統的開明專制的愛民、養民、教民倒轉過來,使被動之民,成為主動之民,這是劃分政治的大分水嶺,是一個現代普通的公民所能瞭解的」。他自信地認為,中山先生的三民主義,是「『自由主義底』三民主義」,不能解釋為反自由主義的思想。[91]

反對將三民主義解釋為反自由主義的思想,也就意味著反對將民有、民治、民享的民主政治,解釋為愛民、教民、養民的開明專制理論,或者說,反對將民本解釋成民主。這在他此前的文章中有明確的說明,如他在《中國的治道》中說:「中國的政治思想,除法家外,都可說是民本主義,即認定民是政治的主體;但中國幾千年來的實際政治,卻是專制政治。政治權力的根源,係來自君而非來自人民,於是在事實上,君才是真正的政治主體。」[92]面對理念與現實的二重主體性,中國的哲人總是想透過「格君心」的方法,主張人君無為或修己,去智去欲,服從人民的才智好惡,來打掉人君政治上的主體性,凸顯天下即人民的主體性,然而,「一個人要『格』去其好惡,真是一件難事」[93]。所以這種消解二重主體性的方法往往落空,形成歷史上的治亂興衰。但是,近代西方的民主政治的道路,從法制上解除了此一矛盾,透過制度「首先把權力的根源,從君的手上移到民的手上,以『民意』代替了『君心』。」[94]在議會政治、結社自由、言論自由等客觀化的體制下,使得「一個政治領袖人物,盡可以不是聖人,但不能不做聖人之事」[95]。於是,中國聖賢千辛萬苦所要求的聖君,千辛萬苦所要求的治道,透過民主政治,都可自然實現。所以民主是普適性的,「中國不會有什麼特殊的民主」[96]。

徐復觀肯定民主自由才是中國文化和歷史的出路,與《自由中國》陣營的自由主義者無異,所以《中國的治道》發表後,受到殷海光的盛讚,稱其為「不平凡的人之不平凡作品」,「此時此地而能看到這種文章,真是空谷足音」[97]。

這樣兩位在主張民主上志同道合的人物，之所以發生論戰，主要與殷海光所堅持的「五四」道路——以「科學」支持「民主」，打倒「孔家店」——有關。

50年代殷海光的自由主義有兩個重要的支撐點，一為羅素，一為「五四」。其實這兩個要素緊密相連：由羅素及其影響下發展出來的維也納學派，象徵的是一個支持自由民主的知性的傳統；「五四」象徵的也是一個民主與科學不可分割的意象。殷海光以「五四的兒子」自任，揭櫫羅素學統的資源，主張以科學理性作為民主政治的基石，認為民主政治是講理的政治，思想自由要有自由思想的能力。[98] 在他看來，最嚴格的「理」和最靠得住的思想能力，唯有對邏輯和經驗的把握，除此之外的任何知識，都是扯談，不能作為判斷是非對錯的標準，也不能作為民主政治的基礎。包括中國傳統儒學在內的東方歷史文化就屬於靠不住之列，因為它缺乏清晰的思想系統和方法系統，不便於「講理」和「自由思想」。所以，他「深惡歷史主義，痛恨一些人誇張『歷史文化』」，「一想到東方人那種混沌頭腦和語言」，他立即怒火中燒，因為這些「鬼話」都是「無意義的語言」[99]，最容易引起「思想之走私」[100]。所謂思想走私，指統治者利用傳統儒學字句以鞏固權勢。在殷海光那裡，傳統儒學，不僅無助於自由民主，相反有害於自由民主的落實。這其實正是「五四」「打倒孔家店」的觀念。鑒於當時的臺灣「道學餘毒未盡，迴光返照，火藥氣與酸腐氣結合，在那裡共同作用，毒害生靈，施展權勢」[101]，殷海光感到這是對「五四」精神的反動。

而徐復觀則「不滿足於僅僅做一個自由主義者」，他在肯定民主自由的坦途之同時，又特別指出，民主自由在中國生根需要中國歷史文化的滋養。在論述中國民主選擇時，他不用「取代」，而用「接通」，將中國聖賢的民本理想與現代自由民主的政治原則「接通」起來。他說儒家思想是凝成中國歷史文化的主流，它既屬倫理思想，亦屬政治思想。[102] 其政治思想的構造，可以歸納為德治主義、民本主義和禮治主義。「德治係基於人性的尊重，民本與民主，相去只隔一間，而禮治的禮，乃『制定法』的根據，制定法的規範。此三者，皆已深入民主主義的堂奧」[103]，所以需要把這種中國原有的民本精神「重新顯豁疏導出來」，使這部分精神來支持民主政治，同時吸收西方的

權利觀念,將人民的主體性確立起來,致儒家思想與民主政體,內在地融合為一,既為往聖繼絕學,又為萬世開太平。徐復觀認為,德治主義、民本主義和禮治主義,在價值上比之西方近代的民主政治所預設的價值要精純得多,可以補正西方自由主義主要依賴外在權力和法律而「維繫不牢」的缺陷,為世界文明做出貢獻。

徐復觀堅持,「民主政治,今後只有進一步接受儒家的思想,民主政治才能生穩根,才能發揮其最高的價值。」[104]不能因為儒家學說是中國古代的思想,就否定它的現代價值。因為任何有價值的思想,都既有其特定的時代性,又有其透過其特殊性所顯現的普遍性。「特殊性是變的,特殊性後面所倚靠的普遍性的真理,則是常而不變。」[105]他批評「五四」的新文化人物蔑視歷史,厭惡傳統,不承認在歷史轉變之流的後面有不變的常道。[106]而割斷與文化傳統聯繫的結果,自由民主的文化得不到深厚文化資源的滋養,民主自由自然不能在中國生根發芽。

正是在這一點上,徐復觀和他的同道與殷海光們形成尖銳對立。1952年,徐復觀參與了牟宗三與殷海光之間關於西方文化是否是純技術觀點的爭論,1954年殷海光與徐復觀就要不要道德自由,外部自由與內部自由是否有關等問題,又展開了暗地較量。而公開的論戰發生在1957年。

1956年除了發生殷張論戰,還發生《自由中國》「祝壽專號」事件,引起國民黨對自由主義大圍剿,殷海光越來越發現需要「五四」的力量來反制。可是,在當時的臺灣,「五四」的意象卻很稀缺。1957年「五四運動」紀念日到了,殷海光為《自由中國》撰寫社論,開頭就悲憤地說:「五月四日這樣重要的節日,幾乎被人忘記了!」「近七八年來,這個日子居然成了不祥的記號。」在講到造成這種局面的原因時,他除了痛斥「現實權力」憎惡「五四」所以打壓之外,還用很多筆墨指責文化上的復古主義者「藉現實權力以行其『道』」,並認為:

依據向量解析,復古主義和現實權力二者的方向相同,互相導演,互為表裡,彼此構煽,因而兩者所作用於五四運動的壓力合而為一。於是五四所給予中國現代的影響也就依稀可辨了。[107]

殷海光在這篇文章中用了兩個「互為表裡」，一個是現實權力與復古主義的「互為表裡」，一個是「五四」倡導的民主與科學的互為表裡，呼籲明智的知識分子從互為表裡的現實權力和復古主義共同打擊下救出互為表裡的民主與科學，以「重整五四精神」。

這篇社論批判的復古主義，無疑包含徐復觀等新儒家，而其中關於復古主義與現實權力「互相導演，互為表裡，彼此構煽」的說法，顯然激怒了徐復觀。就徐復觀而言，說他們批評「五四」，那是事實；說他們為專制勢力幫凶，則萬難容忍。於是在 5 月 15 日出刊的《民主評論》第 8 卷 10 期上，化名發表《歷史文化與自由民主——對於辱罵我們者的答覆》，按語中直指《重整五四精神》的作者是「文化暴徒」，「政治暴徒，是自由民主的大敵；我們有什麼根據相信文化暴徒能夠成為自由民主的友人？」[108]

《答覆》分三個方面再次論證歷史文化是應該研究的；研究歷史文化不等於主張復古；研究歷史文化更不等於為現實權力幫凶。徐復觀怒斥：「《自由中國》半月刊自出刊以來，對於中國的歷史文化及對於歷史文化的研究者，只有不斷的叫囂、辱罵、戴帽子、放冷箭等等的惡毒而下流的詞彙」[109]，憤然指出「世界上只要是精神正常的人士，對於不分青紅皂白來踐踏自己整個民族文化的自虐狂者，莫有不冷齒的」[110]，質問「現實政權提倡歷史文化……他們對於歷史文化，只是口頭上講講，絕沒有存心要把歷史文化中好的東西拿來實行」，他們的是非得失「何以能偏由中國的歷史文化來負責？」[111]文章最後，重申對於「五四」的態度是：

五四應當尊重，也應當批評。尊重五四，並非把它當作一個偶像以為樹立門戶之資。批評它也並非等於否定科學民主。科學民主，不是任何人的專利品，也不是五四的專利品。[112]

這場論戰，由於表現出彼此不屑的態度，雙方後來都沒有再爭論下去的興趣。民本思想能否導向民主政治？民主政治是否需要民本思想？並沒有得到解決。此後直至《自由中國》停刊，兩方一直自說自話，鄙薄對方而又不作對話。這場論戰事實上成為一場未完成的思想較量。

84

三、兩場論戰留下的思考

殷海光所經歷的兩場論戰，前一場高下分明，後一場勝負難辨。從兩場論戰中呈現的論點看，張其昀、殷海光、徐復觀三者的主張，亦正類似本文開頭提及的今日大陸學界出現的三種典型看法。所不同的，在於今日學界的看法，跟三民主義已毫無關聯。

這兩場論戰給我們留下什麼啟示呢？在筆者看來，至少有三：

第一，民主與民本的關係確係需要認真面對的課題。

不講民主政治則已，講民主政治就會涉及中西古今、民族特色等問題，「民本」作為「民主」的對應範疇很難迴避。它們的關係，絕非故紙堆裡的文字遊戲，而是關乎社會文明走向，關乎文化智慧創造。惟其如此，不僅應該認真面對，而且應該慎重思考。張其昀的民本即民主論，排除是否具有為國民黨官方代言的背景因素，純就學理而言，顯然是一個過於粗糙、過於隨意的說法，經不起歷史和邏輯的追問。殷海光的移植民主論和徐復觀的接通民主論，都有各自的歷史和邏輯的依據，非三言兩語所可駁倒，所以直到今天，都仍有思想性的追隨者。但這也並不是說，其理據已經深刻到足以解決此問題的程度。他們之不得已將一個嚴肅的問題訴諸情緒，且最終陷於公婆之爭的尷尬，本身就是一個說明。

第二，民本與民主的關係，不能只在平面上求解，應該有立體的多向思考。

討論民本與民主的關係，歷史與邏輯要兼顧，政治性與學術性也要結合，還要將民族關懷與世界關懷統一起來。就此而言，同為較為深刻的思想，殷海光與徐復觀似各有得失。

殷海光從邏輯切入，落腳處卻在歷史——落在民主是西方產物這樣一個歷史的事實；徐復觀鍾情歷史文化，著眼點卻是一種邏輯的可能——即從民本接通民主，在思想中開創出比西方更理想的民主這樣一種可能。殷海光崇尚嚴謹而科學的學術，但他的真正關懷在政治，汲汲以求的是民主制度的落實，認為最簡捷的途徑就是學習西方，跟世界接軌；徐復觀也熱切希望自由

民主成為中國人的生活方式,但他不是從「民主」之急迫性入手,而是從「中國人」的適切性入手,焦心於從學術上找到中國人實行民主的立足點。殷海光的眼光是世界的,關懷卻是中國的;徐復觀視野是中國的,關懷卻是延伸到世界的。他們都有各自的辯證,而最終仍然是各得一半「片面的深刻」。

徐復觀和他的新儒家同道,最突出的矛盾在學術與政治之間(徐氏第一部著作即以此為題)。將民主問題放在哲學層面思考,在回應急切的政治課題上難免迂闊遲鈍。徐復觀本人對於民主政治的呼籲和抗爭在新儒家中是很突出的,但其出於生命個性者或許多於出於學術路線者。整體說來,新儒家在哲學上對回應西學東漸做出了重大貢獻,其對於民本與民主關係的解說,也具有恆久彌新的思想魅力,但對於臺灣現實民主政治的推動,毋庸諱言,主動性和效能上要略遜於「卑之無甚高論」的自由主義者。

殷海光和他的自由主義同道,問題則主要在於不夠注意歷史文化的客觀實在性,更沒有具體觀察歷史文化的複雜可分性,因而將包括民本思想在內的傳統儒學對自由民主的負面影響,顯然誇大且絕對化了。其結果,不僅未能解決自由民主如何在中國文化土壤中落實、生根的問題,而且客觀上確實存在徐復觀所指出的悖反自由主義精神的危險。《自由中國》關門後,步入生命最後十年的殷海光,透過反省終於發現孔子的「人而無信,不知其可也」,「毋意、毋必、毋固、毋我」,以及孟子的義利之辨、人禽之分等思想價值,領悟到孔仁孟義,加上墨氏兼愛,不一定不能導出民主。[113]他承認以前與新儒家之間的對壘是「大大失策的事」[114],提出「中國的傳統和西方的自由主義要如何溝通?這個問題很值得我們深思」[115],顯示了一個知識分子對真理的真誠。

片面的深刻有時很必要,也難能可貴,但此非求真知的鵠的。如何將兩個或更多「片面的深刻」整合為全面的真理,考驗著當代學人的智慧。站在前人的肩膀上,今天看來,走不出民主的民本,永遠不是民主,更不成其為中國特色的民主,這一點是可以確定的。因為所謂特色,應是在共性之上做加法,而非在共性之中做減法。自由民主的實現是民本觀念重新煥發生命的前提,自由民主落實後再將民族特有的民本思想精華蘊含其中,才稱得上特色民主。另一方面,民本跟民主固然差異很大,但不意味著民本只能作為專

制主義基礎。它過去作為「慈惠的君主專制」意識形態的歷史，並不能決定它未來不可以成為自由民主思想的一部分，因為「民主永遠需要更新」，中國的民主化與民主的中國化均有其正當性。[116] 如果說林肯所說的民有、民治、民享堪稱民主三原則的話，民本則明確體現了民享，含糊體現了民有，完全沒有體現民治。民本是一種可進可退的政治哲學，前進一步即為民主，不進不退為仁政或開明專制，退出半步即為專制主義的遮羞布。民本思想和民主思想都是歷史的產物，既往的歷史無法改變，未來的歷史卻是可塑的。大多數發生歷史作用的思想都會有與時俱進的空間，民本亦當如此。

第三，民本與民主的問題，並不純粹是一個象牙塔裡的理論問題，在一個有活力的時代，更是一個摸石過河的實踐問題，邊努力邊思考，收穫或許多過閉門窮思。

中國傳統民本思想一直沒有辦法打破君主的主體性和落實人民的主體性，「天下為天下人之天下」的「民有」觀念是虛置的，民治自然無從說起。人民的主體性不能落實，根源在於文化之國與政治之國的壁壘，或者叫筆桿與槍桿的兩隔。文化思想的力量表面上凌駕於現實權力之上，實質上筆桿總是屈從於槍桿，科舉制度更使筆桿御用化。文化思想中民本的政治理想要落實，就需要有支持這種理想的常態化的現實力量——民眾自我意識和權利的覺醒。所以，民本能否走到民主，關節點不在概念的抽象推演上，而在如何促進支持這種理想的常態化的現實力量的形成上。

在全球化和互聯網時代，在市場經濟的格局下，催生人權和公民意識的條件非農業文明時代所可比擬。在人權和公民意識的激發下今天「民本」（主張全體民眾的價值）概念已有發展到「人本」（承認每個人的價值）的趨勢，這在理論上已經是一大進步，因為「人本」邏輯地包含了人權的內容。不過這個內容仍然需要實踐來落實。文化之國的知識分子如果更多地關注活生生的社會演繹，更自覺地增進人權的意識，把儒家固有的「人把人當人」的思想元素，從人格尊嚴的層面向更廣泛的世俗權利拓展，在推進民本向民主轉進方面可能遠比「五四」以來的抽象觀念啟蒙更有效果。殷海光及其在臺灣的後繼者，主要的努力方向和成績，或許即在於此。

第四節 殷海光《中國文化的展望》的思想進境[117]

殷海光是臺灣地區最有影響力的自由主義者之一，也是 50 年代批判中國傳統文化的先鋒。他的反傳統和求西化，與嚴復以來中國自由主義學人由來已久的文化意識實際上一脈相承。60 年代，由於啟蒙舞臺的喪失，殷海光逐漸將目光轉到思想沉思和反省上來，提出了一些過去不曾有的新見解。殷海光後期文化觀的轉變，學界多注意他臨終前的《春蠶吐絲》（1969 年口述），而於較早的論著《中國文化的展望》（1965 年完成，下簡稱《展望》）不太注意，乃至於對於這部大部頭著作的思想進境，眾說紛紜。有人根據論著中繼續批評保守主義的詞句，判斷此時的殷海光仍然延續過去的啟蒙思維；有人根據論著中對「孔仁孟義」的肯定，判斷此時的殷海光已經完全否定過去的啟蒙思維。《展望》是殷海光親筆作品，也是中國自由主義思想史上一部重要的論著，究竟應該怎樣看待它的文化立場，關係到人們對於殷海光和 20 世紀中國自由主義文化觀變遷的理解，有鑒於此，本文將對此略加討論。

要弄清《展望》的文化立場，首先需要瞭解作者寫作的背景和動機。《展望》的英文書名為 Reappraisal of Cultural Change in Modern China，即「近代中國文化變遷之再思」，其主題，是在「論列中國近百餘年來的社會文化對西方文化衝擊的反應」的基礎上，「試行導出中國社會文化今後可走的途徑」[118]。殷海光之所以要研究這一論題，有遠因，有近因。就遠因而言，本書是文化問題本身的客觀性、作者強烈入世精神和思想者品質共同作用的結果。鴉片戰爭以來，「中國文化向何處去」成為時代主題，「不前不後，我可巧生長在這個時代。我親身經歷著中國社會文化的劇變及其刺激。……除此之外，我個人的歷史，和我過去接觸的師友，加上我好思想的習慣，使我無法不關心這樣一系列的空前的基本變動」。[119] 就近因而論，可以說來自 1960 年代中期中西文化論戰硝煙的挑激。1962 年，李敖在《文星》雜誌刊登《給談中西文化的人看看病》一文，在臺灣引起大規模的文化論戰。跟近代中國歷史上歷次文化論戰一樣，這次論戰也是談文化其名，談政治其實，但這次情緒發洩的成分更濃，更不理性。代表西化派出戰的有李敖、許登源、洪承完、韋政通、居浩然、陸嘯釗等，其中多數是殷海光的學生或朋友；代表傳統派出戰的有胡秋原、徐高阮、鄭學稼、任卓宣、侯立朝等，多數有國民黨

背景。論戰進行中，互有人身攻擊。文化論戰殷海光並未直接參與，但由於西化派與他的關係，對手便聯想他一定是背後主謀。這樣到1964年，戰火就燒到了殷海光頭上。其實殷海光本人並不同意任何一派的說法，他不滿於雙方言論極少出於理知，「都是在感情的浮島上面；都是一時一地的心理迷霧」[120]，所以當硝煙累及自身之時，他一方面希望論戰雙方息兵，共同「攜手從事文化創建」，一面感到有必要超越論戰雙方的情緒性論調，對一直缺乏交集的文化問題提出理性的思考。因此，本書的寫作，顯示作者有力圖以理性克服情緒的動機，足以代表殷海光後期的嚴肅思考。

從作者思想展開的結構看，《中國文化的展望》實際上分四大塊展開。第一塊為「所設」部分（given part）。作者首先提出中國文化問題何以出現（第一章）；接著交代文化的概念（第二章）和文化運動一般機理（第三章）。第二塊為問題部分。作者透過對中國傳統文化的特徵（第四章）及其近代調適失敗（第五章）的歷史分析，揭示出中國近百餘年的社會文化的重要問題之所在。第三塊為意見部分。這是論著的主體部分，旨在運用邏輯的分析方式，尋找中國知識分子今後所可能而且必須努力的道路及指向的歸趨。結構上，含一個總說（第六章），一組駁論和一組立論。駁論既批評了保守派（第七章）、極端反傳統和西化派（第八、九章）、折衷派（第十章）的主要錯誤觀點，又對於全面現代化——現代化的含義、科技現代化（第十一章）、政治現代化（第十二、十三章）、道德精神現代化（第十四章）進行了具體論述。最後一塊是結論部分，將革新中國文化的希望寄託到知識分子身上（第十五章）。這一結構所反映的運思線索，確實體現了殷海光後期將歷史與邏輯、思想與學術結合起來的理想，以及自己謀求問題理性解決的無窮願力。

《展望》是否延續過去的啟蒙思維？我們可以從全面觀察該書的駁論入手。確實，殷海光檢討歷史認知的工作，仍有其保持延續性的方面，那就是對保守派、折衷派的嚴厲批評。他以洋務運動時期倭仁一派的「嚴夏夷之防」論和戊戌變法時期徐同等人「寧可亡國，不可變法」論說起，說到晚近的國粹派和義理派（新儒家），歸結出保守主義者共同的特徵，「他們所共同具有的特徵是對新異事物，觀念，和制度常飽持拒斥的態度，並且對於長久存立的傳統及文物認為不可侵犯」[121]。他又以洋務運動時期奕訢一派的「主以

中學，輔以西學」和戊戌變法時期張之洞一派的「舊學為體，新學為用」說起，說到後來的本位文化派，歸結出「這種具有中國特徵的調和折衷思想」雖然「是為的在對西方讓步中求存」，卻不願意真正改變固有文化，「處於這雙重的要求之下，中國在一方面必須完全忠於自己文化的基本價值，在另一方面又必須作有選擇的吸收和改變」[122]。他批評保守主義對抗進步主義，延緩了中國社會文化發展的速度，但這種對抗是既不漂亮又不知趣的，最終並不能改變中國走向現代化的發展方向[123]；而折衷主義以「不可偏廢」作說辭，如意算盤也會落空，「結果『中學』荒廢了，『西學』也只抓著一點皮毛」。[124] 從這一點看，殷海光與他過去的見解沒有太明顯的改變。

不過，在延續既往啟蒙論述的同時，論著對反傳統和西化派，也進行了深刻反省與批評，而且將其作為整個反省批評的重點，以兩章篇幅展開。這是他過去不曾認真思考的問題。

反傳統和主張西化，乃過去中國自由主義者的一體兩面。殷海光在處理這兩面時，採取了「分開來說」的辦法。第一方面，他側重分析反傳統的觀念。他認識到中國自由主義者並不類同於西方原版的自由主義，「中國早期的自由主義者多數只能算是『解放者』。他們是從孔制、禮教、與舊制度裡『解放』出來的一群人」[125]，他們思想的重點主要在反傳統求解放上。他們固然像西方同道那樣提倡科學，追求民主，好尚自由，傾向進步，但他們實際的思想努力，則多半落實在抨孔、文學革命[126]等事項上，這實在是他們「先天不足，後天失調」的結果。在他看來，中國的自由主義者之所以曾經發出了一些動能，主要不在自由主義本身思想嚴密圓滿的魅力，而是因為受了時代性的變革思潮的重大衝擊和愛國熱情的鼓舞。他們雖然接受和引介了外來的自由主義，卻沒有花費氣力進行系統化，更沒有結合文化傳統實現本土化，自由主義者本身的思想脆軟稀薄。「在這五十年來，我們既未看見中國有像穆勒（J.S. Mill）的《論自由》（On Liberty）的著作，更沒有看見像海耶克（F.A. Hayek）的《自由之構成》（The Constitution of Liberty）的著作。」在思想方面，無論有何嚴重毛病，中國的保守主義建設得相當成熟。有了這種成熟的思想系統，儘管他們受到外界強烈的批評和攻擊，仍然能夠頑強地發展下去。

和保守主義比較起來，自由主義在中國還需要多多增進，不能總是陷於一味反傳統的泥沼，而荒蕪了自身的理論建設。

中國的自由主義者在消極性的反傳統之外，也有積極性的追求西化——提倡科學，追求民主，好尚自由，傾向進步，這些都是西化主張的一部分。但西化主張通常卻不以這種列舉的方式來表現，而更多直接表現為一個籠統的觀念。例如胡適要大家「承認我們自己百事不如人」，在「政治、社會、道德」上「都不如人」，然後「死心塌地的去學人家」。陳序經更是乾脆提出「全盤西化」。殷海光在接下來的一章《西化的主張》中，毫不客氣地批評他們。他說：「姑無論胡適這話是否正確，即令百分之百的正確，要一般中國文化分子接受，中間尚隔著一道心理的牆」，何況「顯然得很，在事實上，西方近代文化並非事事比中國文化『好』，中國文化也並非『百不如人』」。[127]西方的文化，我們沒有必要全盤學來；想全盤學來也不可能做到，「主張『全盤西化』的人士，不明瞭文化的變遷不可能一蹴而就，文化特徵的吸收也不是說要吸收就能吸收的。任何人不可能把他們代代相傳的文化從後門完全趕出去，從前門把一個新文化像迎新娘子似的迎進來。文化的變遷無論怎樣都是有聯續性的，每個新的文化特徵，細細追溯及分析起來，常是以過去的文化特徵作要素組合而成的。……我們不要想到實行一次『文化洗腦』，來歡迎西方文化。這既不可能，又不必要。陳序經們熱心有餘，認知不足。」[128]這些批評顯示，論著除了延續過去對保守主義的批判，也開展了對於自由主義者文化觀的反省，這些反省明顯超越了他獻身啟蒙的時期。

當然，超越並不是否定，而是昇華。《展望》在文化建設上的立論最能反映這一點。殷海光在批評反省之後，提出了自己新的文化見解。具體來說，他用現代化回應保守主義；用全面現代化回應折衷主義；用現代化的新界定回應西化主義。他認為，中國保守主義本質上拒變，可是中國處在西方近代文化全球擴張的境遇下，非變革不可。這個變革的要義，即從傳統社會走向現代化。「中國文化分子必須發揮創造的潛能，放棄腐朽的形式，變成大鵬，翱翔太空，飽吸自由文化的新鮮空氣，努力創建一個新型的文化。」[129]他又認為現代化是一個全面、深刻的歷史進程，除了「器用的現代化」，還有「制度的現代化」和「思想的現代化」，中國的折衷主義常止步於技術的現代化，

連技術的源泉科學都重視不夠,更談不上政治和道德體系的現代化追求。但是,他不認為全面現代化就是全盤西化,而主張將現代化與西化嚴格區別開來。「固然,現代化是以西方近代文化為中心而向全球擴張的,可以西化卻不一定即是現代化」,「現代化固然發源於西方近代文化,但已逐漸變成一個世界普遍的文化。時至今日,任何一個文化,只要得到科學思想與技術的要領,都可能有所貢獻於現代化。這樣一來,現代化已經不是西方近代文化的專利獨占品了」。[130]「現代化根本就是一種社會文化的變遷」,它的客觀形態就是從聖化的社會變遷到一個世俗的社會。

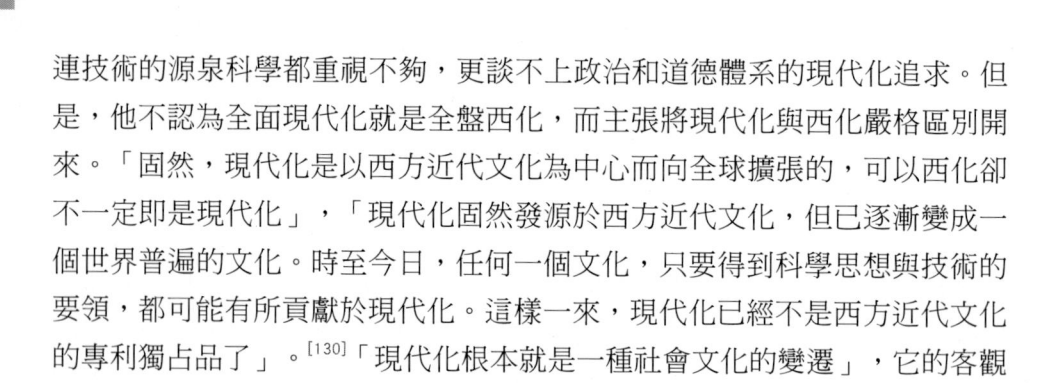

殷海光指出,從聖化的社會變遷到一個世俗的社會,這個途徑不僅牽涉廣泛,而且複雜曲折。沒有任何文化分子可能是洛克所說的「心如白紙」,所以現代化的過程必然是在原有價值觀念系統之上進行接觸、選擇、衝突、整合的複雜過程。其中有些領域,像科學理性、自由民主等,中國固有資源不足,不免更多地依靠學習和引進西方經驗;有些領域,像形而下的技術,形而上的道德,中國原有自己的成就,可以透過改造整合,實現重建——這種重建能夠在實現現代化的同時保有自己的民族特色。在道德重建方面,他不同意民初人物的看法,表示「要擁護那德先生,便不得不反對孔教,禮法,貞潔,舊倫理,舊政治。要擁護那賽先生,便不得不反對舊藝術,舊宗教。要擁護德先生,又要擁護賽先生,便不得不反對國粹和舊文學」這段話雖風行一時,且影響深遠,附和者眾,但是「根本不通」。中國傳統儒家道德中固然與現代生活格格不入者甚多,需要改變;但是也有不少「即令在今日還是可行的德目」和「偉大的道德原理」[131],如孔子的「人而無信,不知其可也」,「士志於道,而恥惡衣惡食者,未足與議也」,「君子去仁,惡乎成名」,「毋意、毋必、毋固、毋我」以及孟子的義利之辨、人禽之分等等。他明言,與傳統道德一刀兩斷而建立所謂新道德,「這既無必要,又無可能。一個道德而成為傳統,原因之一,是在一長久的時序中經歷了或多或少社會文化變遷形成的。既然如此,足見它或多或少有整合於社會文化及『人性』的部分」[132],道德重建,不是「非古不足為法」的復舊,亦非「舊的不除新的不生」式的趨新,更非「三條大路走中間」式的浮面折衷,而是「調整(accommodation and adjustment)」,要根據「良好的生活是為愛所激發並為知識所指導的生

活」這項設準,以民主與科學為軸心,融合孔仁孟義、佛家慈悲、基督博愛的精神,整合新人本主義的世界道德。基於這樣一種心態,這一時期,當林毓生提出中國自由主義必須實現傳統的創造性轉化的命題後,殷海光極為讚賞,稱其為「開天闢地的創見」,既可以促進中國文化的質變,又能保住文化認同,不致引起守舊勢力的強烈的抗拒。[133] 殷海光生命的最後幾年,對於當年與新儒家之間的對壘頗有悔意,承認這是不必要的。

可見,《展望》這部代表性論著,一方面檢討、批評了求「解放」的反傳統論和全盤西化觀,一方面著力於現代價值與中西傳統積極精神的整合,將自由主義文化觀發展到自己前所未有同時也是自由主義者中極為少見的高度。這些新見解,對於殷氏本人是一種補課,對於中國自由主義則是一種難得的理論積累,顯示殷海光後期作為「自由思想者」所達到的理性境界。

第五節 殷海光的「五四」情結與「五四」觀念 [134]

在近代中國思想史上,「五四」有著獨特的地位。她藉歷史所賜予的短暫機遇,直白地表達了社會文化轉型的重大訴求,因而也賦予自身特殊歷史符號的魅力。無論贊成與否,沒有一種社會力量和文化派別能夠真正迴避她,可以說「五四」的歷史有多久,對「五四」的意義闡釋就有多久。

廣義的「五四」[135],在「五四」當年就已經開始進行「觀念化」的努力[136],但尚未上升到意識形態層次。將「五四」作為意識形態的符號進行闡釋,出現在國民革命時期開始的政治大分化之後。當時的中國社會,典型意識形態有共產主義、三民主義(主要為民族主義)、自由主義(西化主義)和新傳統主義。共產主義者將「五四運動」看作舊民主主義革命的頂峰、新民主主義革命的開端[137];以三民主義為旗幟的民族主義者認為五四運動脫離了「儒家的偉大傳統」,其引入的自由主義和共產主義均不符合「中國國情」[138];自由主義者從建立民主政治的文化基礎的角度,把五四運動描述為「被打斷了的中國文藝復興」[139];新傳統主義者則認為「五四」是貌似進步實為淺薄偏激的文化運動,尤其「五四」顛覆道統造成了人文的失落和社會規範的失序,是必須糾正的誤區。[140] 意識形態立場影響到許多「五四」論述者

的立言態度，但也有一些思想者在一再的反思中追索「五四」的真諦。自稱為「五四之子」的殷海光就是其中最典型者之一。

殷海光一生對「五四」的闡釋，經歷了多次大調整，顯示出一個真誠的思想者對於「五四」價值的多層思考。現有的「五四」闡釋史研究[141]，已經涉及殷海光的「五四」觀，但有的是將他放在自由主義五四觀的範圍內與胡適等人一併看待，有的是從他後期思考自由主義與傳統主義關係著眼，將這樣一個終生與「五四」有著緊密關聯的人物作為一個獨立的「行進中的思想者」進行縱貫考察者，尚不多見。實際上，縱貫考察殷海光「五四」闡釋歷程中的前後變化，對於人們思考「五四」闡釋之出路問題很有意義。故此，本文想在前賢論述基礎上就此略作延展。

一、「五四之子」的「五四」情結

當代崇尚理性精神的著名學者，不少都樂於以「五四之子」自命，例如著名文學理論家王元化先生，著名歷史學家章開沅先生。而更早稱自己為「五四的兒子」的，則是1949年赴臺的著名哲學理論和社會思想家殷海光先生，不過他使用的語詞是「五四後期人物」、「五四的兒子」。在他寫給學生的信中，他這樣描述自己精神世界與「五四」的聯繫：

> 我是一個特別愛想的人。近年來，我常常要找個最適當的名詞來名謂自己在中國這一激盪時代所扮演的腳色。最近，我終於找到了。我自封為「a post May-fourthian」（五四後期人物）。這種人，being ruggedly individualistic（堅持獨立特行），不屬於任何團體，任何團體也不要他。這種人，吸收了五四的許多觀念，五四的血液尚在他的血管裡奔流，他也居然還保持著那一時代傳衍下來的銳氣和浪漫主義的色彩。然而，時代的變動畢竟來得太快了。五四的兒子不能完全像五四的父親。這種人，認為五四的父親淺薄，無法認真討論問題，甚至被時代的浪潮沖褪了色，被歲月磨掉了光彩。而五四的父親則認為他是一個「欠穩健的時代叛徒」，有意無意的和他alienate（疏遠）起來。下一輩人呢？絕大多數和他分立在兩個不易交通的「心靈世界」裡。他們和他具有不同的價值取向，不同意底牢結和不同的展望。他們是失落了

但是，他們的失落的內容和他的大不相同。保守人物呢？毫無問題，視他為禍根。於是，在這一時代，他像斷了線的風箏。這種人，注定了要孤獨的。[142]

不同於當代學者的「五四」認知，寄身臺島以後，殷海光的精神世界是孤獨的：眾人皆醉我獨醒式的孤獨，陷於各種左右意識形態包圍而無能為力的孤獨。此種孤獨投射到「五四」，「五四」便已成為一種生命意義的象徵。殷海光對「五四」認同，不僅僅是對「五四運動」這個歷史過程及其包含的一般理性精神的認同，更主要的是將「五四」定位為一種既別於左翼的共產主義，又別於右翼的民族主義的第三種意識形態：自由主義。殷海光為自由主義刊物《自由中國》撰寫了不少社論，一再呼籲「跟著五四的腳步前進」，發揚「胡適思想」，重新開展啟蒙運動。

出於自由主義信仰，殷海光對「五四」的精神皈依不僅在思想的層面有著毫不遮掩的表達，而且在情感的層面也異常突出。殷海光是一個對節日淡漠的讀書人，連國人最看重的春節也從不在意，但每逢五月四日，他的情感都相當亢奮，要鳴放很長的鞭炮慶祝和紀念。而從文字上流露出來的特殊「五四情感」，則更為豐富。殷海光一生都愛談「五四」，描述「五四」的文章數量，只有「五四人物」胡適可比。[143] 去世前夕他自述：「我自命為五四後期的人物。這樣的人物，正像許多後期的人物一樣，沒有機會享受到五四時代人物的聲華，但卻有份遭受著寂寞、淒涼和橫逆。」[144] 但儘管如此悲涼，他並不自怨自艾，而是一邊反思「五四」路徑，一邊希望再多活幾年，為「五四」凸顯出來的自由主義的文化出路問題多盡些力。這種思想，這種情感，聯繫到殷海光本人客觀上與「五四」「生死相依」的偶然性（生於「五四」事件發生的 1919 年，死於 1969 年「五四」50 週年；就讀於戰時「五四」堡壘西南聯大，施教於「五四」人物主導的臺灣大學），說他是「五四之子」，可能是再貼切不過的了。

二、前「五四之子」的「五四」印象

殷海光對「五四」的瞭解，也許發生於就讀「五四堡壘」西南聯大時期，也許發生於更早的中學時代，由於缺乏直接的史料，無法作明確的論斷。但從他開始筆桿生涯後，「五四」即成為他愛談的話題之一，這個事實足以說

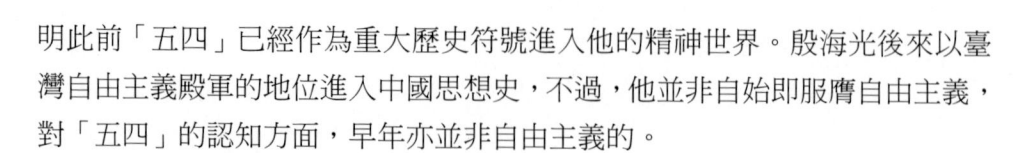

明此前「五四」已經作為重大歷史符號進入他的精神世界。殷海光後來以臺灣自由主義殿軍的地位進入中國思想史，不過，他並非自始即服膺自由主義，對「五四」的認知方面，早年亦並非自由主義的。

目前可見殷海光最早談論「五四」的文章，發表於1947年8月10日《中央日報》「星期專論」，題為《中國文化建設之路》。文曰：

今日的中國正在面臨幾種不同的文化勢力互相激盪的關頭。近百餘年來，尤其是五四運動以來，受到外來的兩股強烈的洪流之衝擊。一股是自由主義，另一股是布爾什維克主義。這兩種主義，與中國固有的文化傳統之鬥爭，激起中國近三十年來壯闊的文化鬥爭的波瀾。

隨後，殷海光在該報還發表了《中國現代政治思潮》、《五四與今日》、《論胡適南來》、《五四運動三十年》等文，對「五四」的內涵加以進一步闡釋。前三篇文章所闡釋的「五四」，具有以下幾個基本因素：

其一，「五四運動」是科學與民主的運動。他一再陳述：「一九一九年，五四運動在北京爆發，這個運動底旗幟是『科學與民主』」[145]；「『科學與民主』，成為這個時代的口號與標幟」[146]；「五四運動揭櫫『民主與科學』底大旗」[147]。

其二，「五四運動」是政治與文化的運動。他說科學與民主的口號「蘊涵著追求真理和爭取自由。在追求真理這個目標之下，一方面清算中國舊有的文物制度；另一方面介紹歐美底學術思想。在爭取自由平等這一原則之下，一方面要打倒賣國求榮禍國殃民的北洋政府，另一方面要實現政治民主」。[148]「在政治上，五四運動底目的，是要打倒割據稱雄、賣國求榮的軍閥，伸張民意，爭取人民底權利。在文化上，五四運動底目的，是要清算舊日的文物制度，迎接歐美新的文學、藝術、科學、哲學。」[149]「這個運動，在政治方面，導演於反對帝國主義者假手軍閥壓迫中國人民。然而，它底發展之意義，則更為重大。這一運動揭幕以後，將它底動力擴展到文化方面。」[150]

其三，「五四運動」是自由主義與社會主義的運動。他指出「五四」時代是中國新政治思想萌長的時代，「在這些思想之中，有的因為缺乏雄厚的背景和不能在中國生根，於是逐漸煙消雲散。而馬克思派的社會主義和英美

式的自由主義,因為各有雄厚的背景而且能夠在中國園地上生根,於是中國思想界就成了這兩種思想馳騁的場所。『五四』時代的兩個領導人物胡適之先生和陳獨秀先生,正是這兩種思想底代表人物」。[151]「代正統主義而興起的,是自由主義和社會主義。由於自由主義者和社會主義者底合作,產生了啟蒙性質的『五四運動』。……領導這一偉大運動的中心人物就是胡適之先生和陳獨秀先生。」[152]

第四,「五四運動」是前進的和有缺陷的運動。他一方面肯定「五四運動,是從舊中國過渡到新中國底一個契機,是中國歷史前進之最顯明的里程碑!」[153]「五四運動是中國歷史進步底里程碑:它象徵著由舊的中國蛻變到新的中國」[154];一方面批評「五四」的自由主義和社會主義不能解決中國問題,認為要解決中國問題,只能依靠孫中山的三民主義。這在《中國文化建設之路》中已經點出:「單獨的民族主義的文化,或單獨的民主主義的文化,或單獨的社會主義的文化,都是一偏的文化。這樣的文化,不合中國人民生存和發展底需要。」而「三民主義的文化,是因應中國人民之需要而發生的民族、民權、民生三大革命中所涵蘊的三種精神元素之均衡協調發展的文化。只有這三種精神元素在均衡協調的狀態中有機地統一發展,才能使中國之互相矛盾衝突激盪的各種力量在均衡協調狀態中有機地統一起來」。在《中國現代政治思潮》中進一步作了重申,他說:「中國底自由主義者並沒有站穩」,「社會主義在中國的正常發展之希望」也「成為泡影」,「以中山先生底政治思想為依據的實際政治主張,依然是全國人民所迫切要求實現的主張,這些主張一日不完全實現,中山先生底思想一日還照耀人間」。

這四個詮釋因素中,前兩因素屬於事實判斷,後兩因素屬於價值判斷。由於事實判斷服務於價值判斷,而價值判斷宗旨在於確立對於三民主義的信仰,明顯帶有意識形態性質,所以在事實判斷上並不注重論斷的嚴謹,有些事實描述甚至出現時序錯置的狀況,如他對自由主義和社會主義,有時說是「五四」的內容,有時說是「五四」的結果,也有時說是「五四」的起因。

隨著國共內戰的推進,隨著民怨的加深和江山易色日成現實,殷海光逐漸與政治當局的右傾意識形態發生「離心」。在1949年5月4日發表的《五四

運動三十年》中,調子開始出現微妙的變化,重點開始放在「進步、民主、自由、科學與理性」上來。文章說:

> 五四運動是真正的青年運動,只有在五四運動裡才能抽尋正確、深邃,而富於啟發性的涵義。每一個追求進步、民主、自由、科學與理性的青年,都應該紀念這個具有偉大意義的節日,並且深刻地研究這個節日所象徵的一切。
>
> 這一要求民主,自由,科學與理性的趨向,是五四運動帶來的。然而,現在,這一趨向卻受著空前嚴重的試煉。中國和她的人民,能否繼續向著民主、自由、科學、與理性的大道前進呢?還是要被迫著走向獨裁、專政、極權、和反理性的無底深淵而過渡著黑暗和奴辱的悲慘生活呢?這兩個嚴重的問題,極其現實地擺在我們大家面前。
>
> 還是要根據五四運動所提示的民主、自由、科學、和理性的大原則前進。五四運動底任務還沒有終了,我們依然必須踏著五四時代先輩的腳跡前進。

殷海光這裡從民主自由、科學理性的角度,而不是民族、民權、民生並重的角度來看待「五四」的價值,顯示他的「五四」觀已經正向自由主義漸漸接近。說他只是「接近」而不是「轉向」,是因為在本文中他仍然推重「孫中山先生底革命號召」,對「三民主義革新」仍然給予希望,而在此際的其他文章中,也表示他仍然對民族、民權、民生「三個節目」保持信仰。[155]

早年殷海光的「五四」觀,基本上在國民黨「五四」觀的範疇之內,但與國民黨中樞聲稱自由主義、共產主義不符合中國國情仍略有不同。殷海光採取的論述路線是:「五四」興起的自由主義和社會主義都有缺陷,只有三民主義能夠綜匯自由主義和社會主義,並與民族主義結合起來。

三、「五四之子」的「五四」觀

殷海光「五四」觀的真正轉向自由主義,出現在國民黨敗退臺灣後試圖重建威權之後。為何這會引起殷海光思想發生轉變,筆者在拙著《殷海光與近代中國自由主義》中曾做過一些探討,茲不作贅述。這裡重點要觀察的是轉變為自由主義者的殷海光,究竟如何解釋「五四」的內涵和意義。

作為自由主義者的殷海光，在 1950 年發表的紀念「五四」人物、臺大校長傅斯年的文章中說：

> 許多人詬病五四運動。我並不以為五四運動是毫無毛病的。至少五四運動所產生的副作用，與布爾什維克洪流會合起來，形成中國空前未有的暴亂集團及其騷動。五四運動底許多作用，亦若許多帶有群眾性和變革性的初期運動一樣，不易避免地有著衝動、幼稚、浪漫，和狂妄的成素。然而，無論如何，五四運動所代表的時代是一個富於感興的時代。在這個時代，年輕的知識分子，生機洋溢、情意奔放、智力活潑。無論如何，這個時代為中國之現代化奠定了基礎。比起目前之半生不死，我寧願選擇這一個時代。[156]

這是他從本質上認同「五四」的一個十分清晰的明示。他將自己敬重的傅斯年校長不僅視為「這個時代底產兒」，而且認為「他底作風也代表著這個時代底作風及其應然的正常發展」，因為在「擁護」之聲盈耳的當下，跟政治相當接近的傅校長卻從不曾有「擁護」的表示，相反「愈接近政治中樞便愈厭惡」，這正體現的是「五四」當年反權威的性格，是「五四」崇尚的獨立自由精神。

這個「五四」，顯然是沒有社會主義或共產主義價值合法性的。因為他說「與布爾什維克洪流會合」恰是「五四運動所產生的副作用」，是「形成中國空前未有的暴亂集團及其騷動」之根源。在隨後的文字中，他曾明確指斥陳獨秀對「五四」思想的「誤」導，如：

> 社會主義派的思想在中國傳統裡和社會建構中是有著根源的，「不患寡而患不均」等道德正義感本來就瀰漫士人思想中，加之中國近代貧困日甚。所以，社會主義派的思想一傳到中國，便如水之就下，泛濫不已。這一派底創導人物可推陳獨秀。這一派是中國現代赤化運動之先河。[157]

> 馬克思藉以安排他底材料的思想架構是黑格爾式的玄學架構。玄學是由一堆只能滿足宇宙情緒（cosmic feeling）或統合感（sense of integration）但卻沒有認知意義（cognitive meaning）的語句組成的。因此，如果它要取代科學底功能，那麼它就是反科學的。所以，馬克思底思想是反科學的。既然馬克思底思想是反科學的，於是師法馬克思思想的陳獨秀思想也是反科學的。[158]

三民主義也喪失了綜匯「五四」思想的地位。轉軌到自由主義後，殷海光高調主張思想、言論自由，對治國民黨徒有其名的所謂「民權主義」；倡言穩健、理性的愛國主義，對治國民黨別有用心的「民族主義」；不同意經濟集權，對治國民黨口惠實不至的「民生主義」。在一篇文章中，他說：

　　第一、捨棄人權而講民族主義，結果就變成君王、專制者、獨裁者鞭策之下的順民。這有什麼值得欣幸的？……第二、捨棄人權而講「民治」，到頭來一定徒具形式，內容全失：所謂「人民的公僕」，既不「公」又非「僕」。選舉變成耍猴戲。政府官吏說話可以叫做「諭示」。第三、捨棄民權而講「民享」，結果是大家變成配給制度下的新奴工。[159]

　　殷海光從自由主義反觀三民主義，認為三民主義是國民黨獨裁統治的工具，強烈反對「國民黨藉著政治權勢把三民主義變成國教」[160]。

　　經過「去」社會主義化和「重判」三民主義，殷海光遂將「五四」的弄潮兒歸結到「胡適之等先生」[161]，「五四」核心集中為「胡適思想」[162]。他把自由主義視為「五四」的本質，說「胡適思想」是中國自由主義底核心，「『胡適思想』是主漸進的、重具體的、反教條的、個人本位的、存疑的、重實證的、與啟蒙的。這種思想，既不堂皇壯觀，又非玄不可及，而是平實易行的。這種思想，就是開放的社會（open society）裡開放的自我（open self）所具有的思想」[163]，而中國政場左右兩派，旗號或有不同，卻都是「絕對主義的」、「權威主義的」、「群體至上，組織第一的」、「歷史中心主義的」、「只問目標，不擇手段」的[164]。左右兩派貌離神合的蒙昧主義，互相激盪互相對演，火藥氣和血腥氣交織，阻滯了中國歷史的演進，也「聯合打擊」著「胡適思想」。「五四」以後中國國運的起伏隆替，幾乎可以拿「胡適思想」之消長作個記錄的寒暑表：中國人多容納並吸收「胡適思想」之時，正是中國比較和平、安定、進步、趨向開明之時；中國底國運乖違，禍亂如麻，趨向固蔽之時，也就是「胡適思想」橫遭排斥與嫉視之時。中國要在現代世界圖生存，必須沿著「五四」的腳步前進，使「胡適思想」發揚光大，「必須『胡適思想』在中國普及，中國人才有辦法，中國人才能坦坦蕩蕩地活下去，中國才有起死回生底可能。」[165]

殷海光身處國民黨統治下的臺灣，感受最痛切的當然是右翼政治勢力與「胡適思想」之間的緊張。敗退臺灣後，國民黨更深恨五四運動導致了馬克思主義在中國的廣泛傳播，使中共得以迅猛的崛起，因而對「五四」的警戒更加昭然。蔣介石屢次將「五四」問題作為「重要問題」進行宣講，指責「五四運動雖曾提出『民主』與『科學』二個口號，卻沒有提到救國的基本問題，所以發生了很大的流弊。……沒有我們民族的『文化』來做民主與科學的基礎，那末，這兩口號，不僅不能救國，而且徒增國家的危機。這是我們當前革命失敗的一個事實的教訓」。[166]因此之故，「五四」漸成為政治禁忌，「胡適思想」漸被指為「毒素思想」。

殷海光對此論調深深不以為然，指出：「有人將中國目前的禍亂歸咎於『五四運動』及『胡適思想』。在一切反對的論證之中，沒有比這一論證更經不起反駁的了……事實上是這樣的：古老的建構倒了，而強有力者們又不肯『自我適應』，走『五四』的道路，行科學與民主。他們一味地順著下坡路滾，所以釀出目前的禍亂。這怎能怪『五四運動』與『胡適思想』呢？」[167]

國民黨反對「五四運動」和「胡適思想」的藉口是「文化」，即「恢復我們固有的道德，發揮我們傳統的精神」[168]，殷海光詮釋「五四」的重點遂也放在了文化層面。他撰寫的社論《重整五四精神》中說：

三十八年前的五月四日，是中國現代最有意義和最有價值的日子，這個日子所表徵的，是當時醒覺的知識分子開始創導中國的啟蒙運動。這個運動的目標，是要洗刷不適於中國人生存的保守文化，提倡進步的新文化。因此，在政治上要實行民主，在學術上要研究科學。實行民主並研究科學，才能使中國由一個腐老的國家蛻變到足以列入世界新國家之林。要實行民主並研究科學必須有便利的語文工具，於是提倡白話文。風氣所至，喚醒了全國的青年，影響了全國的知識分子，醞釀成去舊更新的普遍趨向。依這個趨向發展下去，中國可以開始逐步走上現代化的道路。[169]

「三十八年前的五月四日」嚴格說是北京學生走上街頭的日子，但殷海光在此闡釋中卻隻字未提，而將全部「表徵」放在洗刷舊文化、提倡「民主」「科學」新文化上。「它的基本『動理』是新文化運動。這一新文化運動的進行程序是啟蒙（enlightenment）。」[170]這就很容易理解為何殷海光在批駁

國民黨文化意識的時候,將民間的新傳統主義也基本不加區別地進行了批判和攻擊。因為在他看來,雖然新傳統主義者對於國民黨也有時政批評,但「這類分子對於當權人物嫉視之程度遠不若對自由思想者之深且刻」,他們與現實政治中的當權人物在思想上是很能「鎔接的」[171];在他看來,新傳統主義的文化復古傾向,與國民黨對傳統道德的標尚是近似的,兩者對於「五四」的除舊布新都心存敵視。「依據向量解析(vector analysis),復古主義和現實權力二者的方向相同,互相導演,互為表裡,彼此構煽,因而二者所作用於五四運動的壓力合而為一。」[172] 在臺灣,「五月四日這樣重要的節日,幾乎被人忘記了!」這種局勢的造成,正是「開倒車的復古主義與現實權力二者互相導演」之結果,「復古主義者在情緒上厭惡五四。他們擺出衛道的神氣來製造五四的罪狀。這正符合現實權力的需要。復古主義者又想藉現實權力以行其『道』。二者相遇,如魚得水,合力摧毀五四的根苗。於是五四的劫難造成。五四運動成了二者的箭靶」。[173] 他感慨道:「君不見! 近幾年來從香港到臺灣,藉反五四思想,播弄文化口號,成就了多少思想大師,多少英雄豪傑,以及各式各樣的打手!」其聲威所至,遂使「我們簡直沒有暢論『胡適思想』之自由」[174]。

這樣一種指斥,自非新傳統主義者所能接受。殷海光的論敵,在國民黨之外遂又多了一群新傳統主義的信仰者。

殷海光堅定地認為,「五四」反傳統的文化理念是正確的,「五四運動的內容是科學與民主。科學與民主會使中國新生與進步」。[175] 總體上,以科學與民主的新文化取代傳統文化,符合中國新生的大方向。「我們是把文化看作一種工具。如果原有的工具因不合用而予以更新,正如一件衣服穿舊了再換一件似的,有何不可?」[176] 中國的傳統教條不是「救國」的靈丹妙藥,而是自身難保的下水「泥神菩」[177],所以,「五四運動之對於舊有政教制度提出批評,這不僅說不上大逆不道與否,而且是促進社會新生之所需」。[178]

四、「隔離的智慧」中的「五四」觀反省

殷海光以「五四精神」、「胡適思想」為旗幟掀起再啟蒙,主要舞臺是在臺灣延續自由主義香火的《自由中國》半月刊。他與國民黨和新儒家的論

戰，主要就是透過這個半月刊展開的。1960 年 9 月雷震案發生後，《自由中國》被迫停刊，殷海光因此失去發言舞臺，進入生命中橫逆不斷的艱困晚年，也進入思想沉靜反省的時期。在這九年中，尤其是最後四五年，殷海光運用「隔離的智慧」和新攝取的知識資源，對諸多理論和歷史問題進行了重新評估，「五四」自然也在重新評估的範圍之內。

殷海光生命的最後幾年，試圖走出「五四式」的、激越的自由主義，其新的「五四」觀逐漸得以醞釀。其醞釀的機緣之一，便是 1962～1965 年臺灣「中西文化論戰」。該論戰從一開始，殷海光就被傳統派視為西化派總後臺而捲入其中。殷海光曾表示這是「活天的冤枉」，因為「年來我形同隱居，不問外事，報也不看了。除教書餬口以外，我唯一努力的工作就是完成中國近代思想史。哪有閒空去攪這個渾水！」[179] 但畢竟這場筆戰是殷門弟子發起，殷氏本人的確也有「既不反對又不贊成」的默許，而且還給參戰學生「改」過文章，對於這場論戰自然負有道義上的責任。這場論戰自始就顯示出「兩方面都是不學無術一派胡言」[180] 的低品質，而且戰火越燒到後來，越遠離學術。這自然不是殷海光當初默許所能想像。1965 年 4 月，他藉紀念「五四」的機會撰成一文，希望傳統派與西化派雙方降低對抗，「攜手從事文化創建」。文中承認「在太陽底下，沒有無錯處的人。我的錯處恐怕比一般人多」，「二十多年來，我曾寫過八百萬字以上的東西。那些東西，照現在的我看來，值得保存下來的已經不多了」，表示願意「歡迎一切基於求真的批評和改正」，自己也「不惜以今日之我與昨日之我挑戰」。而這個自我挑戰就包括對「五四」的初步反思。他在肯定「五四」知識分子的「銳氣，衝力，尋求新知識的饑渴，追求問題解答的熱忱」的同時，已經看到：「五四本身的成就是毋庸誇張的。「五四運動」中青年知識分子的浮動是不足為訓的。」[181] 這個批評不僅及於布爾什維克主義，而且及於「五四運動中青年知識分子」本體。

這篇文章因為西化派主將李敖的反對而未發表，但並沒有影響到殷海光進一步反思「五四」。這期間，他加緊撰述《中國文化的展望》，並有意接著系統研究「中國近代思想史」，反思「五四」，超越「多年來五四不是被 distorted〔歪曲了〕，便是被 eclipsed〔矇蔽了〕」[182] 的意識形態面貌，自

然成了重要功課之一。恰好在此前後,在美留學的弟子林毓生確定將「五四時期的 Iconoclasm〔打倒偶像主義〕和 Scientism〔科學至上論〕」作為博士論文研究課題[183],透過密集的書信往來,一些研究心得越來越得到反思中的殷海光的認同,使他感到「那些話非常中肯,也非常高明」[184],尤其林毓生提出的創造性轉化的觀念,「既非泥古,又非腳不落地的趨新」,簡直「是開天闢地的創見」[185]。

此時的殷海光,開始認識到「五四」解釋中的失真問題。他講,「如果地球表面的人類過去的活動及其記載就是『歷史的事實』,那麼對這『歷史的事實』的說明和評價常隨著不同的人們事先就有了的認知層面、價值判斷,以及和價值判斷黏合在一起的情緒反應,等等之不同而不同。……五四運動的運動行為雖然過去了,但是既然它所發生的影響猶在,於是一提起它來許多人難免戴起自己習而不察的有色眼鏡來看它,或者是作不同的情緒反應。」[186] 有色眼鏡或情緒反應引起的認識失真,往往會誇大或扭曲「五四」本來意義,最終傷害到「五四」的價值。而要避免這種情況,就必須培養「隔離的智慧」。他說,「無論是謳歌讚美,還是痛心疾首,對於我們要真切的瞭解五四運動都毫無幫助。內心充滿了好惡之霧的人,哪裡可能看得清楚廬山的真面目?我們若要能真切的瞭解五四運動,必須從科學的認知層面出發。」[187] 從科學的認知層面出發,就是與自己的信仰面隔離,「隔離的第一個方式是 Withdraw,這不是萎縮,乃是保存能力,培養工作的力量」[188]。在歷史事件的認識中,參與和離隔長短互見,「我們必須有參與之長而無參與之短,必須無離隔之短而有離隔之長」[189],朝韋伯所說的「理想範型」(ideal type)之歷史事件研究者方向趨進。

這裡所謂「隔離的智慧」,實際上也就是回歸歷史本相的分析。殷海光認識到這一點的時候,已經絕症纏身,臨近生命的終點。但他仍然保持「拾貝少年」的求知心態,沒有停止思想和知識的嘗試。對於「五四」他也作出了一些平實而深刻的分析。

例如他提出,「五四運動」之發生,固然「最顯著的原因是胡適、陳獨秀,這些人物有新的思想,並且辦刊物著文鼓吹,掀動大批青年知識分子附和信從,蔚然成為風氣,鼓盪而成為潮流」(《自由中國》啟蒙中被「忽略」

的陳獨秀重新出現），但這不是唯一的原因，「我們要瞭解五四運動，必須從孕育它的時代與背景開始」[190]。這包括統治的空隙等因素所提供的相對寬鬆的環境；中國「士為四民之首」傳統的依然維持；清末「歐風美雨」東漸以來西方觀念和思想之不斷增長的輸入；大批知識分子為求新知和思想時代問題所做的自覺努力等。尤其值得注意的是它是西方挑戰以來中國歷史在經歷了「技術的反應」、「制度的反應」，正處在「觀念的反應」階段，並向「組織的反應」發展的關鍵時段。[191]

關於「五四運動」的成敗得失，他指出，「五四」在很多方面確有成績，得到「科學」、「民主」等若干真理。「不過，這些真理是『碰』出來的，不是『發現』出來的。」[192]當時領頭的知識分子是帶著自己腦海中本來就有的觀念來接受和倡導「科學」及「民主」的，是一種未經意的「綜攝」。陳獨秀所謂的「科學」的內涵和所指，遠遠超出海耶克等人所非難的「科學主義」，而發展成了人生觀、烏托邦思想、歷史哲學，甚至於一種社會改革的動力。「陳仲甫是反對宗教的。可是，在不自覺之間，他把他所認為的科學當作他的宗教。」胡適所受美國影響較深，不像陳獨秀那樣將科學的意象擴大為宗教的代替品，但「他心中充滿了語言文字和歷史事件等等特殊事物，支配他的展望的是當時流行的社會達爾文主義（Social Darwinism）的進化觀。他缺乏從數學、邏輯以及嚴格理論哲學的訓練而可能提高和增強的抽離的思考力。於是，他的思想固因講實效而比較能夠適應環境，但缺乏從基本原則演繹出來的一致性和穩定性，尤其缺乏謹嚴性」。[193]

他說「五四」人物不僅「自己多不瞭解科學及民主；而且，他們在興頭上不知道，就中國而言，僅僅有科學及民主是不夠的：道德更有基本的重要性」[194]。「五四」人的意識深處所急的，是從傳統文化和制度解放出來，於是一股子勁反權威、反舊道德，加之與舊人物相應反新之間的對極反應，在這樣的氣流之中，很少能做精深謹嚴的學術思想工作者。[195]「五四運動」所表現的反偶像主義是一種非理知的「違拗作用（negation）」，動機不是為了追求真理，而是為了心理上的一種滿足。「在這種情境之下，所得到的真理只能算是意外的收穫，不是辛勤的收穫」，所以「五四運動」之思想文化層面和社會層面都頗富於「蕩決作用大於建設作用」的特徵。「科學與民主是

中國所沒有的『西來法』,因此被熱烈提倡。至於中國人的價值取向、思想模態是否適於一步登天似的學習科學;中國的社會結構、基本觀念、權威性格、行為模式是否宜於驟然實行西式民主,這些深進一層的問題,當時一般知識分子在意興高潮激盪之下是考慮不到的。於是,提倡科學之最直接的結果之一是把科學看作唯物論或科學主義(Scientism)。推行西式民主的結果更是悲慘得很。」[196] 所以,雖然「五四」人物栽下現代中國新發展的樹苗,「可是,不等到這棵樹苗成長,它就被折斷了」。[197]

順著他讚許林毓生的「文化內新」思路,殷海光得出的這些認識與《自由中國》時期高舉「五四精神」、「胡適思想」的殷海光相比,已不能同日而語。不過,這不意味著他放棄了對「五四精神」的信念,他仍然堅信民主、科學「還是社會文化變遷的動力」[198],堅信理性、自由、民主、仁愛是「人類生存的永久價值」[199]。他反省「五四」的目的,只是要避免「狂熱、幻想、激變、神話、偏執」的歧途,走向健康的「良性循環」[200]的正軌。

人生有涯,遭受著「寂寞、淒涼和橫逆」的殷海光的生命更為短暫。殷海光離世時只有五十歲,應屬英年早逝。他沒有能夠完成《中國近代思想史》的寫作,也沒有完成他在新覺悟基礎上解決「中國的傳統和西方的自由主義要如何溝通」[201]問題的心願,但是,從思想上說他已經走向一個新境界。在闡釋「五四」方面,經歷從三民主義意識形態向自由主義意識形態的轉換之後,他再次實現了從意識形態闡釋向回歸歷史的學術思想解釋之轉變。如果說前一個轉變還只是意識形態之間的轉換的話,後一個轉變則更具有方法論上的意義,為後人進一步深化「五四」認知,進一步發揮「五四」的精神價值,留下了珍貴的歷史遺產。它啟示我們:

意識形態永遠只能在信仰層面對話,對於不同信仰的人講特定信仰之理,常常是徒勞的,很難避免雞同鴨講的局面,因為信仰本質上帶有非理性的性質。當「五四」的符號意義脫離本相意義而「昇華」為意識形態話語的時候,它的說理能力也會大打折扣。「五四」之所以有意義,不在於「五四」人物尋找到多少無可挑剔的真理,完成了什麼一勞永逸的事業,而在於他們利用歷史的機遇,直白地講出了近代中國歷史轉型大方向,並有效地傳播了這個大方向的訊息。但他們仍然是常人,有各種知識和性格的缺陷,包括對於「科

學與民主」的理解，對於落實「科學與民主」是否需要顛覆文化傳統的判斷，對於「談文化」與「談政治」的態度等等，都無法避免一些錯誤。「五四」時代是一個表達思想的時代，卻不一定是一個完成思想的時代（畢竟歷史對於「五四」人物的時間太短）。唯有擺脫對「五四」的神聖化（或妖魔化），從學術的路徑入手，探尋「五四」的本相，追索造成「科學與民主」大方向在日後歷史中失落的具體原因，「五四」的意義才能真正彰顯出來。

注　釋

[1]. 本文曾載《浙江學刊》2007年第1期。

[2]. 殷海光：《光明前之黑暗》，《殷海光全集》第1卷，第151、190頁。

[3]. 殷海光：《中國共產黨之觀察》（1946年10月前後作，1948年出版），《殷海光全集》第1卷，第107頁。

[4]. 殷海光：《中國文化建設之路》，《中央日報》1947年8月10日，第2版。

[5]. 殷海光：《中國現代政治思潮》，《殷海光全集》，第11卷，第61頁。

[6]. 殷海光：《我們走那條路》，《殷海光全集》第11卷，第20頁。

[7]. 殷海光：《論胡適南來》，《中央日報》1948年12月19日第2版。

[8]. 殷海光：《中國底前途》，《中央日報》1949年6月2日第2版。

[9]. 殷海光：《民族戰爭呢？還是社會戰爭呢？》，《自由中國》第2卷第1期。

[10]. 見《殷海光全集》第1卷第183-184、105-106頁。

[11]. 殷海光：《我們走那條路》，《殷海光全集》第11卷，第8頁。

[12]. 殷海光：《自由主義的新教育》，《中央日報》1949年5月14日2版。

[13]. 殷海光：《自由主義的新教育》，《中央日報》1949年5月14日2版。

[14]. 任卓宣：《反共教育中的主義問題》，《中央日報》1949年5月24日4版。

[15]. 見殷海光：《論國民黨底改造運動》，《中央日報》1949年7月23日2版。

[16]. 1950年9月至1951年底，殷海光譯介有《羅素論權威與個體》《洛克底政治哲學》《第二十世紀》《蘇維亞怎樣管制思想》《民主政治》《二十世紀哲學》《追求與幻滅》《美國八位偉人》《怎樣擊敗俄國》《一九八四年》《極權對於民主自由的威脅》《文明是怎樣創造的？》《科學與社會》（《殷海光全集》大多收錄）等作品。與早期譯作《邏輯基本》《哲學與邏輯語法》等相比，主題差異是顯而易見的。另外，從數量上說，這段時間的譯介規模也空前絕後。

[17]. 殷海光：《第二十世紀》，《殷海光全集》第16卷，第33-50頁。

[18]. 殷海光：《自由人》，《殷海光全集》第 16 卷，第 165，168 頁。

[19]. 殷海光：《你要不要做人？》，《殷海光全集》第 12 卷，第 761-762 頁。

[20]. 關於三民主義的浮泛性以及由之形成的貌似包容實不包容的情形，國社黨領袖張君勱曾作過尖銳批評。他說：「三民主義中，分為三項：曰民族、曰民權、曰民生。其為一主義乎？其為三主義乎？此為局外人苦於不能瞭解之點。如其為一主義也，則三者之背後，應有所以統一之者……乃能一貫。而國民黨之三民主義正與此相反，以其僅為三根並行線之排列，而無統一之原則以貫串之，此為其理論上之缺點一。……既為三條並行線，三者同時存在，若不相侵犯然，實則民權民族民生三者可以互相牽制……彼創此說之人，初未嘗思索及之。故於其相關聯處，未嘗妥為安排，因而黨內引起無數糾紛。此為理論上之缺點二。……今勉強附會，若三民主義幾無所不有，無所不包，是乃死守死領袖之言為標準，而陷全國於盲人瞎馬之境，而其他新政治思想亦處於無可發展之地，此為思想上之缺點三。」張君勱：《國家社會主義綱領》，轉引自楊永乾：《中華民國憲法之父——張君勱傳》，臺北唐山出版社 1993 年版，第 91-92 頁。

[21]. 參見殷海光《教育部長張其昀的民主觀——君主的民主》、《再論「君主的民主」》、《反民主的民主》等文，收入《殷海光全集》第 11 卷。這些文章雖為稍後的作品，話題也由稍後的事由引出，但這種空氣早已籠罩於臺灣。

[22]. 殷海光：《知識分子亟需體認國家底危機》，《中央週刊》第 10 卷第 44 期，1948 年 10 月 31 日出版。

[23]. 陶希聖：《自由與平等之統一：反共救國宣言讀後》，《中央日報》1949 年 7 月 9 日第 2 版。

[24]. 參見薛化元：《〈自由中國〉與民主憲政》第三章，臺北稻香出版社 1996 年版，第 73-191 頁。

[25]. 張忠棟：《自由主義人物》，臺北允晨文化實業公司 1998 年版，第 123-124 頁。

[26]. 張忠棟：《自由主義人物》，臺北允晨文化實業公司 1998 年版，第 124 頁。

[27]. 本文曾載於臺灣政治大學《歷史學報》第 21 期（2003 年）。

[28]. 殷海光：《知識青年底警覺》，《中央日報》1947 年 9 月 26 日第 2 版社論。

[29]. 潘光旦：《學與政與黨》，收入張忠棟等主編《現代中國自由主義資料選編·教育獨立與學術自由》，臺北唐山出版社 1999 年版，第 108 頁。

[30]. 殷海光：《我為什麼反共》，《殷海光全集》第 11 卷，第 254 頁。

[31]. 殷海光：《我為什麼反共》，《殷海光全集》第 11 卷，第 255 頁。

[32]. 任西南聯大訓導長、負責貫徹三民主義教育的查良釗稱殷海光為「一好學深思的愛國青年，具有獨立思想，能辨別是非」（查良釗：《〈春蠶吐絲〉序言》，載

陳鼓應編《春蠶吐絲——殷海光最後的話語》，臺北世界文物供應社 1969 年版），顯然是指不與左派勢力同流，能自覺遵循當局的思想路線。

[33]. 殷海光：《中國現代政治思潮》，《殷海光全集》第 11 卷，第 61 頁。

[34]. 殷海光：《中國文化建設之路》，《中央日報》1947 年 8 月 10 日第 2 版。

[35]. 殷海光：《我為什麼反共》，《殷海光全集》第 11 卷，第 253 頁。

[36]. 這些社論判定為殷海光所撰的依據是：（1）著眼於思想問題，符合殷海光入社後報社言論主題的基本分工。該報《星期專論》專欄有言論撰稿人分別發表的署名文章，從中可以歸納出基本分工，殷海光自始負責思想部分。另一方面殷海光後來自承：「在這一階段，我指責共黨底『人海戰術』、『職業學生』等等。」（《我為什麼反共》，《全集》11 卷 253 頁），而在署名文中，很少有這類文字，可以判斷，他指的是所撰社論。（2）思想傾向與同期署名文章完全相同。稍早署名發表的《政治自由與武裝暴動》、《共產國際的世界政策》、《革命與暴動》、《中國民主運動底正確方向》、《中國文化建設之路》、《中國現代政治思潮》等文中，分別表述過「暴動不是革命」、「自由分子，往往毫無組織，散漫無力」、「民主自由，貴乎守法」等觀點，這些觀點與所列社論中完全一致，互相印證。一些社論批評大公報王藝生的「民族失敗主義」和「國家分裂主義」，與同期殷海光接連發表的署名文章《民族失敗主義底一例》、《國家分裂主義——民族失敗主義者的方略》一以貫之。（3）符合殷海光行文風格。將殷海光署名文章與報社其他言論撰稿人作品比較，可以清楚地看到，注意「底」、「的」分用，習用「吾人」、「彼等」、「事理都淺顯易明」、「顯然得很」等字眼，愛用並列和遞進句式，注意首段與末段照應等，是殷海光的獨特行文風格，這些風格在所列社論中都較明顯。但須說明，根據行文風格判斷社論是否為殷海光所作，應綜合字、詞、句、段、篇多種風格要素，不可以單一要素定論。例如注意「底」「的」分用，固然是殷海光風格之一，但同時保此風格的還另有他人。就筆者考證，在中央日報前後言論撰稿人中，陶希聖、任卓宣就都有此習慣。若單以此定論，則容易將不少主題和觀點與殷海光並不一致的社論誤判為殷海光所作。只有將各種風格要素綜合起來，並結合撰文主題和同期思想傾向的考察，才是可靠的。

[37]. 殷海光：《知識青年底警覺》，《中央日報》1947 年 9 月 26 日第 2 版社論。

[38]. 殷海光：《「學運」底作用》，《中央日報》1948 年 7 月 22 日第 2 版社論。

[39]. 殷海光：《從於子三案件說起》，《中央日報》1947 年 11 月 10 日第 2 版社論。

[40]. 殷海光：《知識青年底警覺》，《中央日報》1947 年 9 月 26 日第 2 版社論。

[41]. 殷海光：《愛護學校，愛惜自己！》，《中央日報》1947 年 12 月 30 日第 2 版社論。

[42]. 殷海光：《職業學生之職業》，《中央日報》1948 年 6 月 18 日第 2 版社論。

[43]. 殷海光：《反迫害·反暴動·反賣國》，《中央日報》1948年5月26日第2版社論。

[44]. 殷海光：《火速清除學生之敵！》，《中央日報》1948年5月31日第2版社論。

[45]. 殷海光：《愛護學校，愛惜自己！》，《中央日報》1947年12月30日第2版社論。

[46]. 殷海光：《反迫害·反暴動·反賣國》，《中央日報》1948年5月26日第2版社論。

[47]. 殷海光：《收回學校租界！》，《中央日報》1948年6月24日第2版社論。

[48]. 參見殷海光：《中國文化建設之路》、《中國現代政治思潮》、《五四與今日》、《論胡適南來》（分別載於《中央日報》1947年8月10日第2版，10月10日第10版，1948年6月22日第2版，12月19日第2版）等文。

[49]. 殷海光：《愛護學校，愛惜自己！》，《中央日報》1947年12月30日第2版社論。

[50]. 殷海光：《從於子三案件說起》，《中央日報》1947年11月10日第2版社論。

[51]. 例如殷海光所撰社論《趕快收拾人心！》1948年11月4日在《中央日報》刊出後，曾引起蔣介石震怒。

[52]. 殷海光尖銳提出貧富懸殊問題、希望政府重視民生收拾人心的文章，大多發表於1948年9月至1949年5月。如所寫《我們走哪條路？》、《我對國共的看法》、《趕快收拾人心》、《爭取人民擁護》、《謀和與革新》、《革新問題》、《臺灣設防底心理基礎》、《外援與自救》、《設防的基礎在人心》、《扭轉錯誤，回到原路》、《外傷與內潰》、《勝利底關鍵何在？》等。這些文章雖亦有民主話語，卻主要對共產黨「不民主」而發，並未成為對政府當局的直接訴求。

[53]. 1949年5月，殷海光開始直接向政府要求民主自由，反映在文章中，除了本文所提到的《自由主義的新教育》、《給青年以新教育》和《論「反共教育」》外，還有：《民主與寬容》、《政治與寬容》、《中國底前途》、《讓新生力量起來救國》、《以光明對黑暗》、《自由主義者與中國底未來》、《展開自由中國運動！》、《選擇哪條道路？》、《教條主義與思想自由》、《主義並非國教》、《論國民黨底改造運動》等。8月離開黨報系統以後，呼籲自由民主「救」中國更是殷海光言論的核心主題。

[54]. （殷海光：）《自由主義的新教育》，《中央日報》1949年5月14日第2版社論。本文發表時，殷海光尚無相同基調的署名文章發表，但該文招來任卓宣《反共教育中的理論問題》一文質疑，起來迎戰的就是殷海光（化名發表《給青年以新教育》），可知那篇社論原本就是殷海光所作。

[55]. 任卓宣：《反共教育的主義問題》，連載於《中央日報》1949年5月23日第2版、24日第4版、25日第4版。

[56]. 殷海光：《自由主義的新教育》,《中央日報》1949年5月14日第2版社論。

[57]. 殷海光：《自由主義的新教育》,《中央日報》1949年5月14日第2版社論。

[58]. 殷海光：《論「反共教育」》,《民族報》1949年5月15日第1版社論。

[59]. 殷海光（英弗遜）：《給青年以新教育》,1949年5月25日《中央日報》第6版。

[60]. 殷海光（英弗遜）：《給青年以新教育》,1949年5月25日《中央日報》第6版。

[61]. 殷海光：《我們的教育》,自由中國半月刊第18卷第2期社論,《殷海光全集》第11卷,第543頁。

[62]. 殷海光：《我們的教育》,《殷海光全集》第11卷,第544頁。

[63]. 殷海光：《對梅部長的低調希望》,「自由中國」半月刊第19卷第4期社論,《殷海光全集》第12卷,第701頁。

[64]. 殷海光：《我們的教育》,《殷海光全集》第11卷,第547-548頁。

[65]. 殷海光：《學術教育應獨立於政治》,「自由中國」半月刊第18卷第10期社論,《殷海光全集》第12卷,第583頁。

[66]. 殷海光：《我對三民主義的看法和建議》,「自由中國」半月刊第22卷第12期,《殷海光全集》第12卷,第930頁。

[67]. 殷海光：《我對三民主義的看法和建議》,《殷海光全集》第12卷,第933頁。

[68]. 殷海光：《對梅部長的低調希望》,《殷海光全集》第12卷,第700頁。

[69]. 殷海光：《學術教育應獨立於政治》,《殷海光全集》第12卷,第583頁。

[70]. 究竟何謂自由主義教育？除了民主精神、科學精神之外,是否還有道德人文精神？殷海光特別強調的是民主、科學精神,道德人文精神到後期才開始特別重視。

[71]. 殷海光：《我們的教育》,《殷海光全集》第11卷,第547頁。

[72]. 殷海光：《我們的教育》,《殷海光全集》第11卷,第545頁。

[73]. 殷海光：《教育的轉機》,《自由中國》半月刊第19卷第10期社論。

[74]. 殷海光：《科學教育的基本認識》,《自由中國》半月刊第20卷第3期社論。

[75]. 殷海光：《我們的教育》,《殷海光全集》第11卷,第547頁。

[76]. 在最終轉軌到自由主義之前,殷海光雖然各個時期思想重心不同,卻都兼顧著另外的兩方面。從《光明前的黑暗》（光明出版社1945年出版）到《民族戰爭呢還是社會戰爭呢》（1950年《自由中國》2卷1期）,殷海光一直認為反共戰爭既是反對蘇聯侵略的民族戰爭,又是反對極權統治、反對財富不均的社會戰爭。成為自由主義者後,轉而認為反共的理由只有一個,即「反對極權政治」。

[77]. 本文曾載於《武漢大學學報》人文版2010年第三期。

[78]. 參見王曉敏：《20世紀90年代中期以來「民本」問題研究述評》，寶雞文理學院學報（社科版），2007年第5期，第16頁。

[79]. 張其昀：《民主政治三大真諦》，《政論週刊》第88期，第1頁。

[80]. 張其昀：《民主政治三大真諦》，《政論週刊》第88期，第1頁。

[81]. 張其昀：《民主政治三大真諦》，《政論週刊》第88期，第1-2頁。

[82]. 殷海光：《教育部長張其昀的民主觀——君主的民主》，《殷海光全集》第11卷，第412-413頁。

[83]. 孫中山：《中國革命史》，《孫中山全集》第七卷，中華書局1985年版，第60頁。

[84]. 羅香林：《歷史之認識》，香港亞洲出版有限公司1955年版，第203頁。

[85]. 蕭公權：《中國政治思想史》，臺北聯經出版事業公司2001年版，第8頁。

[86]. 金耀基：《中國民本思想史》，臺北商務印書館1993年版，第七章，第179-190頁。

[87]. 殷海光：《教育部長張其昀的民主觀——君主的民主》，《殷海光全集》第11卷，第413頁。

[88]. 社評：《糾正〈自由中國〉的謬誤》，《中國一周》第337期，第3頁。

[89]. 殷海光：《再論君主的民主》，《殷海光全集》第11卷，第418頁。

[90]. 徐復觀：《為什麼要反對自由主義》按語，氏著《學術與政治之間》，臺灣學生書局1985年版，第457頁。

[91]. 徐復觀：《為什麼要反對自由主義》，《學術與政治之間》第462頁。

[92]. 徐復觀：《中國的治道》，《學術與政治之間》第104頁。

[93]. 徐復觀：《中國的治道》，《學術與政治之間》第125頁。

[94]. 徐復觀：《中國的治道》，《學術與政治之間》第125頁。

[95]. 徐復觀：《中國的治道》，《學術與政治之間》第125頁。

[96]. 徐復觀：《中國政治問題的兩個層次》，《學術與政治之間》第42頁。

[97]. 殷海光：《治亂底關鍵》，《殷海光全集》第17卷，第329頁。

[98]. 殷海光：《思想自由與自由思想》，《殷海光全集》第11卷，第92頁。

[99]. 殷海光：《致王道》，《殷海光全集》第10卷，第8、9頁。

[100]. 殷海光：《新實證論的基本概念》，《殷海光全集》第17卷，第379頁。

[101]. 殷海光：《當街接吻》，《殷海光全集》第9卷，第39-40頁。

[102]. 徐復觀：《儒家政治思想的構造及其轉進》，《學術與政治之間》第48頁。

[103]. 徐復觀：《儒家政治思想的構造及其轉進》，《學術與政治之間》第54頁。

[104]. 徐復觀：《儒家政治思想的構造及其轉進》，《學術與政治之間》第 53 頁。
[105]. 徐復觀：《儒家政治思想的構造及其轉進》，《學術與政治之間》第 47 頁。
[106]. 徐復觀：《儒家政治思想的構造及其轉進》，《學術與政治之間》第 48 頁。
[107]. 殷海光：《重整五四精神》，《殷海光全集》第 11 卷，第 460 頁
[108]. 徐復觀：《歷史文化與自由民主——對於辱罵我們者的答覆》，《學術與政治之間》第 525 頁。
[109]. 徐復觀：《歷史文化與自由民主——對於辱罵我們者的答覆》，《學術與政治之間》第 528 頁。
[110]. 徐復觀：《歷史文化與自由民主——對於辱罵我們者的答覆》，《學術與政治之間》第 532 頁。
[111]. 徐復觀：《歷史文化與自由民主——對於辱罵我們者的答覆》，《學術與政治之間》第 536、537 頁。
[112]. 徐復觀：《歷史文化與自由民主——對於辱罵我們者的答覆》，《學術與政治之間》第 538 頁。
[113]. 殷海光：《中國文化的展望》下，第 668 頁。
[114]. 韋政通：《我所知道的殷海光先生》，《殷海光全集》第 18 卷，第 58-59 頁。
[115]. 殷海光：《病中語錄》，《殷海光文集》修訂版第 4 卷，第 306 頁。
[116]. 吳根友：《中國的民主化與民主的中國化》，氏著《在道義論與正義論之間》，武漢大學出版社 2009 年版，第 299-304 頁。
[117]. 本文曾刊於《理論月刊》2004 年第 8 期。
[118]. 殷海光：《中國文化的展望》，臺北桂冠圖書公司 1996 年版，第 1 頁。
[119]. 殷海光：《中國文化的展望》，第 2 頁。
[120]. 殷海光：《中國文化的展望》，序言。
[121]. 殷海光：《中國文化的展望》，第 272 頁。
[122]. 殷海光：《中國文化的展望》，第 482 頁。
[123]. 殷海光：《中國文化的展望》，第 296 頁。
[124]. 殷海光：《中國文化的展望》，第 483 頁。
[125]. 殷海光：《中國文化的展望》，第 321 頁。
[126]. 不少學者認為此六條為殷海光所給定的是否自由主義者的標準，並據此判斷殷海光對自由主義缺乏真正瞭解。其實這是誤解。殷海光這裡的陳述不是邏輯的，而是歷史的。他只是說明中國近代思想史上的一個客觀事實，並不意含他個人認同此一標準。

[127]. 殷海光：《中國文化的展望》，第 430 頁。

[128]. 殷海光：《中國文化的展望》，第 452 頁。

[129]. 殷海光：《中國文化的展望》，第 508 頁。

[130]. 殷海光：《中國文化的展望》，第 530 頁。

[131]. 殷海光：《中國文化的展望》，第 685 頁。

[132]. 殷海光：《中國文化的展望》，第 697 頁。

[133]. 林正弘編：《殷海光全集》第 10 卷，第 151 頁。

[134]. 本文曾刊於《人文雜誌》2010 年第 2 期。

[135]. 通行的所謂「廣義」的「五四」，是指與「狹義」的「五四愛國運動」相區別的「五四新文化運動」，新文化運動和愛國運動分屬知性「啟蒙」和感性「救亡」的範疇，似乎是兩個不同性質的運動。筆者則更傾向於認為「五四」是「作為五四事件知性場景的新文化運動」。它是「一個」運動而非「兩個」運動，它是包涵感性事件的知性「運動」而非感性「事件」本身。這也是本不依賴五月四日這個特定日子而存在的新文化運動，卻被冠以「五四」名號加以理解的本質原因。本文所謂「廣義的『五四』」，當做此解。

[136]. 陳獨秀曾概括其為鼓吹「德先生」、「賽先生」（陳獨秀：《〈新青年〉罪案之答辯書》，《新青年》第 6 卷第 1 號）或「新的科學、宗教、道德、文學、美術、音樂等」（陳獨秀：《新文化運動是什麼》，《新青年》第 7 卷第 5 號）的思想啟蒙，胡適則界定為「研究問題，輸入學理，整理國故，再造文明」（胡適：《新思潮的意義》，《新青年》第 7 卷第 1 號）的文藝復興工程。其間的「五四」事件，羅家倫最早總結為「學生犧牲的精神」、「社會制裁的精神」、「民眾自決的精神」（羅家倫：《五四運動的精神》，《每週評論》第 23 號），陳獨秀徑稱為「直接行動」和「犧牲精神」（陳獨秀：《五四運動的精神是什麼》，《時報》1920 年 4 月 22 日）。這些都還只是就事論事的詮釋。

[137]. 1939 年延安青年紀念五四運動 20 週年大會，毛澤東發表題為《青年運動的方向》的講演，認為五四運動「表示我們中國反對帝國主義和封建主義的人民民主革命，快要進到一個轉變點了」（《毛澤東選集》第二卷，人民出版社 1991 年版，第 561 頁）。共產主義者對「五四」的觀念形成經歷了一個從朦朧到清晰、從多元到定型的過程。參見歐陽哲生：《新文化的傳統——五四人物與思想研究》，廣東人民出版社 2004 年版，第 182-192 頁。

[138]. 蔣介石在《中國之命運》中說道：「五四以後，自由主義與共產主義的思想，流行國內。……這些學說和政論，不僅不切於中國的國計民生，違反了中國固有的文化精神，而且根本上忘記了他是一個中國人，失去了要為中國而學亦要為中國而用的立場。」又說：「這真是文化侵略最大的危機，和民族精神最大的隱患。」蔣

中正：《中國之命運》，重慶：正中書局1943年版，第72-74頁。國民黨內對於「五四」看法並不一致，但蔣介石的看法代表了主流認識。

[139]. 胡適：《五四運動是青年愛國的運動》（1960年5月4日受訪談話），姜義華主編《胡適學術文集·新文學運動》，中華書局1993年版，第308頁。

[140].「五四」後期梁漱溟的文化路向說、吳宓的新人文主義、熊十力的新儒學，宣告了新傳統主義的問世。此後派別紛呈，而熊門弟子的新儒學言論最健，他們對「五四」的批評，可參見眾多新儒學研究著作。

[141]. 有關「五四運動」在現當代思想世界的闡釋，周策縱的《五四運動史》已經開始作為文化現象進行研究，該書末章論述了自由主義、保守的民族主義、共產黨人各自對「五四」的闡釋和評價。隨後又有顧昕的《中國啟蒙的歷史圖景——五四反思與當代中國的意識形態之爭》（香港牛津大學出版社，1992），余英時的《文藝復興乎？啟蒙運動乎？》（收入《五四新論》，臺北聯經出版公司，1999），歐陽哲生的《被解釋的傳統——五四話語在現代中國》（收入《新文化的傳統——五四人物與思想研究》，廣東人民出版社，2004），張艷的《五四運動闡釋史研究》（浙江大學歷史學博士論文，2005），簡明海的《五四意識在臺灣》（臺灣政治大學歷史研究所博士論文，2009）等論文和著作從不同側面進一步研究。

[142]. 殷海光：《致張灝》，《殷海光全集》第10卷，第164-165頁。

[143]. 胡適紀念「五四」的代表作如：《我們對於學生的希望》（1920.5.4）、《「五四」運動紀念》（1928.5.5）、《紀念五四》（1935.4.29）、《個人自由與社會進步——再談「五四」運動》（1935.5.6）、《中國文藝復興運動》（1958.5.4）等。

[144]. 殷海光：《海光文選自敘》，《殷海光全集》第17卷，第651頁。

[145]. 殷海光：《中國現代政治思潮》，《中央日報》，1947年10月10日。《殷海光全集》第11卷，第58頁。

[146]. 殷海光：《五四與今日》，《中央日報》，1948年12月19日。《殷海光全集》第11卷，第2頁。

[147]. 殷海光：《論胡適南來》，《中央日報》，1948年6月22日。《殷海光文集》修訂本第2卷，第3頁。

[148]. 殷海光：《論胡適南來》，《殷海光文集》修訂本第2卷，第3頁。

[149]. 殷海光：《中國現代政治思潮》，《殷海光全集》第11卷，第58頁。

[150]. 殷海光：《五四與今日》，《殷海光全集》第11卷，第1頁。

[151]. 殷海光：《中國現代政治思潮》，《殷海光全集》第11卷，第59頁。

[152]. 殷海光：《論胡適南來》，《殷海光文集》修訂本第2卷，第3頁。

[153]. 殷海光：《中國現代政治思潮》，《殷海光全集》第11卷，第58頁。

[154]. 殷海光：《五四與今日》，《殷海光文集》修訂本第 2 卷，第 1 頁。

[155]. 殷海光：《中國底前途》，《中央日報》1949 年 6 月 2 日第 2 版。

[156]. 殷海光：《我憶孟真先生》，《自由中國》第 4 卷 2 期。《殷海光全集》第 9 卷，第 4-5 頁。

[157]. 殷海光：《胡適與國運》，《自由中國》第 20 卷 9 期。《殷海光全集》第 12 卷，第 826-827 頁。

[158]. 殷海光：《胡適與國運》，《自由中國》第 20 卷 9 期。《殷海光全集》第 12 卷，第 830 頁。

[159]. 殷海光：《你要不要做人？》，《自由中國》第 19 卷第 11 期。《殷海光全集》第 12 卷，第 761-762 頁。

[160]. 殷海光：《我對三民主義的看法和建議》，《自由中國》第 22 卷第 12 期。《殷海光全集》第 12 卷，第 933 頁。

[161]. 如他在《胡適思想與中國前途》中說：「如果說胡適先生是昏沉的中國之現代的啟蒙導師，這話並不為過。胡適先生不是一個革命主義者；但卻是一位十足的啟蒙主義者。無論就他底行誼看，就他底言論看，都很積極地表現了他在中國啟蒙運動中所起的創導作用。」（《史語所集刊》第 28 號，《殷海光全集》第 11 卷，第 442-443 頁）在《跟著五四的腳步前進》中說：「四十年來，胡適先生是倡導科學與民主的導師。他這幾十年間的行誼和生涯，可以說是一部倡導科學與民主的紀錄。」（《自由中國》18 卷 9 期，《殷海光全集》第 11 卷，第 578 頁）在《中國文化發展的新取向》中說：「有了科學與民主，中國才有得救的可能。……這樣的工作，早在四十多年前，已由胡適先生等學人所領導的五四新文化運動開端了。」（《自由中國》21 卷 2 期，《殷海光全集》第 12 卷，第 860 頁）在《「五四」是我們的燈塔》中說：「實行民主學習科學是中國人可行的陽關大道。早在四十多年前的五四運動裡，胡適之等先生致力提倡的就是這個坦易的道理。」（《自由中國》22 卷 9 期，《殷海光全集》第 12 卷，第 885 頁）

[162]. 殷海光認為胡適的象徵意義大於胡適本人的意義。他在《胡適與國運》中說：「而改造中國的根本途徑，就是從事啟蒙運動。在這一運動中，毫無疑問，胡適是主將。我們在這裡談胡適與啟蒙運動，並不涉及胡適這個人本身。我們也不重視他底言論和行動之一枝一節。我們在這裡談胡適，只是把他當一個象徵。我們只注意他所象徵的中國啟蒙運動發展底主要趨向，以及他這個象徵在此主要趨向中所發生的作用。」（《自由中國》20 卷 9 期，《殷海光全集》第 12 卷，第 835 頁）而在《跟著五四的腳步前進》中所說：「我們仍需要胡適先生領導。胡先生應恢復當年發動五四的精神，促使大家一起覺醒，照著他自己開闢的道路，跟著五四的腳步前進。」

（《自由中國》18 卷 9 期，《殷海光全集》第 11 卷，第 578 頁）顯然覺得胡適本人已經退步或頹廢了。

[163]. 殷海光：《胡適思想與中國前途》，《殷海光全集》第 11 卷，第 444-445 頁。

[164]. 殷海光：《胡適與國運》，《殷海光全集》第 12 卷，第 838-839 頁。

[165]. 殷海光：《胡適思想與中國前途》，《殷海光全集》第 11 卷，第 445 頁。

[166]. 蔣中正：《當前幾個重要問題的答案》，轉引自簡明海：《五四意識在臺灣》，臺灣政治大學歷史學研究所博士論文（2009 年 2 月），第 132 頁。

[167]. 殷海光：《胡適思想與中國前途》，《殷海光全集》第 11 卷，第 443-444 頁。

[168]. 蔣中正：《教育與革命建國的關係》，轉引自簡明海：《五四意識在臺灣》，臺灣政治大學歷史學研究所博士論文（2009 年 2 月），第 132 頁。

[169]. 殷海光：《重整五四精神》，《殷海光全集》第 11 卷，第 455-456 頁。

[170]. 殷海光：《展開啟蒙運動》，《殷海光全集》第 12 卷，第 811 頁。

[171]. 殷海光：《胡適與國運》，《殷海光全集》第 12 卷，第 826 頁。

[172]. 殷海光：《重整五四精神》，《殷海光全集》第 11 卷，第 460 頁。

[173]. 殷海光：《重整五四精神》，《殷海光全集》第 11 卷，第 456 頁。

[174]. 殷海光：《請勿濫用「學術研究」之名》，《殷海光全集》第 11 卷，第 567-568 頁。

[175]. 殷海光：《重整五四精神》，《殷海光全集》第 11 卷，第 458 頁。

[176]. 殷海光：《胡適與國運》，《殷海光全集》第 12 卷，第 826 頁。

[177]. 殷海光：《胡適與國運》，《殷海光全集》第 12 卷，第 846 頁。

[178]. 殷海光：《跟著五四的腳步前進》，《殷海光全集》第 11 卷，第 576 頁。

[179]. 殷海光：《致林毓生》，《殷海光全集》第 10 卷，第 91 頁。

[180]. 林毓生語，轉引殷海光《致林毓生》，《殷海光全集》第 10 卷，第 91 頁。

[181]. 殷海光：《讓我們攜手從事文化創建——兼紀念五四》，《殷海光文集》修訂本第 2 卷，第 166、167 頁。

[182]. 殷海光：《致林毓生》，《殷海光全集》第 10 卷，第 131 頁。

[183]. 殷海光：《致林毓生》，《殷海光全集》第 10 卷，第 109 頁。

[184]. 殷海光：《致林毓生》，《殷海光全集》第 10 卷，第 131 頁。

[185]. 殷海光：《致林毓生》，《殷海光全集》第 10 卷，第 151 頁。

[186]. 殷海光：《五四的再認識》，《殷海光全集》第 15 卷，第 1459-1460 頁。

[187]. 殷海光：《五四的隱沒與再現：為五四運動五十週年而作》,《殷海光全集》第 15 卷，第 1474-1475 頁。

[188]. 殷海光：《最後的話語》,《殷海光文集》修訂本第 4 卷，第 307 頁。

[189]. 殷海光：《五四的隱沒與再現：為五四運動五十週年而作》,《殷海光全集》第 15 卷，第 1480 頁。

[190]. 殷海光：《五四的再認識》,《殷海光全集》第 15 卷，第 1463 頁。

[191]. 殷海光：《五四的隱沒與再現：為五四運動五十週年而作》,《殷海光全集》第 15 卷，第 1483-1484、1486 頁。

[192]. 殷海光：《五四的再認識》,《殷海光全集》第 15 卷，第 1467 頁。

[193]. 殷海光：《五四的隱沒與再現：為五四運動五十週年而作》,《殷海光全集》第 15 卷，第 1488 頁。

[194]. 殷海光：《五四的再認識》,《殷海光全集》第 15 卷，第 1470 頁。

[195]. 殷海光：《致林毓生》,《殷海光全集》第 10 卷，第 152 頁。殷海光《致張灝》也說：「五四是過去了，那一時代的人，除了極少數像趙元任等真有學術成就的以外，大多數只做過一小點學術工作，或者開開風氣。實實在在，他們在思想上的底子薄弱得可憐。」(《殷海光全集》第 10 卷，第 165-166 頁)

[196]. 殷海光：《五四的再認識》,《殷海光全集》第 15 卷，第 1469 頁。

[197]. 殷海光：《五四的再認識》,《殷海光全集》第 15 卷，第 1471 頁。

[198]. 殷海光：《五四的隱沒與再現：為五四運動五十週年而作》,《殷海光全集》第 15 卷，第 1493 頁。

[199]. 殷海光：《最後的話語》,《殷海光文集》修訂本第 4 卷，第 305 頁。

[200]. 殷海光：《五四的隱沒與再現：為五四運動五十週年而作》,《殷海光全集》第 15 卷，第 1492 頁。

[201]. 殷海光：《最後的話語》,《殷海光文集》修訂本第 4 卷，第 306 頁。

第三章 經濟哲學家夏道平

　　本章主要探討夏道平的自由市場經濟思想，同時也對與之相關聯的政治自由、信仰自由等問題略作探討。

▍第一節 自由與平等：《自由中國》時期殷海光、夏道平對政經關係的反思[1]

　　在中國大陸，隨著自由主義的默默復興，隨著市場經濟改革所暴露的深層次問題日益凸現，自由與平等這個彌久常新的老問題又不斷地被提起。前些年左右兩派自由主義者（或稱古典自由主義與新左派）的論戰方歇，近兩年「和諧社會」主流話語的出場，又激發出新一輪的「改革是否需要持續下去」的辯論。可見，這個老問題並不純然是一個歷史上的問題。

　　從自由主義的角度看，人權、自由、民主、法治標誌著人類的文明進步，是現代化的本質性目標，這個目標的實現除了政治本身的因素，還需要經濟、文化、社會各種因素的配合。自由與平等的問題，主要涉及的就是政治與經濟的關係。本文擬從思想史的角度，回顧《自由中國》兩支健筆殷海光、夏道平對政經關係的反思，並藉以紀念這兩位鄉賢。

一、終生堅持自由理念的兩支健筆

　　夏道平先生與殷海光先生是《自由中國》的兩支健筆，兩人都是湖北東部人，一個大冶，一個黃岡。殷海光畢業於西南聯大，留校未成，投筆從戎，後來追隨國民黨做宣傳工作；夏道平長殷海光12歲，畢業於武漢大學經濟系並曾經留校任教，後來在國民黨政府做事。他們都是1949年隨國民黨撤退到臺灣的，而且不久就因反對國民黨走列寧路線而倒戈，經過自覺的思想清理，走上自由主義道路。在以胡適為旗號的自由主義刊物《自由中國》裡面，對國民黨當局的獨裁政治毫不含糊地進行批判。《自由中國》存活的十年多，因與國民黨當局公開而嚴厲的衝撞，數度面臨關門危機，其中「惹麻煩」的人最多當然是激進的殷海光[2]，但也有數度為夏道平的文章所引起。例如第一次的危機，就是因為夏道平寫的社論《政府不可誘民入罪》。《自

由中國》因為雷震籌組反對黨被捕而最終關門後,夏道平還與殷海光、宋文明一起,在臺灣各報發表聲明,公開自攬言責為雷震脫罪。人們談起殷海光、雷震,幾乎無例外的一定會談到夏道平。林毓生先生在談到殷海光與《自由中國》的時候就曾說:

當時《自由中國》主要的是兩個人,一個是他(指殷海光——何注),一個是他的老朋友,現在也不在了,叫夏道平先生。夏道平先生寫經濟方面的,夏先生是經濟學家。除了經濟以外,政治、文化,什麼道德呀什麼,只要是有力量的社論都是他寫的。夏先生性格跟殷先生不太一樣,但夏先生的堅持跟殷先生完全一樣。那時候的老一代的知識分子,我們提起來就是讓人感動。他倆性格不一樣,殷先生比較激烈,而且是一種英雄式的,可以影響人的,年輕人特別受影響,有一種克里斯瑪,有吸引力,有一種魅力。殷先生有這種人格,有這種光輝,所以他有魅力。不是說故意的,是自然流露的,像我們這種人也不是那麼笨,假的變成真的了,假的一看就看出來了,跟著殷先生的人頭腦都很清楚的嘛,殷先生他是真的,有真的力量,人格的光輝。夏先生不是,夏先生很溫和,也有些影響,不是英雄式的,但是堅持完全一樣。真是了不起,堅持,兩個人的堅持完全一樣,絕對沒有放棄。那真是把生命都放在上面,堅持住,來支持自己的人格,多難啦![3]

《自由中國》共出刊 249 期,社論共有 429 篇,其中夏道平作 116 篇,殷海光撰寫者根據全集收錄是 34 篇,實際應不止此數,像《自由日談真自由》等就沒有收錄。以本名或筆名寫作和翻譯的專文,殷海光要多於夏道平,分別為 70 篇和 24 篇。其他尚有不少短評未計。兩人的文章在類型上,殷海光以理論闡述為主,如《跟著五四的腳步前進》《展開啟蒙運動》《個人為國家之本》《教育部長張其昀的民主觀——君主的民主》《自由民主是反共的活路》《「反共」不是黑暗統治的護符》《共黨為什麼清算「胡適思想」?》《學術教育應獨立於政治》《我對於三民主義的看法和建議》等;夏道平以時事議論為主,如《談做保》《出版法事件的綜合觀》《對政經半月刊事件的觀感》《記者節談穆萬森案件》《修辭立其誠(有感於俞院長在立法院的答覆詞)》《如此司法——「奉命不上訴」》《從行政院改組說到陳院長觀念中的經濟建設》《青年節應當改期》《國營事業轉投資問題的商榷》等。殷海光與夏

道平兩人性格差異很大,論政風格也大相逕庭,一個激進,一個溫和,但正如林毓生先生所說,他們的立場和堅持完全相同。他們的很多文章都擲地有聲,批評的矛頭直指政治當局。

　　《自由中國》關門後,殷海光和夏道平都失去言論舞臺,殷海光回到哲學層面,冷靜思考中國自由主義的政治與文化走向,寫成了《中國文化的展望》、《自由的倫理基礎》等重要論著,為自由主義思想庫增加了理論積澱;夏道平則在經濟學的努力中,系統翻譯了最著名的自由經濟學經典作品,包括米塞斯和海耶克的代表性著作,對經濟自由主義思想的把握,至今兩岸鮮有能出其右者。兩人在大學校園內所做的思想奮鬥,一個著眼於倫理精神、一個著眼於經濟體制,學理不同而精神趨向仍完全一致。正是由於一些像他們一樣的自由主義者的探索、奮鬥、激勵,才有了後來臺灣的政治和社會轉型。遺憾的是,殷海光由於個性上的激憤,在迫害和病痛中,以 50 之年(1969)滿懷遺憾地離開人世,沒有能看到他思想追求的最後成果;而夏道平則以其從容優雅的人生特質,享年 90 歲(1995),在親眼看到臺灣社會質變的現實之後平靜辭世。

二、政治民主、經濟平等——以往中國自由主義者的基本信念

　　1949 年前,民族主義、自由主義、社會主義三大思潮在大陸鼎立,出於思想競爭的需要,彼此之間不免或多或少地互相吸收對方的思想。所以,平等、計劃等社會主義價值不僅為共產黨的意識形態所高舉,也在一定程度上為國民黨集團和自由知識分子所吸收,作為其意識形態的補充。國民黨人有將三民主義中的民生主義解釋為社會主義的傾向,是眾所周知的;自由主義知識分子也存在相當顯著的社會平等、計劃經濟理想。

　　「五四」之際,胡適曾與走向馬克思主義的李大釗展開「問題與主義」論爭,但雙方不滿意資本主義的態度,並無異議;隨後胡適標舉「好政府主義」,又高調主張「有計劃」;在《我們對於西洋近代文明的態度》中,更是公開讚揚社會主義,說「18 世紀的新宗教信條是自由、平等、博愛,19 世紀中葉以後的新宗教信條是社會主義」,稱那些「知道自由競爭的經濟制度不能達到『自由、平等、博愛』的目的」的人是「遠識的人」;在給友人

的信中曾經提出「新自由主義」和「自由的社會主義」等概念[4]，試圖將自由主義的自由精神與社會主義的平等精神嫁接起來。

其他自由派人物信念也基本相似。他們在當代世界資本主義和共產主義兩大現實道路之外，「洞燭此兩大路線的缺點，欲謀所以補偏救弊之道」，丁文江聲稱：「我一方面相信人類的天賦是不平等的，另一方面我相信社會的待遇不可以太相懸殊。不然社會的秩序是不能安寧的。」[5]傅斯年則直言：「百多年來，自由主義雖為人們造成了法律的平等，卻幫助資本主義更形成了經濟的不平等，這是極可恨的。沒有經濟的平等，其他的平等是假的，自由也每不是真的。」[6]

人文學科出身者如此，包括經濟學在內的行為科學出身者亦如此。馬寅初是少數曾經傾向於資本主義的自由主義者之一，但到 30 年代初，也「已覺極端資本主義不能施行於中國，極端共產主義亦不適用」，很快轉向主張「我們應捨短求長，採取第三途徑。即一面作有計劃之生產，一面保留私產制度」。認為「如是，則將來世界無論何種主義戰勝（資本主義或共產主義），中國均可保持經濟調和之狀態」。[7]

大多數自由派人物「對外並不擁護 19 世紀以富欺貧的自由貿易，對內也不支持作為資本主義精髓的自由企業。在政治和文化上自由主義者尊重個人，因而也可說帶了頗濃的個人主義色彩，在經濟上，鑒於貧富懸殊的必然惡果，自由主義者贊成合理的統制，因而社會主義的色彩也不淡」。[8]20 世紀上半葉的中國自由主義對於社會主義的平等精神出於道德熱情而接受，很少警戒意識，有人甚至主張將公有制計劃經濟的蘇聯模式全然採納。他們所拒絕的只是所謂蘇聯的「政治獨裁」。

既要堅持西方的自由民主理念，又要否定西方資本主義的經濟制度，自由主義者便不能不面對這樣一個問題：自由主義與資本主義歷史上密不可分，資本主義不可取，作為資本主義意識形態的自由主義何以立足？中國自由主義者的智慧往往是，運用「別共殊」的方式，將自由主義與資本主義的關聯分開。例如胡適就不同意共產黨的朋友「自由主義是資本主義的政治哲學」的說法，認為「這是歷史上不能成立的話」，不必要「把自由主義硬送給資本主義」。[9]

那一時期的自由主義者更多注意將政治與文化關聯起來,致力於透過啟蒙解決人的思想觀念問題,然後透過思想變革實現政治變革。胡適立志二十年「不談政治」、「不幹政治」,終生注重刊物的作用,起意在此。他們很少思考政治與經濟之間的關係。其對經濟平等的追求,與其說來自實現政治自由的內在邏輯思考,不如說是一種外在的道義的選擇。

當然,近代中國從政治自由角度思考經濟問題而主張自由經濟道路者,並非絕對沒有。[10] 例如 1948 年自英國留學歸來的蔣碩傑,就在《新路週刊》上發表了兩篇闡述自由經濟的文章,其中一篇列舉了堅持自由經濟的兩大理由:其一,從經濟角度看,計劃經濟之下的生產效率趕不上自由經濟。這是因為「在集體計劃經濟之下,層層機關之管制,請示與批示之公文往返,更容易造成生產事業的官僚化」;而且「生產因素既然由中央計劃當局用配給方法分配於各生產單位,則各生產因素未必能頒於其邊際生產力最高之生產機構內」。其二,如果全面實施「計劃經濟」,「生產事業盡屬國營,除極少數自由職業者外,盡屬政府之公務員或僱員。有野心的政府即可利用之以控制全國人事之黜陟。在集體的計劃經濟之下,則一切商品之生產與分配以及生產因素之配布,更無不在政府統制之下。如此龐大的權力如何能防止其不被濫用?」[11] 前者主要站在經濟學的視野裡立論,後者則完全是從政治角度得出的結論。然而,在內戰的隆隆炮聲中,這種聲音顯得十分微弱,遠遠不足以引起思想界的關注。

三、殷海光、夏道平與《自由中國》的政經關係反思

《自由中國》創辦初期,自由與平等關係問題,似乎面臨相當難以處理的局面:中國自由主義者的思想慣性促使他們勢必繼續延續以往兼顧經濟平等的見解;但當時以社會主義相號召的共產黨人已經在大陸建立政權,自由主義者繼續主張社會主義,難以與「反共抗俄」的形勢需要相配合。他們的平等訴求必須處理如何面對大陸社會主義的問題。

對此,雖然價值上多數自由主義者基本沿襲過去的觀點,認為自由主義應該同時追求平等,但針對新的反共形勢,他們特別強調它追求的是「真」

平等——他們說，只有以自由民主為基礎的平等才是真平等，值得堅持；離開自由民主的所謂平等，只是野心家的花招，是「假的社會主義」。

《自由中國》創刊號所載傅斯年《自由與平等》就首開以「真」「假」別平等，他說：「自由」固然有假的，「平等」還有更假的。這裡的「假」已經不是上文「沒有經濟的平等，其他的平等是假的」的「假」，而是將紅色政權下的經濟平等視為假。在他看來，法國革命後的「自由」口號，固然有許多經不起考驗，而「平等」二字到今天更像一種幻想，尤其是蘇聯的制度，表面說是經濟平等，事實上恢復了「中古的階級政權型」的不平等。「在俄國，一個共產黨員，同一個非共產黨黨員，『平等』在那裡？一個政治局的委員，同一個普通共產黨員，平等又在那裡？」[12] 他得出結論：

沒有經濟平等，固然不能達到真正的政治自由，但是沒有政治自由，也絕不能達到社會平等。……在「自由」「平等」不能理想的達到之前，與其要求絕對的「平等」而受了騙，毋寧保持著相當大量的「自由」，而暫時放棄一部分的經濟平等。這樣將來還有奮鬥的餘地。[13]

這裡雖然提出為了避免受「騙」而「暫時放棄一部分的經濟平等」，總體上仍將經濟平等與政治自由並列看待。在《自由中國》第2卷4期，資友仁（「自由人」諧音，疑為筆名）的《由政治民主到經濟平等》，4卷3期高壽昌的《經濟的自由主義》，觀點也非常類似。實際上，《自由中國》早期社論和兩次主題座談會的基調，都是「民族獨立」、「政治民主」、「經濟平等」，這個主旨還以《徵稿簡則》的形式公之於眾。

當然這時也有少數自由主義者注意到國際社會自由主義思潮的變化，尤其是米塞斯、海耶克為代表的古典自由主義的復興——這一派學者，透過經濟學的考察，對自由主義的平等理想作出徹底「反省」，認定平等的實現必然走向自由的反面。《自由中國》2卷1期即譯有米塞斯的文章《社會主義與專制》，同期還載有王聿修的文章《一個自由經濟制度的成就》，根據美國經濟發展和人民生活水準的實際統計數字，將這些成就歸功於美國實行的自由經濟制度，以回應人們對自由經濟制度的批評。[14] 4卷7期更載有歐陽賓的《社會主義的虛妄》一文，認為追求經濟平等，既有害處，又不可能，純屬一種精神烏托邦。「事實已經擺在我們面前，社會主義在經濟上給我們

帶來的是什麼？……第一它必須攫取權力，或漸次取得權力，把民主自由扼殺。第二它造成浪費，效率低落，生產下降與貧窮。」[15]與「別真假」的自由主義者不同，歐陽賓對社會主義的批評直接從非共產主義的英國（即所謂「真正社會主義」）入手。他說，工黨執政以來，社會主義國有化政策「給英國帶來的並不是先前所預期的繁榮，而是匱乏和重稅」；也不是自由主義者所想像的更充分的自由，而是為了充分就業，連擇業自由也被取消，言論自由也受到不少限制。[16]不過，這種少數派意見，在當時的《自由中國》影響力很有限。

不過再往後走，情況開始發生變化。因朝鮮戰爭爆發而開啟的國民黨改造運動，越來越顯示其路線走向是重建威權政治，與《自由中國》作者群的「民主反共」主張背道而馳。到了1951年春，兩蔣與《自由中國》負責人雷震公開發生衝突，原本建立的「反共抗俄」合作關係無法再維持下去了。6月《自由中國》因為臺灣發生保安司令部設局套取巨額利益的事件，發表社論《政府不可誘民入罪》（4卷11期）加以抨擊，可謂調轉槍口的重要標誌，堅持「民主」、反對國民黨獨裁，開始成為《自由中國》的言論主調。《自由中國》不再借用民族、民權、民生這樣的三民主義的論式，開始將全部視線集中到政治民主問題上來，亮出了自由主義的旗幟。1951年底，殷海光在《自由中國》為文推介美國自由主義者宣揚古典自由主義和個人自由的刊物《自由人》，清算了思想中默認的民族主義和社會主義。該文認為《自由人》所提出的「個人必須依其良心底指導而自由行動，這種自由行動以不侵犯別人底相等權利為界限」，道出了「自由底神髓」，又認為該刊所謂「無論什麼地方，只要完全實行社會主義——無論什麼地方政府是唯一的顧主，那麼便不能有經濟自由。一旦經濟自由不存在，便不能有任何種自由」的見解，「道出了所謂社會主義的危險」[17]；1952年6月，殷海光發表自述性文字《我為什麼反共》，公開表明「政治民主」才是自己的核心目標。殷海光將自己反共的理據劃分為三個階段：國共決戰以前是盲從的階段，跟著國民黨喊中共是蘇俄「第五縱隊」；淮海大戰以後，把「經濟平等」與「政治民主」列為同等重要的政治主張，用以反對共方的「不民主」和「假平等」；直到近來，

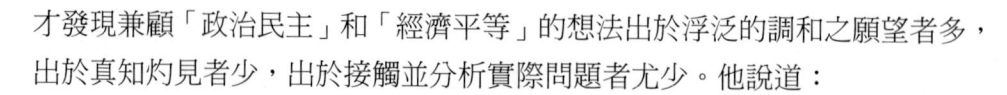

才發現兼顧「政治民主」和「經濟平等」的想法出於浮泛的調和之願望者多，出於真知灼見者少，出於接觸並分析實際問題者尤少。他說道：

> 來臺以後，我比較有機會接觸西方政治哲學，沉思中國近五十年來的政治動亂，益之以現在親身感受到的種種刺激，我才得到一個確定的答案……而向政治民主之路走去。……現在，我步入了第三階段。[18]

為了袪除國民黨當局的全能化、極權化，殷海光不僅表達了明確的態度，而且調動了國際自由主義思想資源。從《自由中國》第 9 卷 5 期起，到第 11 卷 7 期止，殷海光以連載方式將海耶克的名著《到奴役之路》譯介給臺灣社會。

在現代西方自由主義政治哲學的領域中，海耶克是一位極為重要的人物。他在干預主義一時流行整個世界之際，尖銳地指出干預主義理論的謬誤，並對世界廣泛實踐干預主義的前景深感憂慮，1944 年出版《到奴役之路》一書。他警戒世人，「那常使國家變成人間地獄者，正是人想把國家變成天國之一念」[19]，通往地獄之路，常由鮮花舖設，如果人類放棄自由主義的精神，想憑著良好的嚮往平等的意願，自以為是地去計劃、設計社會，必將把人類引向深淵。海耶克所反對的，不僅是極權主義，也包括福利主義；不僅是共產黨領導的政權下的計劃經濟，也包括西方社會採行的凱因斯式的國家干預。海耶克的思想在 40 年代備受打壓，但到了 50 年代，冷戰格局形成，終於有了越來越大的影響，成為西方攻擊東方的主要理論武器之一。

殷海光刻意譯述海耶克的《到奴役之路》，當然旨在促成更多的人，從所謂平等的「迷思」中覺醒。應該說，殷海光對海耶克的譯介，確實引起了不少人的深思和檢討，包括胡適等老一代自由主義者在內。

1954 年 3 月，胡適回到臺灣，在「自由中國社」歡迎茶會上發表演講，就從殷海光翻譯《到奴役之路》說起。他說殷譯《到奴役之路》「可以表示在臺灣有很多的言論自由」，因為「現在臺灣的經濟，大部分都是國營的經濟，從理論與事實上來說，像海耶克這種理論，可以說是很不中聽的」。[20]

胡適特別提出海耶克著作中最突出的「社會主義」問題來討論，認為對此問題的覺悟，是自由主義反省的一個大方向；而以殷海光為代表，開始朝

向這個方向，實為一種思想的進步，一種好現象；這種進步，不是個別人的，是時代環境刺激下的一種整體趨向。他公開懺悔自己曾經在 1926 年發表的《我們對於西洋近代文明的態度》裡所說的歌頌社會主義的話，是「在那時與許多知識分子所同犯的錯誤」。鑒於此，他進一步呼籲：「大家不妨再提倡公開討論：我們走的還是到自由之路，還是到奴役之路？這是一個很重要的問題。……不但是在現在臺灣的情況下如此；就是將來回到大陸上，我們也應該想想，是不是一切經濟都要靠政府的一般官吏替我們計劃？還是靠我們老百姓人自己勤儉起家？」[21]

胡適的自我「洗腦」，並不是一時的心血來潮。他說：「這種在思想上根本的改變，我們不能不歸功於三十七年來世界上這幾個大的社會主義實驗的失敗，使我們引起覺悟。」所謂「這幾個大的社會主義實驗」，一個指極右的國家社會主義（德意路線），一個指所謂「極左的」共產社會主義（蘇俄路線），一個指溫和的民主社會主義（西方工黨路線），「極左的、與極右的社會主義，拿國家極大的權力來為社會主義作實驗；而兩種實驗的結果都走到非用奴役、集中營，非用政治犯、強迫勞工，非用極端的獨裁，沒有方法維持他的政權」，可見是「失敗」的。至於西方民主國家的民主社會主義溫和路線，實踐證明也是失敗的。「在這幾年來，老牌的社會主義國家如澳洲、紐西蘭等，都相繼的拋棄了社會主義。兩年前英國的勞工黨自選舉失敗後，也離開了社會主義。」正是這些事實，讓曾經歌頌過社會主義、提倡過「自由的社會主義」的胡適們，感覺到「現在拋棄社會主義而歸向資本主義的趨勢是一個很普遍的趨勢」[22]。

從殷海光的轉變到胡適的懺悔，可以看出《自由中國》的新老自由主義者，都在修正中國自由主義思想中的「社會主義」傾向，關注「平等」價值與「自由」價值之間存在衝突的一面。在反省中他們強調為了貫徹自由人權，對於平等要有充分的警惕性；經濟自由是一切自由權利的前提，也是自由權利的一部分。

胡適、殷海光都是哲學學科出身，對經濟學並不太懂。夏道平與他們專業背景有所不同。夏道平不僅曾有系統的經濟學訓練，而且 30 年代初他在武漢大學經濟系就讀時，曾透過任凱南和楊端六兩位教授接觸到自由經濟理論。

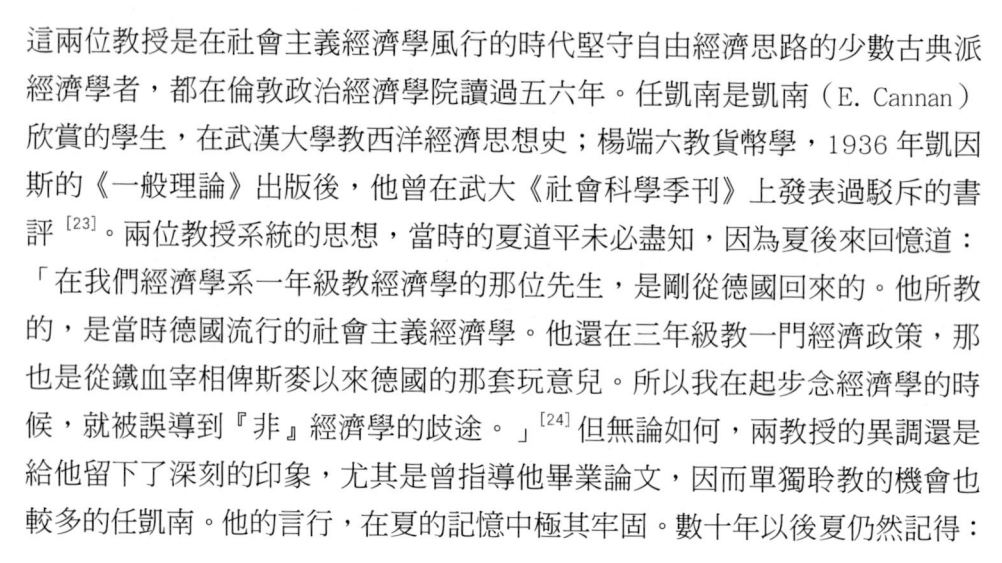

這兩位教授是在社會主義經濟學風行的時代堅守自由經濟思路的少數古典派經濟學者，都在倫敦政治經濟學院讀過五六年。任凱南是凱南（E. Cannan）欣賞的學生，在武漢大學教西洋經濟思想史；楊端六教貨幣學，1936年凱因斯的《一般理論》出版後，他曾在武大《社會科學季刊》上發表過駁斥的書評[23]。兩位教授系統的思想，當時的夏道平未必盡知，因為夏後來回憶道：「在我們經濟學系一年級教經濟學的那位先生，是剛從德國回來的。他所教的，是當時德國流行的社會主義經濟學。他還在三年級教一門經濟政策，那也是從鐵血宰相俾斯麥以來德國的那套玩意兒。所以我在起步念經濟學的時候，就被誤導到『非』經濟學的歧途。」[24]但無論如何，兩教授的異調還是給他留下了深刻的印象，尤其是曾指導他畢業論文，因而單獨聆教的機會也較多的任凱南。他的言行，在夏的記憶中極其牢固。數十年以後夏仍然記得：

在第三學年開始上課的某一天，任老師以系主任的身分帶一位新來教統計學的先生進到我們教室，在任老師講完幾句介紹話以後，那位留美的年輕碩士在滔滔的演講中，扯到當時美國時髦的制度學派而大「蓋」一陣。他講完後，任老師在臨走時的講話中又簡短地以他一向結巴巴的詞句，在微笑中著力點了一句：制度學派不過是德國歷史學派的後代。這句話，我當時不懂其中的含義。到後來念經濟思想史的時候，從奧國學派與德國歷史學派的方法論的爭辨中，我才領悟到任老師那句話透露了他自己的經濟思路。[25]

任、楊兩教授的初步啟示，雖然沒有當即型塑出夏道平的自由經濟信仰，卻為他種下了反思經濟問題的種子。在《自由中國》出現整體反思跡象之際，夏道平受到殷海光等幾位夥伴的激勵和啟導[26]，很自然地復活了這顆種子。這就是他自己所說的：「我得到任、楊兩老師的初步啟示後，再經過二十多年又有幸接觸到米塞斯和海耶克的論著而篤定成為海耶克的追隨者。」[27]

那篇出自夏道平手筆的著名社論《政府不可誘民入罪》，已經有了警惕政府過度干預經濟的意識，接觸到米塞斯和海耶克的論著後，他對自由主義經濟學說的研究興趣迅速提升。他撰寫的社論《關於私人投資問題》、《民營事業的使命》等，就都浸透著自由經濟的思想，宣示「對於政治經濟問題，我們一向有些堅定不移的信念。其中，我們認為：政治民主是要以經濟自由為基礎的」[28]。1957年的上半年，在美國的校友詹紹啟知道他對自由經濟理

論有興趣，寄給他一本載有米塞斯《反資本主義心理》摘要的英文雜誌，夏道平於 1957 年 1 月和 2 月分四期（16 卷 1-4 期）將其連續譯介於《自由中國》，不久又將全書譯出由「自由中國社」出版。這本小冊子雖不是米塞斯的思想精華所在，但卻極為通俗易讀地將各種各類反對自由市場主義的學說，逐一加以批駁，力倡透過經濟自由通往政治自由。夏道平的此一譯作是繼殷海光譯述海耶克《到奴役之路》之後，介紹古典自由主義經典理論的又一重大舉措，取到了鞏固人們自由經濟信念的作用，也成為他日後系統譯介西方自由經濟理論經典著作的起點。

四、《自由中國》整體認知基調的轉變

在殷海光、夏道平等人的共同努力之下，原本在經濟平等與經濟自由的認識上並不一致的《自由中國》作者群，認知逐步趨於整合。例如：

雷震在《自由中國》五週年的慶祝文章裡，專門談到「鼓勵自由經濟的制度」。之所以贊成採用自由經濟，他提出了兩個理由：

一、我們認為一個國家的經濟制度，唯有採用自由企業的方法，才能達到民主自由之路。……任何社會主義，如果他是要把所有的生產工具一齊收歸國家，那種社會主義就是奴隸制度之別名。

二、我們認為要發展經濟事業，必須賴有「自由競爭」的衝擊乃可有成。在經濟生活方面，我們萬萬不可忽視人類的「利己欲」。公營事業往往不能與私營企業競爭者，就是這種利己欲在作怪。……這是天生的缺點，誰也無法克服。[29]

鑒於此，雷震認為「中國（指臺灣——作者）之經濟事業，除重工業、公用事業、獨占事業和軍需工業等得許可其公營外，其他所有生產事業概歸私人經營，國家只負指導及監督之責」。私人企業可能發生之弊病，政府應用立法或用其他方法以防止之，糾正之。根據這個觀點，他要求當時國民黨政府儘量縮減公營事業的範圍，「愈小而愈好」。這跟他原來認定社會主義是近代文明的重大特徵，已經明顯不可同日而語。

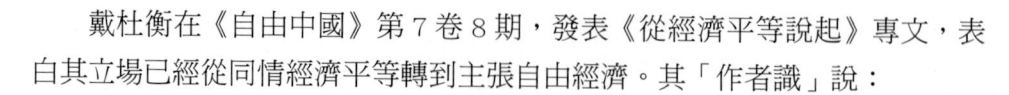

戴杜衡在《自由中國》第 7 卷 8 期，發表《從經濟平等說起》專文，表白其立場已經從同情經濟平等轉到主張自由經濟。其「作者識」說：

今日最使人們困惱的，是經濟問題。政治上的民主與反民主，至少在理論上是涇渭分明，而經濟上的自由與反自由，則糾纏混攪，一般都莫知所從。……我近年雖頗致力於此問題之探討，但不敢自信已達「不惑」之境。……我是主張自由經濟的，我是要站在自由經濟的立場，說明反自由主義經濟理論之非，以及根據於此種理論的行動之無當。反自由主義理論，包含共產主義、社會主義、計劃經濟、統制經濟、及各種各樣的干涉主義。它們之間，論點是不齊的，但常常聯合起來打擊自由主義。……[30]

從文前的這則自白，可以看出：戴氏「頗致力於」經濟自由問題的探討，恰是「近年」的事；其思想資源也與歐美學者「新的理論」有關；其新的立場「是主張自由經濟的」。

傅斯年在《自由中國》與政治當局路線矛盾公開化之前已辭世，沒有趕上這股反思潮。但過去跟他一樣關注「真正」社會主義的實現，堅持認為「先有了政治民主，日後必然能達成經濟平等」的「資友仁」，在《自由中國》第 6 卷第 5 期發表翻譯文章《自由經濟的成就——美國經濟現狀》，對自由經濟開始傾心謳歌。

王聿修過去曾用美國的事實肯定自由經濟的成就，這時更自信地用東歐國家的事實，破除人們對社會主義的「幻想」[31]。談到平等，他更直接地表示，經濟上絕對的平等是沒有的，即使相對的平等，也不可能透過社會主義來落實。他說，社會主義者的用心也許是好的，但他們未能認識到「國有、國營」並不能普遍改進大眾的生活，甚至事實上這二者竟彼此毫不相干。在經濟活動由國家經營之下，沒有了競爭，沒有了進取心，沒有了效率，沒有了個人創造力。結果是生產低落，人民普遍受窮；人民活動的範圍日狹，漸漸失去了自由。「社會主義的計劃經濟，是與民主自由根本衝突的，因為計劃就是統制。」他認為，只有自由經濟才能逐漸使人民經濟生活和社會生活趨向平等（只要不在絕對的意義上理解平等）[32]。

這一時期，周德偉出版論著《經濟政策與經濟學理》，系統闡述其自由經濟主張，並受到殷海光的熱情推介。在回應殷海光對其的評介時，周德偉感嘆：「作者十餘年來主張自由，創發，及人格尊嚴，很少得到共鳴，甚至只換來不識時務的嘲笑」；「若干人一面口頭上力爭政治自由，另一面又否定經濟自由，甚至歌頌毀滅自由的計劃經濟，很少意識到放棄經濟自由後之嚴重後果。狡黠者更利用統制或計劃來謀私利，許多人被其利用而不自覺。」[33] 因此，對於殷海光的評介，頗有知遇之感。

總之，《自由中國》同人在時代環境的刺激下，最終殊途同歸，達成共識——走自由經濟之路。

五、「理知的自由主義」

《自由中國》在國民黨「改造」後的反省，並沒有直接否認平等的重要性，也不等於完全放棄平等的理想，但實際上平等已經處在懸而不論（或者乾脆說經濟自由最終可以達到經濟平等的目標）的狀態。這跟該刊初期固然差別甚大，與20世紀上半葉的中國自由主義，也已經特別不同。不過，這種轉向對於不同學術背景的自由主義者，意義並不相同。就殷海光和夏道平這兩支健筆來說，殷海光較多取其消極方面的意義，即打消自己過去的政治民主與經濟平等齊頭並進的幻想；夏道平較多取其積極方面的意義，即正面闡發經濟自由對政治自由的推動。

前文已述，對經濟自由問題，1951年底發表的《自由人》書評，開始有所觸動，1953年接觸到海耶克《到奴役之路》，更恍然大悟，「一個人的飯碗被強有力者抓住了，哪裡還有自由可言？」[34] 此後不再追求經濟平等。不過，殷海光對經濟學背景所知寥寥，並不深諳自由經濟的基本特性及其功能。他為實現自由主義的政治和社會目標，主要努力的方向還是在他所熟悉的文化、哲學領域。在《自由中國》時期，他非常崇信羅素的經驗論，也很認同張佛泉「自由即人權」的主張，力主以這些理念為核心開展新的「啟蒙運動」，以「跟著五四的腳步前進」；在《自由中國》結束後，他在書齋所熱衷的仍然是文化問題。波普的《開放的社會及其敵人》和海耶克的《自由的憲章》這些人文類著作成為他的案頭書，他後期的一部最主要的著作是《中國文化

的展望》，一篇最主要的論文是《自由的倫理基礎》，生命最後所關心的問題是「自由主義與中國傳統如何結合」。可見，殷海光對於政治與經濟關係問題的思考，處於醒悟即止的狀態。

夏道平則不同。《自由中國》時期他對於政治與經濟關係的思考，不僅將自己大學畢業後無暇深究的問題來了一個釐清，而且，成為其後半生人生事業、思想奮鬥的起點。《自由中國》結束之後，夏道平先後在多所大學任教，「教」書之餘他更醉心於「讀」書——細讀精譯世界著名自由經濟經典著作。米塞斯用英文寫的書有六本，他譯出了三本，除《反資本主義的心理》（後改名《反資本主義的心境》），另兩本是《經濟學的最後基礎》和《人的行為》。《人的行為》這本書有 80 多萬字，是米塞斯理論體系的代表作。同時他又認真研讀海耶克，譯出海耶克三本論文集中最精彩的一本《個人主義與經濟秩序》。不屬奧國學派，但同樣屬於自由經濟理論的德國另類經濟學家洛卜克的著作《自由社會的經濟學》，也進入他的視野，被他翻譯過來出版。數百萬字的自由經濟學經典著作的移譯，不僅是國人中的首創，也強化了他自身對自由主義的理解。他自稱：「譯了這五本名著以後，我更深切地、更周延地理解理知的自由主義，而篤定了我的理念。」[35]

夏道平將他後半生所獻身的自由經濟理論稱為「理知的自由主義」，一方面是要與「經濟工程師」層次上的經濟學相區別，標明真正的經濟學應該是與民主憲政自覺聯繫起來的「人」的學說；另一方面，也是要跟殷海光、張佛泉等人的努力路徑相區別。他回省《自由中國》時雖然殷海光、張佛泉二人勤於自由理論的鑽研，手不釋卷，但「海光當時所崇拜的羅素是浪漫的自由主義者。佛泉在他的《自由與人權》所講的自由是類同杜威的積極性自由主義。都與米塞斯、海耶克他們的理知的自由主義大不相同」。[36]

其實殷海光在後期也在追求「理知的自由主義」。在《中國文化的展望》裡，他不僅借鑑海耶克的《自由的憲章》來修正自己浪漫的自由民主觀，而且徵引波普開放社會理論中提出的自由主義八原則[37]，說這八大原則，可以看作「理知的自由主義」的主要內涵。著作出版後，在對許倬雲的答辯書中，殷海光進一步指海耶克、波普的無知論加深了他「對理知的自由主義的蘊懷」[38]。不過，在夏道平看來，殷海光自始至終離海耶克「理知的自由主義」尚

遠,「照我的看法,殷先生心智的努力,確確實實是勤勤懇懇要做到他自己所常說的理知的自由主義者。可是他有個不自覺的內在傾向,卻更接近笛卡兒的唯理主義」。[39] 這個評估夏曾親口對殷講過,殷坦承他的氣質與思想的不契合。

夏道平終身感念與殷海光、張佛泉共同研討自由理論的日子,也頗為自己後來終於能夠進入理知的自由主義而欣慰。他說:

《自由中國》是一政論性的刊物。我在它的十一年生命期中,一面撰稿,一面不斷地在充實自己論政的知識,特別是對於自由理論的鑽研更起勁。這也得助於同在《自由中國》撰稿的張佛泉和殷海光兩位先生。他們兩位努力治學的精神和其路線,在不同的角度、不同的層次,對於我有不少的激勵和啟示。張先生的專業是政治學。他的《自由與人權》那本大著是在那時完稿出版的。在這本書中他著力闡述的自由,與我後來所探索的自由哲學源流雖不完全一樣,但其中有許多啟發性的旁通處。張先生後來離開臺北到東海大學教書,最後又遠走美國、加拿大,再也沒有當面切磋的機會了。殷先生是羅素哲學和邏輯實證論的專家。他一向信奉的自由與他後來有興趣研索的海耶克的自由理念也不一樣。海耶克是先從經濟學領域超越到自由哲學的層面。我是學經濟學出身的,當然較易於接近海耶克。張、殷、和我三人,雖然所學不同,但對於自由理論的鑽研,卻具有同樣熾烈的熱情。這是因為我們處在這個時代親身體驗到種種反自由的政權為害之深而燃起的。[40]

《自由中國》結束以後,夏道平與殷海光見面長談的時候,比以前更多。可惜殷海光很早病逝。殷海光去世那年,曾在倫敦經濟學院親炙海耶克、做官而不忘學問的經濟學家周德偉從政界(關務署長)退休,成為繼殷之後與夏「可談學問思想問題的」人。他們每週要面談一兩次,這對夏道平的「理知」之路是大有幫助的。夏道平經由漫長、曲折、而又崎嶇的過程,以及在這過程中遇到的幾位夥伴的激勵和啟導,終於堅定走上自由經濟的思路,「覺得舒坦而愉快」。

如果我們一定要給殷海光、夏道平兩位《自由中國》的健筆,戴上一個學術的桂冠,那麼殷海光可以稱作「自由主義的政治文化學家」,夏道平則是「自由主義的政治經濟學家」。他們為自由主義而做的思想奮鬥,理路並

不相同，卻各有建樹，各有貢獻。這似乎也昭示著自由主義的政治目標，可以由不同方向分進合擊而達成。除了文化的、經濟的思路之外，雷震式的政治思路、林毓生所主張的社會思路，似乎都有其奮鬥的空間。

而就自由主義奮鬥的政治經濟關係來說，無論《自由中國》的反思是消極面的還是積極面的，無論《自由中國》的反思是否代表了自由與平等思想的「終結」[41]，「沒有經濟自由就沒有政治自由」這個意涵的揭示，從中國近代思想史的角度觀察，都具有里程碑式的意義。

第二節 夏道平對自由市場經濟的證成[42]

一、漫長的探索

夏道平以傳播自由市場經濟理念而聞名，但早期他卻並沒有那麼堅定的自由市場經濟理念。

他就讀武漢大學時，正值 1929～1933 年資本主義世界全面經濟危機和蘇聯計劃經濟第一個五年計劃的成功，國內正盛行計劃經濟、統制經濟的論調，「在我們經濟學系一年級教經濟學的那位先生，是剛從德國回來的。他所教的，是當時德國流行的社會主義經濟學。……所以我在起步念經濟學的時候，就被誤導到『非』經濟學的歧途。」[43] 後來任凱南等幾位教授從倫敦經濟學院回來教課，才使他對自由市場經濟的理念有所瞭解，沒有「深深地走進」那個德國式統制經濟的「歧途」。但當時他還沒有達到在理知上認同自由市場經濟的程度。

擔任國民參政會經濟建設策進會研究室主任工作，雖然使夏道平對於當時經濟管制的流弊，增加了一些實際的認知，但對於經濟管制本身之必然性經濟後果，仍然沒有理論上的理解。

直到成為《自由中國》主筆，當《自由中國》漸漸轉變成批評國民黨當局的「反對」刊物時，夏道平終於開始自覺思考經濟自由問題。

《自由中國》為了批評國民黨的獨裁政策，從第 9 卷 5 期到第 11 卷 7 期連載過另一主筆殷海光譯述的當代著名經濟學家海耶克著作《到奴役之

路》，激發人們反思自由政治與自由經濟的關係。夏道平是學經濟學出身的，當然較易於接近奧地利經濟學派的自由市場經濟著作。在撰寫那篇曾引發臺灣政治地震的社論《政府不可誘民入罪》時，他已經透過社會現實萌生了比較明確的警惕「政府」過度干預經濟的意識；翻譯介紹米塞斯的《反資本主義心理》摘要後，這種意識越來越明朗。《自由中國》停刊後，夏道平系統翻譯自由經濟經典著作，不僅自我思想的確定，而且成為臺灣公認的「自由經濟的傳道者」[44]。

夏道平在他的自選集《自由經濟的思路》自序中說，自由經濟的思路是他「在一生的變亂中，東碰西撞，五花八門的摸索，終於走上的一條思路」，「我雖是武漢大學經濟學系畢業的，而且還在經濟學系當過幾年助教，但就自由經濟思路而言，我是半路出家的。在半路中的一些遇合和遭受，有的是從正面幫助我走上這條思路，有的是從反面啟發我堅持這一走向」。走上這條思路，過程漫長、曲折、崎嶇，「不是在學院裡面寧靜地探索到的」。[45]臺灣學者熊自健認為，周德偉、殷海光、夏道平等人之所以越來越崇信自由市場經濟理論，與其說是知識使然，不如說是社會歷史使然。左的社會主義計劃經濟，右的法西斯主義統制經濟，都給社會發展造成不利的後果，他們認為奧地利經濟學家所開闢的自由市場經濟理論，是規避文明惡果的明智出路。[46]

夏道平在接引米塞斯、海耶克的過程中，經過他的消化和理解，他完成了在他很早開始接觸但不曾有能力完成的對市場經濟的證成。

二、經濟學的方法和心態

夏道平對市場經濟的證成是從對現實中存在的計劃經濟和統制經濟的檢討開始的。計劃經濟和統制經濟在近代中國思想界有著廣泛的信仰者和同情者，內戰後計劃經濟的經濟體制在大陸實行，而臺灣事實上存在濃厚的統制經濟的影子。

計劃經濟在夏道平的用語中常與「社會主義」互用，統制經濟在夏道平的思想中則主要是與法西斯主義相聯繫的一種國家資本主義經濟形態。在夏道平看來，雖然計劃經濟和統制經濟在具體方法上存在差異，但有一點是共

同的：那就是「科學主義」的虛妄和「經濟工程師」的心態。它們都有一個基本的預設，即科學可以解決一切問題，不僅可以解決自然界的問題，而且可以解決人類社會的一切問題，經濟的問題也可以透過科學方法的運用得到完滿的解決。由於對科學主義虛妄的迷信，他們進而相信社會經濟活動不過是一個可以控制的「工程」，可以由工程師一手操作，達到最優化、最理想、最高效的境界。

夏道平認為，形形色色的計劃和統制經濟所賴以預設的「科學方法」都是沒有根據的。經濟學屬於社會科學，社會科學與自然科學具有不同的特質。自然科學的對象是客觀的，物質世界不具有能動性；社會科學的對象則充滿主觀性，人類的行為總是有目的、有價值判斷的。「主觀的與客觀的，就自然科學者來看，是個比較簡單的區別。前者是指人們的見解或信念，後者是指外在的事實。但這個簡單的區別，不能輕易地用在社會科學方面。因為作為社會科學之對象的『事實』，也包括一些見解——這裡所說的見解，當然不是社會現象的研究者本人的見解，而是社會現象所賴以產生的那些行為者的見解。在這種意義下，社會科學者所處理的也和自然科學者所處理的一樣，都是客觀的事實，因為它們都是不受某個觀察者或研究者的影響而獨立存在的。可是在另一種意義下，社會科學所研究的事實，其本身可能是一些見解。是我們所研討的那些行為的行為者的見解。」[47] 簡言之，經濟學是人的行為學之一部分。經濟學家所必須瞭解的「人」，與生物學家或動物學家心目中的「人」不一樣。經濟學家雖也知道「人」具有一般動物的慾望、衝動和本能的反應，但更重要的，是「人」還具有異於禽獸的意志、理念和邏輯思考。這是人之所以為人的一大特徵。經濟問題不同於自然世界的問題，科學也許可以藉以觀察某種經濟現象，卻不足以依此「設計」整個的社會經濟活動。

經濟學的對象既不同於自然科學，自然科學的方法（簡稱「科學方法」）自不能機械地適用於經濟學。夏道平觀察到近代自然科學愈來愈令人驚服的成就，常常給人以科學方法萬能的印象，「於是熱心於社會改良者，急於事功，為求速效，對於社會問題，尤其是對於經濟問題的研究與解決，也一律訴之於科學方法」。[48] 這種情形在他看來正是非科學的。他借用海耶克的說法，稱持這種意見的人為「科學迷」（Scientism）。他說，「科學迷對於經

濟問題的探討與解決,並不是無能為力,而是它能為大害。」[49] 其中為害之一,就是工程師心態在經濟學和經濟制度中之泛濫。工程師在他所從事的某個特定的小世界裡有完全的控制力,若在社會組織中謀求工程師式的控制,則超出控制者能力的範圍,勢必釀成災難。遺憾的是,社會上這種「工程師心態」十分流行,不僅有了所謂「社會工程師」、「政治工程師」這一類的時髦稱謂,乃至於蘇俄的藝術家竟以史達林所賜的「靈魂工程師」這一封號而感到驕傲。計劃經濟或統制經濟的潮流,正是科學迷與工程師心理狀態的泛濫的結果,它表面上依從「科學」,實際上卻完全違背經濟運動自身的原則。

三、經濟學的出發點

夏道平說,經濟運動首先是人的行為。人的行為固然離不開他人和社會整體,但目的和價值判斷的確定總是個人性的。「人」,活生生有血有肉一個一個的人,是經濟學家討論經濟問題的起點,也是著落的終點。人有慾望,且人的慾望會自我繁殖,而其滿足卻要受到外在的種種限制。於是在求滿足的過程中,他不得不有所選擇。選擇,是出於不得已;選擇什麼,則又力求自由。這就是說:人,並非生而自由的,但具有爭取自由的本性。由於人性中有如此特徵,所以在漫長的演進過程中,漸漸學會了爭取個人自由的適當方法,這個方法是要不妨害別人也可同樣爭取他的自由,否則終會妨害到自己的自由。這種個人在自覺的互動中,形成了分工合作、日益擴大的經濟社會。[50] 個人行為無不涉及目的、價值問題,在經濟活動中,這些目的、價值與他們的經濟自主性密切相關,經濟學之所以不能以「工程師」的心態求得解決,就因為任何經濟工程師都不能深入到每一個人的內心。

以個人為出發點來考慮經濟和社會問題的思想方法,夏道平稱之為個人主義(individualism)。他認為集體主義往往只是社會的手段和過程,個人主義才是社會的真實起點。在基本意義上,「集體主義是個人主義的死對頭」。[51] individualism 一詞,臺灣經濟學家周德偉為了避免通俗的誤解而譯作「個別論」和「個體主義」,不用「個人主義」。夏道平主張仍譯作「個人主義」,他的理由,見之於所譯海耶克的《個人主義與經濟秩序》一書的譯者序:「⋯⋯英文 individualism 這個字在中國向來是譯作『個人主義』。這個名詞,

由於反對者的故意歪述,也由於贊成者的膚淺傳播,更由於不經心者的誤解,以致被濫用得不成樣子。所以有些人為避免這些混淆的困擾,特意把原譯的『個人主義』改譯為『個體主義』。有個時期,我也同意這一改譯而使用它,近年來我又覺得我們不應當放棄那個原譯名,因為原譯名當中被改掉的那個『人』字太重要,太重要。個人自由,只有在個人主義哲學作理論的支持下,才有真實的意義,才可使我們不致被奴役到像馬戲團的猴子那樣。如果我們深信這一點,我們就得特別重視這個『人』字,而不要為避免庸俗的誤解,或懾於眾口的汙蔑而輕輕地把它換掉。」[52]

夏道平指出,個人主義與集體主義對立,也就是與「社會主義」對立。他認為通常將資本主義與社會主義對稱是錯誤的,社會主義的對稱只能是個人主義,資本主義的本意為「迂迴生產的經濟」,在這個意義下,如今所有社會主義邦國,不僅是資本主義,而且是高度的資本主義。所以「邏輯地講,與資本主義經濟相對的,不是社會主義經濟,而是原始型的穴居野處,茹毛飲血,不用任何生產工具,只憑雙手雙足謀生活的那種經濟」。[53]那麼,通常意義上的「資本主義經濟」實際上指的什麼呢?「資本主義」這個名詞,被馬克思用以概括工業革命初期一切可惡的現象,作為攻擊的總目標,此後,在一般人的心目中就成為剝削制度的代名詞。但實際上,資本主義只是一種「自由經濟」或「市場經濟」的經濟秩序。他提出與「市場經濟」相對應的應為「官署經濟」(Bureau Economy)。「官署經濟」屬於社會主義的範疇,「市場經濟」屬於個人主義的範疇。

四、兩種秩序

在夏道平看來,官署是一種秩序,市場也是一種秩序,但官署的秩序應該以政治性功能為主,經濟的秩序不能離開市場的基礎作用。如果使經濟官署化,則勢必造成秩序的錯位。他說,政府權力所形成的社會秩序與市場形成的經濟秩序截然不同,前者是設計作成的(簡稱做成的社會秩序),後者是自生自長的(簡稱長成的社會秩序)。「作成的社會秩序是必要的,我們沒有任何健全的理由否定它的功能。但是,同樣必要,而且現代文明所賴以擴展,而其內容所賴以豐富的,畢竟是長成的社會秩序。」[54]這裡所說的「長成」或「自生自長」,其意義與生物學上所講的「成長」完全不同。長成的

社會秩序,畢竟還是「人」的行為組成。離開「人」就無所謂社會。但是長成的社會秩序雖由人的行為組成,每個人只就他自己直接接觸到的環境而調整他的行為。各人主觀的願望不同,各有其不同的行為目的。儘管他們全體行為的「總」結果湊成了這種秩序,而這個總結果並不是他們行為時所預期的或有意追求的目的。換言之,「這種秩序不是由特定的某人或特定的某些人設計造成的,而是在大家不知不覺中呈現出來」。[55]做成的社會秩序僅憑感官就可覺察,長成的社會秩序則不能。

市場秩序屬於長成的社會秩序,它與人性相吻合,應該是人類經濟活動最基本的秩序。其功用遠遠不止於一般經濟學者所說的「經由市場供需法則所形成的價格體系之指引,生產資源會用在最有效率的途徑」。它的妙處,包括「各分子的行為目的雖不同,而不礙於他們的協作」,「行為目的不同或相反的人們,彼此間不僅不成為敵人,而且成為實質上互助的朋友」等。[56]基於當事人既有的知識和對未來的期望,市場秩序處在不斷調整之中。其間雖不免有些人失望,乃至受到嚴重的損失,但這個代價既無大害而且有益。「無大害,是因為它不會長久固著在某些特定的人身上。有益,是因為它有激勵的作用。激勵來自正反兩方面,也即利潤與虧損。」[57]總體上,各人的行為相激相蕩,行為的目的相反相成,會使秩序趨向於一種動態的平衡。

市場經濟不是什麼偉大人物的精心設計,它是從芸芸眾生個別行為的互動中慢慢自然形成的。人類社會之形成與擴大,是由於人的自覺行為之互動。「互動」之「互」字顯示出主詞的「人」是指的多數人,而且多到說不出他們是誰何;絕不是少許幾個人,更不是像孟軻所稱為「獨夫」那樣的一個人。其互動也,是各在其獨特的環境,各憑其獨特的零碎知識而行為,而互動。絕不是靠少數人或一個人的設計、規劃、指揮或命令而組織成的所謂「團隊」行為。非團隊行為的行為不僅未造成混亂,反面是分工合作的社會所賴以達成、所賴以擴大的基礎。用亞當・史密斯的話講,這是「無形之手」的作用;用海耶克的話講,是「長成的社會秩序」。

夏道平指出,重視「無形之手」,並不意含排斥「有形之手」:尊重「長成的社會秩序」,並不意含排斥「法制的社會秩序」。我們用「重視」、「尊重」這些字眼,是要強調有形之手不應牽制或阻礙「無形之手」的運作,只

能為其去礙，使其運作順暢無阻；是要強調法制的社會秩序不應干擾或攪亂長成的社會秩序，只在提供一個有利於後者得以保持活力而無僵化之虞的架構。市場秩序的存在和運作，當然要靠做成的秩序來維護來輔助，但不容許後者的強制力任意侵入干擾，甚至取代。否則輕而言之搞得市場秩序大混亂；重而言之，會斲傷整個經濟的活力。因此，社會經濟的運行應務求自由化，經濟自由化就是「現存的繁瑣的經濟管制之逐步解除」[58]。這種經濟秩序，是以私有財產權為基礎；生產與分配則由市場運作，透過價格體系來決定；政府的經濟功能，只限於提供某些必要的法制架構，使市場能自由順暢地運作而不加干擾。

五、市場經濟的人文價值

夏道平同時看到，市場經濟和其個人主義方法論，還預設了一個重要的人文觀念，那就是尊重個人尊嚴，個人自由的價值。主張每一個人有其人格尊嚴與自由，是目的，不可作為別人的手段。國家的存在是為了保障個人的自由、生命、財產，國家以其獨占強制力防範個人侵犯他人自由、生命、財產，但須以法律限制其行使與濫用。

這種價值在各種計劃經濟、平等經濟的理論中，是被排斥的。各種名目的計劃經濟和統制經濟，共同的特點，在於以衙署命令替代市場機制，以所謂社會正義替代利潤的誘因，生產手段國有，分配、交換，也直接置之於一個中央統制之下。其結果，秩序的錯位導致「走向奴役之路」。真的個人主義，從來沒有講到所謂經濟平等。經濟平等這一構想，如果要不違背個人主義的基本精神，平等一詞，必須另加詮釋。

那麼，何以那些詆毀自由的經濟形態會被很多人接受而大行其道？夏道平認為這或與社會成員對於「責任」的逃避有關，或與他們對於自由的意義瞭解不透徹有關。

自由與責任是不可分的。自由不僅是意味個人有選擇的機會，也意味著個人要為選擇而煩心。因為一個自由人必須對自己的行為後果負責任，而接受成敗的利害或榮辱。「確有許多人怕負責任；責任與自由不可分，因而他們也就怕自由，願意犧牲自由以過一種被庇護的生活。」[59]於是，「社會安

全」這個模糊的概念以及隨之而來的強制性的、全面的社會保險被廣泛地接受。

不少人承認自由重要,但認為生活的安定更重要。他們為了大多數人所迫切要求的經濟平等,寧可犧牲現實上只有少數人所能利用的自由。他們不瞭解,「少數人所能利用的自由完結了,大多數人的災難更因之而加深」。[60]

夏道平說,沒有安定的生活何貴乎有自由這種想法,在某一限度以內是對的。但是,如果不設定一個限度而是把安全視為絕對的重要,那就涉及兩個嚴重的問題。一個是屬於價值方面的,一個是屬於認知方面的。他引用費力浦斯(H.B. Phillips)的說法指出:從價值方面看,自由是值得追求的,「歷史上不斷的有些演說家和詩人熱烈地讚美自由」;而從認知方面看,離開了自由,文明的進步便受到阻礙,「在一個進步的社會,對於自由的任何限制,都會減少可被嘗試的事物,因而減低進步的速率。進步的社會之所以讓個人有行動自由,並不是因為自由給他更大的滿足,而是因為讓他有了自由,則其淨結果是我們其餘的人都享受到他更好的服務,比我們所知道的在任何法令下所能給予的更好」。[61]他又引用海耶克的說法:「我從自由所得到的利益,大部分是別人利用自由的結果,而別人對於自由的利用,大部分是我所無法利用的。所以,對於我而言,自由之所以最重要,並不一定是我自己所能利用的自由。我們可以確定地說,有些人可以嘗試任何事情,比所有的人都作同樣的事情,要重要得多。……所以,自由的利益,並不限於對自由人——至少可以這樣說,一個人絕不是主要地受益於他自己所利用的自由。歷史上常有不自由的多數人因為有自由的少數人之存在而得到利益,今天,不自由的社會也得益於自由社會的存在。」[62]

在他看來,社會成員對於自由的輕忽,為扭曲人性的統制經濟或計劃經濟的潮流提供了土壤,「於是個人自由——民主社會的文明所賴以成長、所賴以持續的個人自由,就橫遭侵襲」[63],走向「到奴役之路」。這就又回到了夏道平從《自由中國》時期開始關懷的主題:人的自由、權利、尊嚴。夏道平堅持,為了真正「把人當人」,為了挽回人的尊嚴和自由,經濟秩序應當是自由市場經濟,而不是其他。

這樣，夏道平就分別從計劃經濟、統制經濟的檢討，經濟行為的主體形態與認識方法，個人經濟活動與社會經濟體制的關係，市場經濟的人文價值等不同層面，完整論證了自由市場經濟的正當性。這種論證，不僅在戰後臺灣經濟和社會演變中是難能可貴的，對於今天中國大陸改革開放的持續深化中鞏固市場經濟的理念，應該說也有十分深刻的借鑑意義。

附：經濟學人的三種類型——夏道平的「經濟學家」論

國民黨「政府」撤退臺灣之初，面臨經濟上的嚴重危機，遂嚴禁買賣金鈔、套匯和地下錢莊，違者除沒收財物，並得以「妨害國家總動員」為由進行軍法審判。為了鼓勵舉報、偵辦這類案件，「法令」規定舉報人和偵辦單位分別可獲30%和35%的高額獎金。暴利之下，一些公職人員竟經常假冒買賣人向公眾私下兜售金銀外匯，待其上鉤再公開身分，將對方金融財產沒收。更有甚者，有的政府機關竟然有計劃而大規模地誘人入罪。1951年初夏，就發生「保安司令部」指使人高利借貸，然後在交易時出面將其法辦的事情。這種執法機關公然誘民入罪、強取民財的行徑，在當時的高壓統治下，人們敢怒不敢言。唯有《自由中國》半月刊刊發社論予以揭露和針砭。這篇題為《政府不可誘民入罪》的社論發表後，立即在臺灣引起廣泛社會迴響，保安司令部派人到《自由中國》社去要逮捕編輯，而民眾則歡呼不已。遠在美國的胡適對這篇文章也十分佩服，認為有事實有膽氣，「夠得上《自由中國》的招牌」[64]。以鐵肩擔道義的精神撰寫這篇社論的，是一位儒雅謙和的經濟學人——夏道平。

夏道平經濟思想的主軸是自由經濟論，《政府不可誘民入罪》所體現的也是這種旨趣，這在20世紀大部分時期普遍同情計劃經濟的中國思想世界，應有其重要的地位。不過，這裡筆者所特別欣賞的，倒不是夏道平的經濟思想本身，而是他作為經濟學人對社會使命的擔當。夏道平明知自己的發言「或許會激起某些人士的不滿與憤怒」，仍決定「無所懼的言其欲言」[65]，這種大勇，來自於經濟學者的「職業」良知。這篇有事實有膽氣的文章在果然招致一場大風波——直至最高行政首長陳誠出面才得以平息——之後，夏道平仍然沒有知難而退。1955年9月有讀者來信披露，保安司令部保安處某經濟科長私設公堂，以威脅恐嚇方式強迫臺灣毛絨廠經理孫元錦承認已廠資本中

包括「逆產」（遷臺前有合夥人後來留在了大陸，按照條例，這一部分資產可以沒收，經辦人可以提取高額獎金），致使孫元錦服毒自殺。夏道平再次為《自由中國》執筆社論《從孫元錦之死想到的幾個問題》，批評當局沒收「逆產」政策有傷臺灣經濟，批評治安機關職權超越法定範圍，批評辦案獎金制度令百姓遭殃，要求當局分別予以改正。

經濟學人應該具有人文關懷，具有公共使命，這是夏道平一生堅持不懈的看法。

夏道平自己很少自命為經濟學家，但在評述眾多世界著名經濟學家的文字裡，多次針對「經濟學家」的涵義和類型提出討論，例如，在一篇介紹一個國際經濟學會的文章中，他說：「就當今中外的經濟學界來講，凡是在報刊上談論經濟問題的作者，一般人統統視之為經濟學家。他們所談的是同一類問題，所用的是些相同的術語。可是一般人不會辨識他們當中有的是經濟工程師，有的是特定經濟利益的發言人。」[66] 這就點出一般被稱做「經濟學家」的那一群人中，除了真正的經濟學家，還有經濟工程師和特定經濟利益的發言人。他們雖然所談的是同一類問題，所用的是些相同的術語，但其實經濟學人的三種類型，有境界之別，不可混同。對於這三種角色的明確劃分，另一篇題為《經濟學家的思路》的文章，有更清楚的說明，文曰：

通常統統被稱為經濟學家的那群人，實應就其思想言論的底蘊作一分類。我在以前寫的文章中曾用過奧國學派所常用「經濟工程師」這個名詞，從一般人所稱的經濟學家當中分出「工程師」這一類。我在這裡，還想再分出一類，那就是「特定經濟利益的發言人」。於是在通常所謂的「經濟學家」當中，實質上就有了三類：（1）真正的經濟學家，（2）經濟工程師，（3）特定經濟利益發言人。他們雖分屬三類，但同樣都在使用經濟學的一些名詞、術語，和某些模型。外行人看到他們發表的文章都在談經濟問題，也就很自然地把他們都叫做經濟學家。因此，在這些所謂經濟學家當中，有的是魚目混珠而被捧，有的是背黑鍋而被罵。青紅皂白不分，褒貶毀譽也就混亂了。[67]

那麼，它們之間究有何別？夏道平分別描述了三種類型的基本特徵：經濟工程師是把公共經濟事務的處理當作一項工程來做的專業人士；特定經濟利益發言人是運用經濟學說，表面發表富國利民的宏論，實際只為自己或僱

主或特定利益集團說話造勢，爭取更大利益空間的辯護者；而真正的經濟學家，則是從人性出發，站在「人的行為」的高度，為整個人類謀取福利的思想家。

在他看來，真正的經濟學家所談的經濟學，是人的行為學之一部分。這個「人」，與生物學或動物學家心目中的「人」不一樣，除了具有一般動物的慾望、衝動和本能的反應，還具有異於禽獸的意志、理念和邏輯思考。人並非生而自由的，其慾望的滿足要受到外在的種種限制，不得不有所選擇；但選擇什麼，則又力求自由，具有爭取自由的本性。基於這種人性，在漫長的演進過程中，人類漸漸有了爭取個人自由而不妨害別人自由的自覺，在自覺的互動中，形成了分工合作而日益擴大的社會。這種互動，一方面是人數日眾的，一方面又是各在其獨特的環境，各憑其獨特的零碎知識而行為的。雖為個人性的分散行為，卻有如「無形之手」（亞當·斯密）和「自發的社會秩序」（海耶克），連接著社會整體。公共權力作為「必要之惡」而存在，雖然發揮著「有形之手」和「法制的社會秩序」的功能，但有形之手只能為「無形之手」去礙，不應牽制或阻礙它的運作；法制的社會秩序只能利於而不應干擾或攪亂「自發的社會秩序」。這就產生自由市場與政府管理之間的關係問題。經濟學家的任務，就是因時因地地分析這種關係，把握這種關係，提供處理這種關係的最佳之道。其中尤其需要努力的，是要在生理結構大致相同而慾望偏好千差百異的個人與個人之間的行為互動中去探索經濟法則，經濟法則是從人性中普遍具有的原動力經由每一個平凡人日常生活之互動調適而呈現出來的。經濟學家的終生志業，就是不斷地去探究有遠大潛力的經濟法則，同時把已經發現的經濟法則不厭其煩地講給大眾認知。

相對而言，經濟工程師則無視於、至少是輕視了公共經濟事務是千千萬萬的行為人形形種種的主觀意志的表象，它以工程師的心態、工程師的技巧，來處理活生生的人的行為所形成的公共經濟事務。各個人的主觀意志，究不同於既定的、客觀存在的、可以規格化的物料，而經濟工程師卻將其誤視為這樣的一些無生命、無意志的物料，並著力預先做成一個模型。他們的工作表面上看很專業，卻往往缺少一種道德人文精神。特定經濟利益發言人，在這一點上，倒是沒有經濟工程師那樣死板，但他們卻陷入了另一個道德的泥

濟中,「如果這類人赤裸裸地講出他們所爭取的是什麼,那當然是光明磊落,無可非議,但是,他們卻每每把內心的真正企圖偽裝在富國利民的宏論中,藉以在輿論界造勢!」[68]

夏道平指出,工程師和發言人,都念過一些經濟學課本,也都會知道經濟學鼻祖亞當·斯密的一部名著《原富》,但是他們不見得知道或重視他的另一部巨作《道德情操論》。因此,他們不會懂得在經濟學家的理論體系中應有道德所占的地位。他們當然也有自己的功用,不必輕視他們,但絕不可將他們混同為經濟學家。根據這種界定原則,夏道平甚至認為,即就諾貝爾經濟學獎得主來講,也不全部是真正經濟學家,有的只可說是頂尖級的經濟工程師(當然,他相信諾貝爾獎不會下流到頒給「特定經濟利益發言人」)。夏道平還提出一個很重要的見解:經濟學家不可成為學官兩棲動物,否則就不是經濟學家。經濟學家一旦進到官場,他就必然喪失自主性,而變成遵照上司意旨的經濟工程師或發言人。夏道平堅持認為,經濟學家應該嚴守本分,保持境界,作為人文知識分子的一部分而存在。

近年來,中國大陸關於「經濟學家」問題,爆發不少爭議,其中有涉及經濟學家專業水準的,有涉及經濟學家道德情操的。夏道平先生的三分法及其對「真正經濟學家」境界的堅持,實在值得今人咀嚼。也許,它提供了一種警示,提醒日益偏重技術層面的經濟學人不忘對於人文層面的關懷;提醒日益「有機化」的經濟學者群不忘對於公共性和良知的信念。

第三節 夏道平對自由的釐定與闡發[69]

夏道平是一個自由主義經濟學家,他主要學術和思想貢獻是在自由經濟思想方面。但他不是為經濟而經濟,而是為了臺灣的「政治民主」而經濟。他系統翻譯數百萬字的自由經濟學派的經典著作,是中國人中第一個進行這方面工作的人,也是近代中國將自由市場經濟與民主憲政自覺聯繫起來的先驅之一。他不少的文稿和翻譯的專書中都從不同角度論及了自由,反映和折射出他本人的自由觀。

一、自由的本質規定性

「自由，人人愛」，但對自由的理解卻千差萬別。「嚴格地講，純正的自由主義，其內涵是些什麼……就連所謂自由派和反自由派的學者群，也難得有明確一致的想法。」夏道平甚至覺得這種含混也是人人愛自由的原因之一：「正因為一般人對它沒有明確的概念，茫茫然漫無邊際，所以人人愛自由。」[70] 不過，夏道平仍然主張自由和自由主義，如果期待在社會生活中加以落實，還是需要釐清其基本的規定性。

在西方文獻中，自由主義的原始意義，是特指「個人的」自由，也即特指撤除政府對「個人」許多活動的一些任意而強迫地限制：因為那些限制有害於個人的自立，有害於個人的自負責任，有害於個人的自尊，有害於個人的自我實現。夏道平認同這種意義，正如同他早年翻譯的米塞斯《反資本主義心境》中所表述的：「現代觀念中的自由，其意義就是如此。每個成年人都可自由地按照自己的計劃來生活，不致在警察監督下被迫的遵照政府的什麼計劃。個人自由之有限制，不是來自別人的迫害或迫害的威脅，而是來自自己身體的生理組織，以及自然界生產因素的稀少性。人，永久不能違背自然法則去安排他的命運。」[71] 在他看來，個人自由的本質意義就在於把政府官吏與軍警的權力限制在一定的範圍以內，使其不能任意地危害人民。所有爭自由的鬥爭，其目的也就在此。

夏道平傾向於將西方文明史，看作一部為自由而不斷鬥爭的記錄。他以顯然同意的語調，這樣譯述著米塞斯的著作：「自由這個觀念，可說是西方特有的。東方與西方的分別，最重要的一點，就在於東方人的腦子中從來沒有像西方那樣的自由觀念。……在科學方面，有些原始貢獻，實在是溯源於東方。但是關於自由觀念之起源，是始於古代希臘城市國家，卻從來沒有人爭辯。希臘哲學家、歷史學家的著作，把自由觀念傳給了羅馬人，後來又傳給現代的歐美。於是它就成為建立西方良好社會的主要基石。它孕育了放任哲學，而放任哲學引導出資本主義時代一切空前的成就。」[72]

夏道平所理解的自由，也就是海耶克《自由的憲章》中所說的「免於鎮制」或「免於強制」。他不太同意馬赫祿普等人「把自由主義者視同改革家

或進步分子」(《自由主義與自由選擇》),指出:「自由主義者是否也即改革家或進步分子,這要看他所處的是怎樣的社會。在一個沒有自由的社會,改革家大概是自由主義者。如果在一個很自由的社會,改革家很可能不是自由主義者;而真正的自由主義者,就被叫做保守分子。孕育英國工黨的費邊社人物,無疑地都是和平主義的改革家,但不是自由主義者。」[73] 他也不同意杜威學說中關於自由即能力的意見。杜威在他的《自由與社會控制》(Liberty and Social Control,發表於 1935 年 11 月的 Social Frontier)一文中說到「自由是能力,是做某些特定事情的有效能力」;又說「要求自由,也即要求能力」。後來(1938 年),他又在《經驗與教育》(Experience and Education)一書中補充地說:不受強制的干涉「只是自由的消極面」,這個消極面「只有用來達成有能力的自由時,才有意義」。夏道平認為,「自由」與「運用自由」的能力,畢竟是兩回事。他說:「自由的存在,一方面是讓那些有能力運用的人更能運用自由,另一方面也可激發那些尚無能力的人努力培養或訓練自己的能力來運用既有的自由,這一方面很重要。……把自由說成有效的能力,而認為自由的消極性是空洞的、無用的,有很嚴重的危害。」[74]

「五四」時期的中國自由主義者,普遍存在將自由理解為「解放」的傾向,而「解放」正是與「改革」、「能力」相聯繫的語彙,從夏道平的批評,可以顯示夏道平的自由觀已經明顯超越了「五四」知識分子的水平。

夏道平不僅重視自由的本質規定性,也很重視自由在經濟、政治、文化各層面的意旨,從而衍生出他的經濟自由觀、政治自由觀和文化自由觀。

二、經濟自由

在經濟活動中政府應該充當何種角色,干預和管理到何種程度,歷來有不同見解。主張完全在政府計劃下開展的,為計劃經濟學派;主張雖不必完全由政府計劃,但政府可以全面管制的,為統制經濟學派;主張政府只充當社會秩序維持者,充分放任社會成員自由組織經濟活動的,為自由經濟學派。夏道平以自由經濟學家自認,堅持只有在經濟上實現充分自由的制度,才是最符合人性的經濟制度。

夏道平對於經濟自由的論述，開始於《自由中國》時期。《自由中國》是政論性半月刊，討論經濟問題不算特別突出，但篇幅也可觀。在《自由中國》寫經濟評論的主要是夏道平、戴杜衡、瞿荊洲三位，其中有一半出自夏道平之手。這些評論很能表現其自由經濟主張。

夏道平隱約表達自由經濟思想傾向的一篇論述，是《自由中國》第 4 卷第 11 期（1951 年 6 月 1 日）的社論《政府不可誘民入罪》，這篇被視為臺灣知識分子反對國民黨獨裁統治，鼓吹自由民主憲政的標誌的檄文，主要針對國民黨當局金融管制的執行機關的濫用職權而發，該文雖尚未及點出「自由經濟」的主旨，但在批評和申斥中，顯示出對權力機關經濟管制危害性的警惕。之後，隨著殷海光所譯述的海耶克名著《到奴役之路》的連載（《自由中國》9 卷 5 期至 11 卷 7 期），以及胡適自我「洗腦」的公開發表，夏道平對自由經濟的思考越來越清晰。發表於《自由中國》第 11 卷第 9 期（1954 年 11 月 1 日）的《國營事業轉投資問題的商榷——關於大法官會議的一件解釋案》，即明確提出國營事業的範圍日益擴大，民營則日益縮小，其後果很可能是海耶克所講的「到奴役之路」，既沒有效率的保證，又失去了自由的保障。到他執筆的《自由中國》第 12 卷第 8 期（1955 年 4 月 16 日）社論《民營事業的使命》，則更開宗明義地說：「對於政治經濟問題，我們一向有些堅定不移的信念。其中，我們認為：政治民主是要以經濟自由為基礎的。」[75] 正是在這種意識支撐下，繼殷海光的對奧地利自由主義經濟學家海耶克的介引之後，夏道平也翻譯了另一位著名奧地利自由主義經濟學家米塞斯的著作《反資本主義的心理》的摘要，連載於《自由中國》（16 卷 1-4 期）。這本小冊子將各種各類反對自由市場經濟的學說，逐一加以批駁，也將夏道平市場經濟的理念推到了一個新的水準。

《自由中國》停刊後，夏道平任教政治大學，與早年曾在倫敦經濟學院直接受教於海耶克的經濟學家周德偉過從甚密，經常請益，相約分別譯述和研究奧國學派主要經濟學經典著作。周德偉「達旨」了海耶克的《自由的憲章》，並著有專書《當代大思想家海耶克學說綜述》；夏道平則系統翻譯了米塞斯的《經濟學的最後基礎》和百萬字巨製《人的行為》，又翻譯了海耶克三本論文集中最精彩的《個人主義與經濟秩序》，以及德國自由經濟學家

洛卜克（W. Ropke）的《自由社會的經濟學》，以更多的精力，更豐富的闡釋文字，來論證經濟自由主張，成為臺灣公認的「自由經濟的傳道者」[76]。

在這些翻譯的註釋或說明文字中，夏道平分別從計劃經濟、統制經濟的檢討，經濟行為的主體形態與認識方法，個人經濟活動與社會經濟體制的關係，市場經濟的人文價值等不同層面，完整論證了自由市場經濟的正當性。例如，他認為，雖然計劃經濟和統制經濟在具體方法上存在差異，但有一點是共同的：那就是「科學主義」的虛妄和「經濟工程師」的心態。它們都有一個基本的預設，即科學可以解決一切問題，不僅可以解決自然界的問題，而且可以解決人類社會的一切問題，經濟的問題也可以透過科學方法的運用得到滿的解決。由於對科學主義虛妄的迷信，他們進而相信社會經濟活動不過是一個可以控制的「工程」，可以由工程師一手操作，達到最優化、最理想、最高效的境界。而實際上，「科學方法」並靠不住。科學也許可以藉以觀察某種經濟現象，卻不足以依此「設計」整個的社會經濟活動。計劃經濟或統制經濟的潮流，正是科學迷與工程師心理狀態的泛濫的結果，它表面上依從「科學」，實際上卻完全違背經濟運動自身的原則。夏道平說，經濟運動首先是人的行為。人的行為固然離不開他人和社會整體，但目的和價值判斷的確定總是個人性的。經濟學之所以不能以「工程師」的心態求得解決，就因為任何經濟工程師都不能深入到每一個人的內心。人有慾望，且人的慾望會自我繁殖，而其滿足卻要受到外在的種種限制。於是在求滿足的過程中，他不得不有所選擇。選擇，是出於不得已；選擇什麼，則又力求自由。個人行為無不涉及目的、價值問題，在經濟活動中，這些目的、價值與他們的經濟自主性密切相關，經濟秩序的建立，無疑應該以這種人性原則為根據。而最能體現這種人性原則的，便是自由市場經濟體制。他指出，政府權力所形成的社會秩序與市場形成的經濟秩序截然不同，前者是設計作成的（簡稱做成的社會秩序），後者是自生自長的（簡稱長成的社會秩序）。「這種秩序不是由特定的某人或特定的某些人設計造成的，而是在大家不知不覺中呈現出來。」[77]

三、政治自由

夏道平的經濟自由思想，與其說是以經濟效率為根底，不如說是以人性、人的權利為本源。因此，經濟自由的目的，不僅僅是提升冷冰冰的經濟增長數字，更是要提升每一個人的內在生活品質。其中重要的一條，即個人尊嚴的尊重，個人自由價值的實現。因此他主張每一個人的人格尊嚴與自由，是目的，不可淪為手段。國家的存在是為了保障個人的自由、生命、財產，國家以其獨占強制力防範個人侵犯他人自由、生命、財產，但須以法律限制其行使與濫用。現代的政治文明，都是要保障個人自由，以防止來自政府方面的侵害。

人的自由、權利、尊嚴，是《自由中國》半月刊的基本主題，夏道平作為主筆之一，從一開始就熱忱關懷「把人當人」的議題。這樣看，他的政治自由理念的形成還略早於經濟自由思想。

其政治自由理念，至少包括人權、民主和法治三部分。

人權方面，夏道平闡述較多的是人身權、言論權和財產權。論及財產權的文章，除上文提到的《政府不可誘民入罪》、《國營事業轉投資問題的商榷》之外，還有《從孫元錦之死想到的幾個問題》（13卷6期）、《叫我們如何鼓勵「抬不起頭的」稅務人員？》（21卷7期）等多篇，此不再述。論及人身權的文章，可以《論作保》（7卷7期）為例，當時臺灣法令下，出入境要保，任公職要保，進學校要保，一個嫌疑犯經偵察無罪時，也得有保才可釋放，夏道平認為這些做保規定，「大多數場合是要以個人之身體自由來作保證的。」指出：「政府課於人民的做保，縱然不能完全取消，總以愈少愈好。要保，是不信任的表示，也是卸責的企圖。民主政府或走向民主的政府，不該對人民普遍地不信任，更不該把政府自身應負的責任推到人民身上。」[78]政府應該認識到，人類是奔向自由的。此類文章還有《開倒車——走私案移送軍法審判》（21卷11期）等。

夏道平論述言論自由的文字，最為宏富。如《請從今天起有效地保障言論自由》（15卷9期）、《一篇血腥氣的怪論——「中立主義的轉變」》（18卷4期）、《為〈自治〉半月刊橫遭查扣而抗議》（18卷1期，與雷震合寫）、

《出版法事件的綜合觀》（18卷10期）、《對政經半月刊事件的觀感》（22卷2期）、《記者節談穆萬森案件》（21卷5期）等。其中，《請從今天起有效地保障言論自由》，是為轟動一時的《自由中國》「祝壽專號」而作，文章認同穆勒《自由論》中「言論自由為一切自由的根本」的觀點，聲言：「言論自由是諸項基本人權中之一項，人權而冠以『基本』二字，是表示這幾項人權是人之所以為人的要件。基本人權不是邦國或政府所賦予的，而是先於邦國或政府而存在。」[79] 夏道平不僅從人權的立場論證言論自由，也認為言論自由在政治上還有積極功用，「言論自由是形成輿論的要件。輿論的積極作用是政治的維他命，消極作用是政治防腐劑。這就是勵精圖治的政府之所以要尊重輿論，也即是我們要為形成健全輿論而努力的道理」[80]，所以「信仰民主政治的人士，要有當仁不讓的氣概，為爭取言論自由而努力」[81]，「真心謀國的政治家應該運用它、珍惜它。不應該懷疑它、畏懼它，乃至糟蹋它」。[82]

政治上的自由人權，需要民主和法治來保障。嚴復說，自由為體民主為用，夏道平也深諳此旨，講過「自由可謂系目的，民主則主要係方法。『民主乃自由在行動中。』民主乃自由之『器用化』」[83] 這樣的話。在他看來，民主能夠從權力之源上控制當權者，也能在當權者濫權之後以選票制裁它，確保大多數人的權利不致被剝奪。當然，民主要保證全體公民的權利，還需要法治配合，法治不僅有助於保障多數人，也有助於保障居於少數地位的人的權利，所以「法治與民主是不可分的」[84]。關於對法治的認識，夏道平曾寫過一篇社論，他詫異於臺灣某些政要「漸漸有點怕民主，但他們卻又常常強調法治」，而一方面強調法治，另一方面表現於實際的卻是「與法治的精神相反」的怪現象，感到這與他們誤解和歪曲法治有關，為正本清源，有溫習法治課題的必要。他提出法治的兩點要義：一、「現代意義的法治，法的本身必須都是民選的立法機關制定的」，當權者的個人意志和行政機關的政令，不能混跡於「法」；二、「司法獨立」，任何其他的權勢不能干預司法，法官在司法過程中，唯法是守，不接受任何指示。法治的最大功用，在「保障人民權益，限制政府權力」，不瞭解這一點，就會與法治本義南轅北轍。

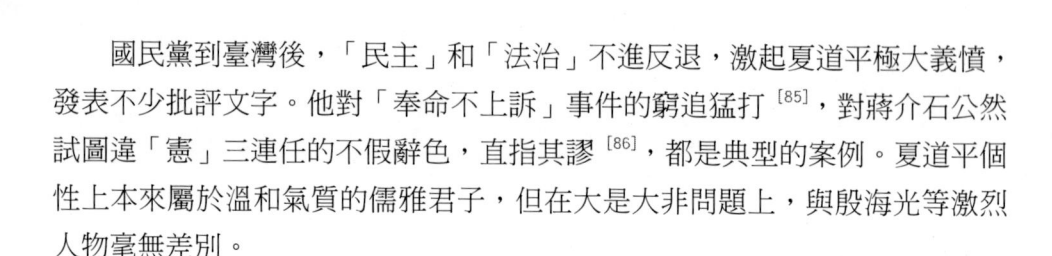

國民黨到臺灣後,「民主」和「法治」不進反退,激起夏道平極大義憤,發表不少批評文字。他對「奉命不上訴」事件的窮追猛打[85],對蔣介石公然試圖違「憲」三連任的不假辭色,直指其謬[86],都是典型的案例。夏道平個性上本來屬於溫和氣質的儒雅君子,但在大是大非問題上,與殷海光等激烈人物毫無差別。

四、文化自由

杜威在他所著的《自由與文化》一書中,曾經說過:「自由的政治制度必須存在於自由的文化之中。」其實人類社會的種種活動,構成了文化多方面的因素。從廣義上講,無論政治、經濟、教育、宗教和藝術等等,都屬於文化的一部分。從狹義講,文化雖主要指教育、宗教、藝術,以及思考方式等內容,而與經濟、政治並列,但其與經濟、政治的關係仍然很密切。杜威的說法正是看到了這種難以肢解的關係。夏道平很早就寫過一篇文章介紹美國大選,推崇民主制度「個別投票,一起祈禱」[87]的精神,從基本意旨上說,表達的就是政治與文化的關係。

中國自由知識分子自嚴復以來,尤其「五四」之後,幾乎無不關心文化問題。建立什麼樣的一種文化,才可以有利於自由的社會制度生根發芽?夏道平自然也會思考。

對於有著數千年文明史的中國來講,文化問題首先就牽涉到如何對待傳統文明,如何對待西方價值的問題。夏道平的基本認識仍然是採取「自由」的態度——既不以衛道的立場固執保守傳統,也不以迷信的態度盲從西方文化,而是一切根據社會需要,自由擇取,自由創造。只有這樣,才能真正符合「人」的之所需,適應經濟自由與政治自由的之所求。

夏道平最早討論文化議題,是他在《自由中國》第6卷9期以夫人朱啟葆的名義發表的評介唐君毅著作《中國之亂與中國文化精神之潛力》的文章。唐君毅以新儒家的立場,分析中國共產黨取得大陸政權的原因,認為固然政治和經濟的因素非常重要,但更重要的是中國共產黨得到了某幾個方面「中國文化精神的支持」。因此之故,流落臺灣和海外的中國人,要謀取出路,也應該從文化建設這個根本處入手,提振中國傳統文化中更具主導性的文化。

夏道平並沒有輕易接受唐君毅的具體結論，但肯定了唐君毅提出的「大問題」。當時臺灣教育當局正在奉命研究和推行「四維八德教育」，夏道平期盼唐君毅提出的問題，能夠激發人們進一步思考。

這裡夏道平自身並沒有給出一個方向性的答案。但不久他在批評薩孟武貶儒揚法的意見時，他終於表達了態度。他說：「儒家思想是古方，法家思想也同樣是古方。古方用之於古，有效有不效；用之於今，則一無是處。因為它們都是替統治者講求治民之術的。人民在他們的眼中是天生的被統治者。……儒家的道德和法家的法、術，與現代民主國家的政治和政治道德，不知相去幾千萬里。」[88] 也就是說，現代文化不可以古方為憑藉，而應該體現現代精神。不僅文化精神如此，即使文化工具和文化符號，也不可拘泥古舊。50年代，大陸文字學家積極推進文字簡化工作，可是臺灣當局卻堅持沿用書寫不便的繁體字，夏道平在大陸文字簡化前兩年，即提出了對字體簡化的意見，表示：「文化是要適應時代要求的，國家是為人民而存在的」，「文字是表達思想情緒的工具。工具的本身，在不妨礙其功用的條件下，越簡單越好；簡單就便於使用」。字體簡化是大眾的要求，「故步自封的保守觀念是我們一向反對的」。[89]

可見，夏道平在文化取向上，與「五四」知識分子有基本的共同性。他曾撰寫社論明確提倡「五四」精神，主張「養成民主與科學的態度」[90]。之所以對中國傳統文化的批判性較突出，與他不滿於臺灣當局利用政治力量崇揚傳統，利用傳統文化某些詞句強化威權有關。他接觸到奧國學派後，米塞斯等人認為東方國家缺乏自由阻礙文明發展的觀點，也影響到他。米塞斯在《反資本主義的心境》第四章中說，東方民族，在幾百年乃至幾千年以前，已經在工藝、建築、文學、哲學以及教育制度等方面有了輝煌的成績，也建立過強有力的帝國。但是，他們的努力一旦被阻，文化就陷於麻痺遲鈍的狀態，失掉了適應新環境的能力。他們的智力與藝術天才，元氣和活力也為之消失。原因是東方缺乏一件最重要的東西——相對於國家而言的自由的觀念。天才所需要的第一件事，是呼吸自由空氣。東方人從未舉起自由的旗幟，從未強調個人的權利以對抗統治者的權力，從未把專制君主的任意專斷當作問題來討論。這樣的文化，自然需要更多的內省和新觀念的衝擊。

不過，如果因此認為夏道平是一個全盤反傳統主義者或西化主義者，也不符合他的真實主張。實際上傳統文化對於他具有多面的意涵，他所批評和希望改造的，只是傳統中顯然不適應當時需要的一部分；其他不具有這種色彩的部分，如傳統文化所追求的「愛」，傳統文化所陶養的儒雅人格，以及其他可以推陳出新的傳統思想，他都是給予肯定的。他說，中國固有的傳統文化中富有「愛」的教誨。中國傳統文化與西方基督教「同的方面很多很多，總而言之，都是教人為善，也可簡約到一個『愛』字」[91]。他用「中國儒家兢兢業業與道家瀟灑自得的精神」，與「近代西方人文主義的傳統」相提並論來頌揚和懷念在大學時代影響他最大的任凱南教授和李劍農教授。[92]他稱許他的摯友周德偉先生在學術思想上應受重視的兩項業績，「一是為中國知識群眾有系統地介紹當代大思想家海耶克教授，二是把中國儒家傳統思想重新評估，而賦予新的意義。」[93]

總之，夏道平作為一位自由主義的政治經濟學家，很注意從本質規定性上把握自由的內涵，並將這個內涵努力在思想上落實到經濟、政治、文化各層面，主張充分的市場經濟，真正的民主政治，和適應時代的現代文化。夏道平的思想表達雖然是在戰後臺灣這一特殊地區，但他的思想卻是近代中國知識分子智慧貢獻的一部分，梳理其思想的內在結構，對於反省近代中國自由主義的歷史，思考當今轉型中的中國大陸市場經濟和民主政治建設，應不無正反兩方面的啟迪。

第四節 夏道平論自由主義與宗教信仰[94]

「自由主義」、「宗教信仰」都可以有許多不同的解釋。這裡的「自由主義」是指以個人權利為中心來建構社會秩序的一種社會政治思想，它與民族主義、共產主義等概念相對（本源意義），而不在與保守主義、激進主義相比對的意義上使用（派生意義）。這裡的「宗教信仰」，是指對某一種系統性教化形態的發自內心的無條件認同，它包括一切非源於自身理性的系統性人生指南——包括嚴格意義上的宗教，也包括形式上與宗教有別，但本質上具有宗教性的強勢意識形態，如中國傳統的儒學、現代的某些特別的「主義」等。

以往我們將自由主義與宗教信仰聯繫起來，主要指的是自由主義對於社會公眾宗教信仰的態度，即載之於憲法的「宗教信仰自由」的政策，這種政策就自由主義學理而言，如其說是講宗教信仰問題，不如說是講社會寬容問題。這裡所討論的主要不是社會寬容問題，而是自由主義是否內在地認同宗教信仰。這個問題過去談得很少，現在討論「中國人的信仰重建」，卻再也無法迴避——因為當代中國既需要自由主義，又需要有信仰。

我的討論想從一位臺灣《自由中國》時期著名的自由主義政論家、臺灣轉型時期著名的自由主義經濟學家夏道平先生晚年的一篇文章說起。

一、夏道平一篇論述宗教的文章

夏道平先生與殷海光先生是《自由中國》的兩支健筆，他們都是很真誠的、很理性的自由主義者。他們不僅自己服膺自由主義，而且不惜終其一生為自由主義的理想實現而奮鬥，無論在有言論舞臺的時候，還是沒有發言場合的時候。而也正是這樣真誠的自由主義者，到了晚年，不約而同地都皈依了基督教。殷海光皈依基督教是在生命的最後關頭（1969年秋），沒有留下他對於自由主義與宗教信仰的文字解釋；夏道平皈依基督教則在從中華經濟研究院退休以後（1989年開始），1994年他專門寫了一篇題為《自由主義與宗教：一個自由經濟學者成為基督教徒的心路歷程》的文章，來說明自己的精神軌跡。如果說殷海光的宗教歸宿給後人留下的是一個爭議的話題，那麼夏道平留下的文字，則再清楚不過地表明，自由主義與宗教信仰之間的問題，絕不是一個假問題，而是一個值得真正深入探討的問題。

夏道平在文章中談到三個問題：一是知識與信仰的關係，二是道德與宗教的關係，三是知識能否通向信仰，以及自己作為自由經濟學者何以選擇信仰基督教。

夏道平說：「知識與信仰是兩個層面。」[95] 知識是理智的產品，可以得到邏輯的支持；信仰依賴於直覺經驗，經由信仰而感覺到的經驗得不到邏輯的支持，也可說是超邏輯的。「基於知識追求的學術思想與來自信仰的宗教教義，雖然淵源不同，但並不必然牴觸。如果抱持某一理論體系所推薦的政策與某一宗教的教義所提示的人的行為規律，同樣有助於人群的和平競賽與

合作，我們沒有理由說知識與信仰是不兼容的」。[96]知識與信仰兩個層面本原上並不牴觸，因為我們每個人既有理智的一面，又有直覺的一面。不僅不牴觸，在現實生活中它們也不相排斥。「信教的人，多的是在知識面力求上進的。」[97]各行各業在職的員工，包括各級學校的師生和諸多學術機構的研究人員，都有不少人信教，但並沒有影響到他們在本業的知識上用功。

　　信仰是一個比較寬泛的範疇，宗教是其中比較突出的部分，道德也是。現代知識分子一般比較能看到道德的重要性，但對宗教則重視不夠。夏道平說，「在人類文明演化的過程中，宗教與道德同樣發生有益的作用」[98]，即使從道德的角度上講，宗教也是可以有補益功能的。他指出：「臺灣自解嚴以來，由於原有的一切體制都在瓦解，我們期待的新體制尚未建立起來，我們從媒體的社會新聞所看到或聽到的殺人劫財、暴力姦淫這類事件，越來越多。在此『世風日下』中，知識分子無不嘆『道德淪亡』；但很少人注意到宗教。事實上，宗教與道德的關係，是一種補強的關係：宗教補強道德。」[99]宗教如何補強道德呢？他認為，這種補強作用在道德傳統的形成中最為明顯。「道德之成為傳統，是我們人類群體的特徵」[100]，這個傳統的形成，需要克服許多障礙，如道德必然是克制人類個體本能衝動的，因此常常不為個體所喜；道德傳統（也即道統）的功用又不易為絕大多數的平凡人所瞭解；道統要顯現出群體效用往往須經漫長的歲月。這些障礙單純靠理智是無法克服的。從文明演化的歷史看來，這多半是仰賴宗教的作用。

　　夏道平指出，從知識層面通往信仰層面，包括信仰宗教，是可能的。「只有膚淺而又狂妄的知識分子與那些被赫赫有名的荒誕哲學家如柏拉圖、黑格爾、馬克思等的理論體系所迷惑的高級知識分子，才認為信教是無知之輩的盲目迷信。」[101]自由主義固然是純理的、是可得到邏輯支持的一個知識體系，但自由主義者對宗教是中立的，他們確實很少皈依某一宗教而成為教徒，但他們絕不輕蔑或敵視宗教。「罵宗教為壓迫者麻醉人民的鴉片的，是馬克思」[102]，「還有現代高級知識分子中的科學迷，對宗教的心態也與他們類似」。[103]夏道平現身說法，自認「信教對我而言是求知慾的最後歸宿」[104]，自己作為一個堅信自由主義的學者，在走向基督教信仰中，毫無矛盾和衝突出現，「我之成為基督徒是從知識面通往信仰面」[105]，這個最後歸宿有兩大中介：一個

是海耶克的宗教觀——他非常敬佩米塞斯和海耶克，稱「米塞斯與海耶克是二十世紀奧國學派兩位傑出的經濟學家。該學派的經濟學家，都不只是經濟學家，尤其是他們兩位，更是本世紀罕有匹敵的自由主義的人生哲學大師」。[106] 夏道平說，他的宗教觀點受到海耶克《人類倫理價值的三個源頭》、《道德之起源與作用》、《致命的自負》三本書的影響，這三本書是一個世界級自由主義大師闡釋人類文明演化與生物演化的不同過程，以及宗教在文明演化過程中所起作用的著作。海耶克既是堅定的自由主義者，又對宗教信仰給予了高度的評價，使夏道平從以往中國自由主義者反宗教的誤區中走了出來。另一個是他自己的生活形態的變化——80年代末，夏道平因年老病痛，不再續任中華經濟研究院的特約研究員，而居家養年。這樣的從容環境，使他得到機會將求知慾轉向安身立命的宗教文獻，如佛教的《金剛經》、《心經》、《六祖壇經》，天主教與基督教共奉的《聖經》——《新約》與《舊約》，以及基督教資深的信徒們所寫的導讀聖經與解釋聖經的書。在經過一個比較的過程後，最後選擇了信仰基督教，他覺得基督教在許多方面雖然與中國傳統中的「天道」和印度傳統中的佛教精神相通，但在解釋宇宙萬物的創造者這個根本問題上，以基督教的說法最明確，可以使人們的求知慾得到「最後的歸宿」。

二、自由、理性與宗教

夏道平作於20世紀末期的這篇文章，折射出20世紀中國自由主義者在知識與信仰、道德與宗教問題上的許多思想定勢，確實是需要認真反省的。

人的生活世界，需要三種智慧：來自自身理智的直接經驗和推論；來自他人理智的間接經驗和推論；來自聖哲、天啟的超經驗教義。用夏道平的劃分方法，前兩者屬於「知識」範疇，後者屬於「信仰」範疇。信仰是相對於知識而言。人類的理性有限度，單個人的理智更有限，知識不可能解決一切生活問題，更不可能事事靠本人思考而得，這就是信仰合理存在的基礎。信仰作為對偉人智慧或「天啟」教義的無條件信任和遵從，在本質上，乃是個人或群體對於外部智慧的借用，以補自身智慧之不足。最傑出的科學家，如愛因斯坦，理智也主要只是在他有把握的領域內運用，在此範圍之外，他仍

然接受來自於傳統的信仰。信仰是人類文明的一部分，也可以說是不可缺少的一部分。

傳統中國最基本的信仰當然是儒教。儒教雖然在外在形式和某些教理上跟嚴格的宗教有一定差別，但它無疑具有宗教性。自漢代確立為「國教」，發生作用兩千年，其間雖由於道教、佛教的競爭而有所起落，主流地位卻從未根本動搖。中國的信仰問題之開始出現，是在西人東來之後。民族危機的深化引發了信仰危機，經歷了康有為的舊瓶新酒，譚嗣同的衝決網羅，儒教的地位逐漸滑落。到了 20 世紀初，儒教的體制基礎——王朝秩序崩解，在強勢西學東漸的推動下，「打倒孔家店」的新文化運動發生。儒教在中國社會迅速失去普遍的信仰力。

正是在對儒教產生懷疑、批判的過程中，各種新式的「主義」——最突出的是三大主義：以民族獨立為核心的民族主義（可以民國官方「三民主義」意識形態為代表）、以個人自由為核心價值的自由主義、以階級平等為號召的社會主義（可以馬克思主義為代表）——應運而生，開始相互競爭，謀求主導中國歷史轉型時代的方向。這些主義取儒教而代之，成為 20 世紀中國人的信仰的對象。而這些「主義」的代言人自身，也在同時思考著信仰的道路問題。

三大「主義」中，政治的民族主義往往與文化的民族主義相糾結，官方三民主義在信仰問題上，就越來越向恢復儒教的方向傾斜，所謂新生活運動，所謂中國文化復興運動，都是明證；馬克思主義者在信仰問題上更是旗幟鮮明，要打倒一切所謂「封建主義的」、「資本主義的」舊信仰，全心全意信仰以階級鬥爭、無產階級專政、共產主義理想為基本內容的「放之四海而皆準」的「科學社會主義」真理。惟獨自由主義者，在信仰問題上，始終沒有形成穩定的見解。他們展現的更多是對儒教信仰、馬克思主義信仰的批判性，而很少提出建設性的信仰意見。如果說他們有，那他們的建設性只是提倡「理性」和「信仰自由」。

新文化運動時期，新文化人提出的口號，一個是民主，一個是科學。「民主」屬於自由主義本身的中心價值，「科學」則涉及自由主義的文化根基——信仰的層面。本來，就信仰的性質來講，應該是超經驗的教義；經驗性的科學，

最多屬於間接經驗的層次,很難說可以完全取宗教而代之成為一種普遍信仰。但是,「五四」人物有這樣的信心,他們倡導的「科學」代表了文化上的理性樂觀主義:一方面他們認為知識與宗教信仰存在深刻的對立,另一方面認為科學和以科學為基礎的其他知識可以取宗教而代之。胡適提出要以理性精神「重新估定一切價值」[107];陳獨秀說要「以科學代宗教」[108],認為「我們物質生活上需要科學,自不待言;就是精神生活離開科學也很危險」[109]。20 年代初,知識界曾爆發了一場關於科學與人生觀的大討論,由於自由知識分子所造成的科學主義的濃厚空氣,這場討論最終以「玄學派」失敗而告終。當時的啟蒙者們躊躇滿志地相信,西方的科學和理性,不僅可以解決形而下的生產問題,應該也可以解決形而上的信仰問題。胡適就提出了科學人生觀的十大信條[110]。「科學」宗教化,「賽先生」變成了「賽菩薩」[111]。胡適曾經很自豪地說:「這三十年來,有一個名詞在國內幾乎做到了無上尊嚴的地位,無論懂與不懂的人,無論守舊和維新的人,都不敢公然對他表示輕視或戲侮的態度。那個名詞就是『科學』,這樣幾乎全國一致的崇信,究竟有無價值,那是另一問題。我們至少可以說,自從中國講變法維新以來,沒有一個自命為新人物的人敢公然毀謗『科學』的。」[112]。

中國自由主義者不僅將科學向人文的意義層面提升,認為科學可以解決信仰問題,而且也向政治意識形態的領域拓展。胡適對當時「左」「右」的主義都曾進行論戰,不忍知識青年讓馬克思、列寧、史達林牽著鼻子走,或者讓孔子、朱熹、孫中山牽著鼻子走。他的武器就是「實驗」的方法,就是「大膽的假設,小心的求證」的十字箴言。

科學打倒了一切「主義」,取消了一切宗教,其結果,自然不僅中國傳統的儒教人生觀的道德價值被否定(張君勱因為提倡而被譏為「玄學鬼」),而且那些本土和外來的宗教,也因為他們的有神論經不住十字箴言的考驗而得不到生存空間(「五四」以後,出現一個與科學正信相對的新詞「宗教迷信」。這種用法共產主義者也沿用,並創造出另一個新詞「封建迷信」,只不過他們的「正信」變成「科學社會主義」)。

自由主義者對於宗教問題提出的另一命題,為導言中所說的「信仰自由」。胡適在題為「自由主義」的著名演講中,將自由界定為「是不受外力

拘束壓迫的權利,是在某一方面的生活不受外力限制束縛的權利」,指出這種權利內容因事而異,「在宗教信仰方面不受外力限制,就是宗教信仰自由。在思想方面就是思想自由,在著作出版方面,就是言論自由,出版自由」。胡適強調,自由運動「實在是一大串解放的努力」,宗教信仰自由只是解除某個宗教威權的束縛,思想自由只是解除某派思想威權的束縛。實際上,這不是對宗教的積極提倡,而是對民眾權利內容的消極保護,屬於一種政治性的社會秩序主張。

所以,客觀說來,「五四」以來的自由主義者並沒有真正解決中國人的信仰問題。不僅如此,甚至他們自身的信仰問題也沒有解決。1951年,留在大陸的金岳霖,在洗腦運動中公開檢討、清算自己以往的自由主義思想,轉向接受馬克思主義,曾引起他在臺灣的兩個學生的一場爭論。牟宗三在香港《自由人》發表《一個真正的自由人》,批評乃師那樣的自由派知識分子在思想上自限於邏輯分析之純技術觀點,故不能真正肯定自由主義的核心價值。殷海光看到該文後,在臺北《自由中國》發表《我所認識之「真正的自由人」》,一則為乃師辯護,指責牟宗三有失厚道;一則歸結牟宗三思想的本質是拒斥西方文明,堅決表示牟宗三的中體西用的道路是走不通的,要延續中國文化,必須放手大膽讓它在世界文化大流中起一個大的形變。當時的殷海光已經走出三民主義,而自我塑造成一個自由主義者,他對傳統主義者牟宗三的批評,跟以往大多數自由主義者所採取的科學主義、西化主義的立場一樣,關注的是文化的選擇問題。他在文章中回答了不應該信仰什麼(儒教),但沒有回答應否有信仰。他主張向西方學習,但沒有說明學習的內容除了民主、科學,是否還包括基督教(當時的他崇信邏輯經驗論,認定除了邏輯、經驗之外的一切,都是「沒有意義的語言」,對於基督教相當不以為然)。雖然他們的論爭顯得針鋒相對,提問一方核心的觀點(即失去信仰思想會無根)並沒有被駁倒。

「信仰自由」更是沒有回答要信仰什麼,它屬於程序性的制度設計,而不是本質性的信仰設定。準確地說,自由主義者如果明確規定要信仰什麼,也就不再是自由主義者了。信仰具有排他性,確定信仰某種教義,難免排斥

他種教義，這對於與己信仰內容不同的他人，勢必造成權利的威脅。信仰自由表達的含義，直言之，只是一個寬容，政治的寬容、社會的寬容。

由於科學、理性、知識、經驗這一類的觀念，與信仰分屬兩個不同的領域，企圖以前者取代後者事實上是不可能的；由於信仰自由的理念事實上根本不涉及信仰的內容，嚴格地說，自由主義者是迴避了信仰重建的問題。但迴避不等於問題不存在。在一個世紀的里程中，中國的自由主義者在信仰問題上，經常陷於苦惱和矛盾中。

殷海光後期，改變了對宗教的看法，在《中國文化的展望》中，承認了「孔仁孟義」、「佛教慈悲」、「基督博愛」[113]的價值，胃癌手術後覺悟到「這個人世間不是一個邏輯系統」[114]，去世前甚至願意接受基督教的禱告，這是自由主義思想史上一個重大轉變的開始。後來隨著學界對理性限度的反省，宗教問題越來越多地衝破禁忌，得到自由主義者的正面討論。到了夏道平晚年，不僅公開信仰宗教，而且公開行諸文字，肯定知識與信仰之間、自由主義與宗教之間沒有鴻溝，可以結合，算是對一個世紀自由主義宗教信仰觀的一次比較徹底的、比較清醒的反省。

三、當代思考

當今中國大陸正面臨社會轉型，自由主義無疑前所未有地遇到了發揮積極作用的時機。自由主義復活已經是無可更改的事實，現在的問題是，如何總結歷史教訓，避免重蹈誤區。就信仰問題來說，尤其應該有自己的時代貢獻。中國大陸1949年後，思想領域長期一花獨放，馬克思主義不僅成為信仰，而且成為教條化的信仰。改革開放後，生產力標準迅速消解了政治烏托邦和意識形態教條，加上全球化、網路化的急速發展，一場靜悄悄而又最徹底的信仰革命發生了，官方主流意識形態的信仰功能喪失，全社會進入一個沒有信仰的時代。[115]有人描述這個時代是一個「禮崩樂毀、德法敗落」的時代：人們既不信政治烏托邦（馬克思），也不信宗教天國（上帝），也不通道德聖教（孔子），也不信法律尊嚴，如果說還有所謂「信仰」的話，只是信仰淺薄的毫無精神性的金錢拜物教。這是相當危險的。自由主義者不能不正視這樣的嚴重問題。

在西方民主化的進程，雖然確實伴隨著科學化、理性化等世俗文化、工具理性的發展，甚至科學理性奪去了原來屬於宗教解釋的不少領地，然而由於宗教改革的成功，在道德規範、倫理德性和終極關懷等形而上層面，宗教在人們心目中依然保持著強大的、不可動搖的中心地位。「上帝管天上的事，凱撒管人間的事」，工具理性和價值理性互不越界、各盡本分。中國自由主義者也應該有一種胸懷，可以允許和鼓勵那些經過歷史檢驗尚屬健康，或透過時代轉化可以變得比較健康的宗教或宗教性的信仰存在和發展，來彌補世俗體制、工具理性之不足。從文明的長期發展來看，有信仰強過無信仰[116]，好信仰勝過惡信仰。

由於物極必反的規律作用，目前中國大陸的信仰真空，正在為各種潛在的信仰提供舞臺。[117] 這些潛在的信仰包括正教也包括「邪教」；包括本土宗教也包括外國宗教；包括道德宗教也包括神教。自由主義者的工作，當然不是去創造一個宗教供人們信仰，而是要儘可能地提供一個標準讓人們分辨哪些信仰是好一些的信仰。信仰固然是非理性的，卻並非不可以透過理性來鑒別。夏道平的現身說法，就表明了這一點。信仰也有一定的時代性。現代社會好的信仰一定要超越蒙昧、超越專斷。自由主義者的另一個可能的工作，就是努力在各種信仰中求得一個最低限度的信仰公約數。信仰多元，可期不可求，夏道平在文章的最後，不忘特別說明，自己的信仰經驗「不能普遍地適用於所有信教的人」[118]，信教各有其所以然，信哪種教、信不信教不能一概而論，但公民社會總需要一些一致的公民精神。這些公民精神除了從理性面提煉，世界各大宗教也有可歸納處。像敬天、守信、愛人、盡己等，就是各大宗教共有的精神。提煉這些社會共信因素，並透過自由主義者所擅長的公民教育，來確立這些共信，透過優化法治文化來強化這些共信。

總之，在人類的文明長河中，「真」、「善」、「美」、「如」各有其價值，不能簡單互代；自由主義者一定要克服某些自由知識分子的思維定勢，「因為這群人所認為的自由主義，或多或少都感染了美國一般號稱自由分子者的成見」（夏道平語）[119]。

注　釋

[1]. 本文曾載於《近代史學刊》第 6 輯，華中師大出版社，2009 年版。

[2]. 夏道平曾評論殷海光：「在《自由中國》生命史的十年當中，他寫的稿子（包括社論、專論、公開信、翻譯），就篇數講，或許比我寫的少些。但在質的方面，比我的那些低調不知要高明響亮多少倍。他的文章，在分析事理方面充分顯示出科學家的嚴謹精神，而在措辭造句上，又顯出『語不驚人死不休』的詩人氣派。當時《自由中國》的聲譽蒸蒸日上，我們可以說，得力於殷先生的文章者為最多；同時為《自由中國》惹來麻煩的，殷先生的文章也真不少。」夏道平：《紀念殷海光先生》，《夏道平文存》第 3 冊，第 128 頁。

[3]. 林毓生：《我所瞭解的殷海光和自由民主》，何卓恩《殷海光與近代中國自由主義》代序，上海三聯書店 2004 年版，第 15 頁。

[4]. 胡適：《歐遊道中寄書》，《胡適全集》第 3 卷，安徽教育出版社 2003 年版，第 57 頁。

[5]. 丁文江：《我的信仰》，《獨立評論》第 100 號（1934 年 5 月 13 日），第 11 頁。

[6]. 傅斯年：《羅斯福與新自由主義》（重慶《大公報》，1945 年 4 月 29 日），張忠棟等編《現代中國自由主義資料選編》第 1 冊《什麼是自由主義》，臺北唐山出版社 2002 年版，第 110 頁。

[7]. 馬寅初：《資本主義歟？共產主義歟？》，原載《東方雜誌》，第 28 卷 24 號（1931 年 12 月）。張忠棟等編《現代中國自由主義資料選編》第 1 冊《什麼是自由主義》，第 70-71 頁。

[8]. 社評：《自由主義者的信念》，《大公報》1948 年 1 月 8 日。

[9]. 胡適：《歐遊道中寄書》，《胡適全集》第 3 卷，第 57 頁。

[10]. 參見黃嶺峻：《中國現代「自由經濟」思想鉤沉》，《武漢大學學報（哲學社會科學版）》第 58 卷（2005 年）第 4 期，第 460-461 頁。

[11]. 蔣碩傑：《經濟制度之選擇》，《新路週刊》第 1 卷（1948 年）第 3 期。

[12]. 傅斯年：《自由與平等》，《自由中國》第 1 卷 1 期，第 9 頁。

[13]. 傅斯年：《自由與平等》，《自由中國》第 1 卷 1 期，第 10 頁。

[14]. 王聿修：《一個自由經濟制度的成就》，《自由中國》第 2 卷 1 期，第 5-6 頁。

[15]. 歐陽賓：《社會主義的虛妄》，《自由中國》第 4 卷 7 期，第 14 頁。

[16]. 歐陽賓：《社會主義的虛妄》，《自由中國》第 4 卷 7 期，第 14-15 頁。

[17]. 殷海光：《自由人》，《自由中國》第 5 卷 11 期，《殷海光全集》第 16 卷，第 165、167、168 頁。

[18]. 殷海光：《我為什麼反共》，《自由中國》第 6 卷 12 期，《殷海光全集》第 11 卷，第 257 頁。

[19]. 海耶克著，殷海光譯：《偉大的烏托邦》，《自由中國》第 9 卷 6 期，第 15 頁。

[20]. 胡適：《從「到奴役之路」說起——在「自由中國社」歡迎茶會上講詞》，《自由中國》第 10 卷 6 期，第 4 頁。

[21]. 胡適：《從「到奴役之路」說起——在「自由中國社」歡迎茶會上講詞》，《自由中國》第 10 卷 6 期，第 5 頁。

[22]. 胡適：《從「到奴役之路」說起——在「自由中國社」歡迎茶會上講詞》，《自由中國》第 10 卷 6 期，第 4-5 頁。

[23]. 夏道平：《自由主義與宗教》，《夏道平文存》第 3 冊，臺北遠流出版公司 1995 年版，第 185 頁。

[24]. 夏道平：《自由經濟的思路》自序，《夏道平文存》第 2 冊，臺北遠流出版公司 1989 年版，第 5 頁。

[25]. 夏道平：《自由經濟的思路》自序，《夏道平文存》第 2 冊，第 6 頁。

[26]. 夏道平：《自由經濟的思路》自序，《夏道平文存》第 2 冊，第 10 頁。

[27]. 夏道平：《自由主義與宗教》，《夏道平文存》第 3 冊，第 185 頁。

[28]. 社論：《民營事業的使命》，《自由中國》第 12 卷 8 期，《夏道平文存》第 1 冊，臺北遠流出版公司 1989 年版，第 125 頁。

[29]. 雷震：《我們五年來工作的重點》，《自由中國》第 11 卷 10 期，第 9 頁。

[30]. 戴杜衡：《從經濟平等說起》，《自由中國》第 7 卷 8 期，第 12 頁。

[31]. 王聿修撰有《社會主義未能改進生活》，載《自由中國》10 卷 1 期。

[32]. 王聿修：《自由經濟必然平等》，《自由中國》第 10 卷 11 期，第 7 頁。

[33]. 周德偉：《對於海光先生評介〈經濟政策與經濟學理〉之商榷》，《自由中國》7 卷 5 期，第 29 頁。

[34]. 殷海光：《到奴役之路》自序，《殷海光文集》修訂版第 4 卷，湖北人民出版社 2009 年版，第 111 頁。

[35]. 夏道平：《我最難忘的一位恩師和一位益友》，《夏道平文存》第 3 冊，第 197 頁。

[36]. 夏道平：《我最難忘的一位恩師和一位益友》，《夏道平文存》第 3 冊，第 197 頁。

[37]. 波普開放社會理論中提出的自由主義八原則是：（一）「國邦乃一必要之惡，國邦的權力不可擴張於必要限度以外。我們可以把這個原則叫做『自由主義的剃刀』。這個原則與奧康之刀類似。」（二）民主和暴政的分別是這樣的：在民主之下，可藉不流血來換掉一個政司；在暴政之下則不能不藉流血來換掉一個政司。（三）民主所能為力的，不外以一個多少有組織的和圓融的方式供給一般公民以一生活的架構。（四）我們之所以是民主主義者，不僅因為多數是正確的，而且因為民主傳統乃吾人所知最少罪惡的制度。如果在民主制度之下，多數的決定有利於暴君，那麼，這就表示民主基礎在這個國邦裡不穩固。（五）一個制度，如果不與傳統調和

在一起，那末便不足以保證民主的實施。在沒有強力的傳統支持時，制度可作極相反的用途。……在制度、意圖以及個人的評價之間，需有傳統構成一種橋樑。（六）自由主義的烏托邦。這種想法就是以為，要依照理知來設計一個在無傳統的白紙上建立的國邦。這是不可能的事。（七）自由主義的原則，與其說是主張更換既存制度，不如說是對既存制度的評鑒；如有必要，加以修改。（八）在一切傳統中，我們認為最重要的，是我們所說的道德架構（moral framework）。……破壞道德架構的結果，引起憤世嫉俗或虛無主義，這麼一來，便對一切人的價值漠視。殷海光：《中國文化的展望》下冊，臺北桂冠圖書公司1988年版，1996年三刷，第603-610頁。

[38]. 殷海光：《有關〈中國文化的問題〉的幾個問題》，《中國文化的展望》桂冠版，第789-790頁。

[39]. 夏道平：《紀念殷海光先生》，《殷海光全集》第18卷，第243頁。

[40]. 夏道平：《自由經濟的思路》自序，《夏道平文存》第2冊，第8-9頁。

[41]. 歷史總會挑戰任何一種即使最合理的理論學說。兩岸的歷史實景表明，自由市場經濟不一定是民主政治的充分條件；自由市場經濟的失靈和馬太效應問題，也是令人深深困擾著的真實課題。

[42]. 本文曾刊於《湖北社會科學》2007年第10期。

[43]. 夏道平：《自由經濟的思路》自序，《夏道平文存》第2冊，臺北遠流圖書出版公司1989年版，第5頁。

[44]. 吳惠林：《當代財經傑出經典人物》，翰蘆圖書出版有限公司2002年版，第3頁。

[45]. 夏道平：《自由經濟的思路》自序，《夏道平文存》第2冊，第5、7頁。

[46]. 熊自健：《戰後臺灣的自由主義者與海耶克思想：以殷海光、夏道平、周德偉為例》，氏著《當代中國思想述評》，文津出版社1992年版，第43頁。

[47]. 夏道平：《海耶克教授經濟思想的簡介》，《夏道平文存》第2冊，第71-72頁。

[48]. 夏道平：《海耶克教授經濟思想的簡介》，《夏道平文存》第2冊，第73頁。

[49]. 夏道平：《海耶克教授經濟思想的簡介》，《夏道平文存》第2冊，第73頁。

[50]. 夏道平：《經濟學家的思路》，《夏道平文存》第3冊，臺北遠流圖書出版公司1995年版，第91-92頁。

[51]. 夏道平：《走出「社會正義」的流行迷思》，《夏道平文存》第3冊，第55頁。

[52]. 夏道平：《周德偉先生未受重視的一項業績》，《夏道平文存》第3冊，第152頁註釋8。

[53]. 夏道平：《累進稅理論之崩潰與重建》，《夏道平文存》第2冊，第214-215頁，註釋第25。

[54]. 夏道平：《經濟自由化與市場秩序》，《夏道平文存》第2冊，第267頁。

[55]. 夏道平：《經濟自由化與市場秩序》，《夏道平文存》第 2 冊，第 268 頁。

[56]. 夏道平：《經濟自由化與市場秩序》，《夏道平文存》第 2 冊，第 268-269 頁。

[57]. 夏道平：《經濟自由化與市場秩序》，《夏道平文存》第 2 冊，第 269 頁。

[58]. 夏道平：《經濟自由化與市場秩序》，《夏道平文存》第 2 冊，第 266-267 頁。

[59]. 夏道平：《海耶克教授經濟思想的簡介》，《夏道平文存》第 2 冊，第 80 頁。

[60]. 夏道平：《海耶克教授經濟思想的簡介》，《夏道平文存》第 2 冊，第 82 頁。

[61]. 夏道平：《海耶克教授經濟思想的簡介》，《夏道平文存》第 2 冊，第 81 頁。

[62]. 夏道平：《海耶克教授經濟思想的簡介》，《夏道平文存》第 2 冊，第 82 頁。

[63]. 夏道平：《海耶克教授經濟思想的簡介》，《夏道平文存》第 2 冊，第 75 頁。

[64]. 胡適：《致雷震》，1951 年 8 月 11 日。曾以《胡適給本社的一封信》為題，發表於《自由中國》第 5 卷 5 期（1951 年 9 月 1 日出版）。

[65]. 編輯部：《給讀者的報告》，《自由中國》第 4 卷 11 期（1951 年 6 月 1 日出版）封底。

[66]. 夏道平：《一個自由派國際學會的成長：寫在蒙貝勒蘭學會來臺開會之前夕》，原載《中國論壇》第 310 期（1988 年 8 月 25 日出版）。

[67]. 夏道平：《經濟學家的思路：寫在吳惠林先生〈經濟學的天空〉之前》，《夏道平文存》第 3 冊，第 90-91 頁。

[68]. 夏道平：《經濟學家的思路：寫在吳惠林先生〈經濟學的天空〉之前》，《夏道平文存》第 3 冊，第 94 頁。

[69]. 本節作者為武漢理工大學政治與行政學院鄧文副教授，曾發表於《武漢理工大學學報》社科報，2008 年第 6 期。

[70]. 夏道平：《談自由‧念胡適》，《夏道平文存》第 3 冊，臺北遠流出版公司 1995 年版，第 161 頁。

[71]. 米塞斯著，夏道平譯，《反資本主義的心境》，臺北遠流出版公司 1991 年版，第 22 頁。

[72]. 米塞斯著，夏道平譯，《反資本主義的心境》，臺北遠流出版公司 1991 年版，第 86 頁。

[73]. 夏道平：《談自由‧念胡適》，《夏道平文存》第 3 冊，第 165 頁。

[74]. 夏道平：《談自由念胡適》，《夏道平文存》第 3 冊，第 167-168 頁。

[75]. 夏道平：《民營事業的使命》，《夏道平文存》第 1 冊，臺北遠流出版公司 1989 年版，第 125 頁。

[76]. 吳惠林：《當代財經傑出經典人物》，翰蘆圖書出版有限公司 2002 年版，第 3 頁。

[77]. 夏道平：《經濟自由化與市場秩序》，《夏道平文存》第 2 冊，臺北遠流出版公司 1989 年版，第 268 頁。

[78]. 夏道平：《談做保》，《夏道平文存》第 1 冊，第 63 頁，第 60-61 頁。

[79]. 夏道平：《請從今天起有效地保障言論自由》，《夏道平文存》第 1 冊，第 167 頁。

[80]. 夏道平：《有容乃大・無慾則剛》，《夏道平文存》第 1 冊，第 119-120 頁。

[81]. 夏道平：《論政治責任》，《夏道平文存》第 1 冊，第 48-51 頁。

[82]. 夏道平：《論言論與新聞的管制》，《夏道平文存》第 1 冊，第 152 頁。

[83]. 社論（夏道平）：《我們要貫徹『五四』精神》，《自由中國》第 12 卷 9 期。

[84]. 社論（夏道平）：《建立法治》，《自由中國》第 15 卷 4 期。

[85]. 夏道平所撰四篇社論是：《如此司法——「奉命不上訴」》（19 卷 10 期）、《從官方的報導再論「奉命不上訴」》（11 期）、《論谷鳳翔對「奉命不上訴」案應負的法律責任》（12 期）、《「奉命不上訴」案為何「不予起訴」？》（20 卷 2 期）。

[86]. 對違憲三連任問題，夏道平連續寫了《蔣總統不會作錯了決定吧？》（20 卷 12 期）、《好一個舞文弄法的謬論！——所謂「修改臨時條款並不是修改憲法本身」》（21 卷 2 期）、《敬向蔣總統作一最後的忠告》（22 卷 3 期）、《敬告我們的國大代表》（22 卷 4 期，與雷震合寫）、《怎樣才使國大的紛爭平息了的！》（22 卷 6 期，與雷震合寫）、《蔣總統如何向歷史交待》（22 卷 7 期）六篇社論。

[87]. 夏道平：《美國大選雜感》，《自由中國》第 7 卷 10 期。

[88]. 夏道平：《讀薩孟武先生「關於讀經問題」書後》，《自由中國》第 7 卷 5 期。

[89]. 社論（夏道平）：《我們對字體簡化的意見》，《自由中國》第 10 卷 8 期。《夏道平文存》第 1 冊，第 84-86 頁。

[90]. 社論（夏道平）：《我們要貫徹『五四』精神》，《自由中國》第 12 卷 9 期。

[91]. 夏道平：《自由主義與宗教》，《經濟前瞻》第 35 期（1994 年 7 月 10 日）。

[92]. 夏道平：《石屋二老：紀念任凱南、李劍農兩教授》，臺北《琺珈》季刊第 63 期（1972 年 10 月 1 日）。

[93]. 夏道平：《周德偉先生未受重視的一項業績》，臺北《傳記文學》第 49 卷第 1 期（1986 年 7 月）。

[94]. 本文曾載於臺灣中華經濟研究院《經濟前瞻》第 108 期（2007 年 11 月號）。

[95]. 夏道平：《自由主義與宗教》，《夏道平文存》第 3 冊，臺北遠流出版公司 1995 年版，第 183 頁。

[96]. 夏道平：《自由主義與宗教》，《夏道平文存》第 3 冊，第 183 頁。

[97]. 夏道平：《自由主義與宗教》，《夏道平文存》第 3 冊，第 188 頁。

[98]. 夏道平：《自由主義與宗教》，《夏道平文存》第3冊，第183頁。

[99]. 夏道平：《自由主義與宗教》，《夏道平文存》第3冊，第183-184頁。

[100]. 夏道平：《自由主義與宗教》，《夏道平文存》第3冊，第184頁。

[101]. 夏道平：《自由主義與宗教》，《夏道平文存》第3冊，第184頁。

[102]. 夏道平：《自由主義與宗教》，《夏道平文存》第3冊，第183頁。

[103]. 夏道平：《自由主義與宗教》，《夏道平文存》第3冊，第184頁。

[104]. 夏道平：《自由主義與宗教》，《夏道平文存》第3冊，第185頁。

[105]. 夏道平：《自由主義與宗教》，《夏道平文存》第3冊，第185頁。

[106]. 夏道平：《自由主義與宗教》，《夏道平文存》第3冊，第182頁。

[107]. 胡適：《新思潮的意義》，《胡適文存》卷四，上海亞東圖書館1921年版，第152-153頁。

[108]. 陳獨秀：《再論孔教問題》，《陳獨秀著作集》第一卷，上海人民出版社，1993年版，第253頁。

[109]. 陳獨秀：《新文化運動是什麼？》，《陳獨秀著作集》第二卷，第124頁。

[110]. 「科學人生觀」十大信條即：（1）根據於天文學和物理學的知識，叫人知道空間的無窮之大。（2）根據於地質學及古生物學的知識，叫人知道時間的無窮之長。（3）根據於一切科學，叫人知道宇宙及其中萬物的運行變遷皆是自然的，——自己如此的，——正用不著什麼超自然的主宰或造物者。（4）根據於生物的科學的知識，叫人知道生物界的生存競爭的浪費與慘酷，因此，叫人更可以明白那「有好生之德」的主宰的假設是不能成立的。（5）根據於生物學、生理學、心理學的知識，叫人知道人不過是動物的一種，他和別種動物只有程度的差異，並無種類的區別。（6）根據於生物的科學及人類學、人種學、社會學的知識，叫人知道生物及人類社會演進的歷史和演進的原因。（7）根據於生物的及心理的科學，叫人知道一切心理的現象都是有因的。（8）根據於生物學及社會學的知識，叫人知道道德禮教是變遷的，而變遷的原因都是可以用科學方法尋求出來的。（9）根據於新的物理化學的知識，叫人知道物質不是死的，是活的；不是靜的，是動的。（10）根據於生物學及社會學的知識，叫人知道個人——「小我」——是要死滅的，而人類——「大我」——是不死的，不朽的；叫人知道「為全種萬世而生活」就是宗教，就是最高的宗教；而那些替個人謀死後的天堂淨土的宗教，乃是自私自利的宗教。胡適：《科學與人生觀·序》，張君勱、丁文江等：《科學與人生觀》，上海亞東圖書館1923年版。

[111]. 張灝：《五四運動的批判與肯定》，《啟蒙的價值與侷限》，山西人民出版社，1989年版；第51-54頁。

[112]. 胡適：《科學與人生觀·序》。

[113]. 殷海光：《中國文化的展望》，臺北桂冠圖書公司 1988 年版。第十四章《道德的重建》第四節「東西道德的整合」。

[114]. 殷海光：《致林毓生》，《殷海光全集》第 10 卷，第 120 頁。

[115]. 20 世紀的中國大陸經歷了三次信仰革命：1.「五四」激進的革命摧毀的是孔教信仰，建立的是「科學」宗教（民主宗教不成功），同時號稱「科學社會主義」的馬克思主義進入中國；2.「文革」野蠻的「革命」摧毀的是一切信仰文明，包括中西宗教遺存和理性精神，建立的是以馬克思主義為旗號的蒙昧的領袖崇拜；3. 改革開放靜悄悄而最徹底的革命消解的是政治烏托邦，造成的是淺薄的金錢拜物教。

[116]. 歌德曾對信仰有過一段精闢的論述，他說：「世界歷史的唯一真正的主題是信仰與不信仰的衝突。所有信仰占統治地位的時代，對當代人和後代人都是光輝燦爛、意氣風發和碩果纍纍的，不管這信仰採取什麼形式，另一方面，所有不信仰在其中占統治地位的時代（也不管這不信仰是什麼形式），都只得到一點微弱的成就，即使它也暫時地誇耀一種虛假的光榮，這種光榮也會飛快地逝去，因為沒有人操心去取得一種對不信仰的東西的知識。」（歌德：《東西集‧註釋》，轉引自陳晏清、荊學民《中國社會信仰的危機與重建》，《江海學刊》1998 年第 4 期）

[117]. 目前有關重建中國信仰的幾種主要思路包括：1. 建立基督教信仰；2. 返回儒教信仰；3. 重建馬克思主義；4. 深化理性主義。此外還有一些以氣功等名義而出現的信仰形式。

[118]. 夏道平：《自由主義與宗教》，《夏道平文存》第 3 冊，第 188 頁。

[119]. 夏道平：《自由主義與宗教》，《夏道平文存》第 3 冊，第 182 頁。

第四章 文化哲學家徐復觀

本章扼要探討徐復觀在臺灣新儒學興起中的角色，他的文化和政治思想也將有所探討。

第一節 徐復觀、牟宗三與新儒學在臺灣的興起

以儒學為大宗的中國傳統文化，經歷了數千年的演變，整合了諸子百家，吸收了邊陲的文明，消化了西來的佛學，構成了傳統中國人的「道統」根基。直到清末民初，才在「秩序」危機的同時也產生了「意義」危機，知識界興起聲勢浩大的取法西學的新文化運動。由於在新文化人士看來，傳統哲學是新文化的阻礙，他們喊出了「打倒孔家店」的口號，對傳統思想文化形成了激烈而長期的衝擊。從此以後，中國學術的主流，一直在西學主導的現代文化方面，傳統學術文化反而居於潛流地位。雖然五四新文化運動時期開始，相繼出現梁漱溟、張君勱、熊十力、馮友蘭、錢穆、賀麟等一批有心於弘揚傳統哲學的學者，但他們多半「在學術界，一直受到胡適派的壓力，始終處於冷落寂寞的地位」[1]。

這種情況在光復後的臺灣，尤其是 1949 年大量學者隨國民黨政權來臺之後，仍然在延續中。儒學在臺灣傳播和發展其實源遠流長。明鄭時期以之為抗清武器，統一於清廷後儒學又成為科考依據，日據時期是學者反日的憑藉。但隨著日本殖民者皇民化運動的強力推行，儒學整體上已經面臨危機。臺灣光復和國民黨遷臺後，大陸學術影響到臺灣，傳統思想文化仍然不受重視。反映到青年學術志願的選擇上，「第一流的高中青年大半進入理工學科，第一流的文法學士又大半獻身於外文、經濟，真正從事於研究中國文化的人才僅限於中文、歷史和哲學三系中的『硬漢』」[2]，局面相當「悲慘」。

但是，1949 年的大事變，也為儒學在臺灣（以及香港、海外）重新振起提供了機緣。因為中國共產黨在中國大陸掌握政權，在一些學者看來，正是西洋新文化片面發展，中國傳統被連根拔起，國民缺乏貞定精神的結果；因而重建傳統人文文化，復興中國傳統學術，也成為支持「反共抗俄」、「反

攻大陸」的強大理由之一。以此為出發點，現代新儒學逐漸在臺灣，和以臺灣為依託的香港和海外發展起來。

現代儒家哲學在臺灣的重建，要從三件大事說起，這便是《民主評論》的創刊，「人文友會」的講學，和「中國文化宣言」的發表。

一、《民主評論》的創辦

1949年後，雖然「五四」以來現代儒學的幾個大家，除了張君勱和錢穆，基本上都留在大陸，但是現代儒學作為一種學術繼續發展，卻在臺灣，或者以臺灣為依託的香港和海外。這種儒家學術的發展，顯然為臺灣光復後的文化重建提供了新的動力和活力。

說到儒家學術在臺灣的重建，不能不提起一個著名刊物：《民主評論》。

《民主評論》創辦人即為徐復觀。

《民主評論》1949年6月創刊，社址為香港告士打道六十四號三樓，其辦刊宗旨，徐復觀在《創刊詞》中有清楚地交待。他說：

在世界大同或天下一家的理想還只是理想之前，政治思想和政治制度中民主與極權的對壘卻也急遽的發展到了最嚴重的階段。因極權主義的極度擴張與威脅，使民主主義方面不能不採取自衛自存的對策。這一發展的結果便是：整個的世界被割裂成兩個互不相容的陣營，整個的人類被趕進了互相仇視的戰爭，整個的文明歷史被帶進了空前的危機，其對世界各地方各民族與各個人所生影響的嚴重，實在到了曠古未有的程度。

……

我們認為這一空前的危機完全來源於錯誤的思想。由於思想的錯誤，造成了荒謬的哲學理論，荒謬的經濟制度，荒謬的政治制度，和違反文明進步的殘暴行為。順著這種思想發展下去，將必是野心家世界征服的實現，但這也正是整個人類前途的毀滅。

……

現在，當全人類的命運受著空前威脅的時代，現在，特別我們面臨著急速毀滅的俄頃，使我們不能不嚴肅的正視現實，不能不深刻的追問一切災難的造因，不能不認真的努力於光明的拯救。

我們認為：

思想的錯誤還需要思想予以糾正。

極權主義造成的危機需要民主來挽救。

人類的命運與文明的前途需要全體人類共同的理智來保證。

為了上述的理由，我們這一群從事於文化工作者發起了這個刊物《民主評論》。它將為了爭取世界的光明前途，為了爭取國家的獨立，經濟的平等，政治的民主，和學術思想的自由，而作最誠懇的努力。……[3]

從這個創刊詞觀察，《民主評論》最初的設想，並不是一個純粹學術性的雜誌，而是一個政論性的文化刊物。這從徐復觀本人發表在前兩卷的文章主題也可得到反映：

卷	期	文章名
1	1	現在應該是人類大反省的時代
1	2	論政治的主流
1	4	與李德鄰先生論改革
1	7	是誰擊潰了中國社會反共的力量
1	9	希臘的政治與蘇格拉底(譯)
1	11	論自由主義與派生的自由主義
1	13	文化精神與軍事精神——湘軍新論

續表

卷	期	文章名
1	16	李德鄰先生是第三勢力嗎？
1	17	不能與不為—閻百川先生應有的抉擇
1	18	第三勢力問題的剖析
2	1	一年來的變局
2	3	美國在韓戰中應學取的教訓
2	5	復性與復古
2	7	論中共政權
2	10	從中共看蘇俄的世界戰略

這十五篇文章中，除了《論自由主義與派生的自由主義》、《文化精神與軍事精神——湘軍新論》、《復性與復古》和譯作《希臘的政治與蘇格拉底》可以不歸入政論範圍，其餘基本上都是典型的政論。他自稱：這一時期「我之所以拿起筆來寫文章，只因身經巨變，不僅親眼看到許多自以為是尊榮、偉大、驕傲、光輝的東西，一轉眼間便都跌得雲散煙消，有同鼠肝蟲臂；而且還親眼看到無數的純樸無知的鄉農村嫗，無數的天真無邪的少女青年，有的根本不知今是何世，有的還未向這個世界睜開眼睛，也都在一夜之間，變成待罪的羔羊，被交付末日的審判。在這審判中，作為人類最低本能的哭泣，呼號，作為人類最大尊嚴的良心，理性，都成為罪惡和羞辱，不值分文。」而這巨變的前因後果，前途歸結，不允許一個具有良知的人麻木，「因此，不僅我的學力限制了我寫純學術性的文章，而我的心境也不允許我孤蹤獨往，寫那種不食人間煙火的文章」[4]。不過，由於徐復觀此前已經從熊十力處獲得了治學的門徑和對民族文化的深刻關懷意識，也由於刊物宣稱「思想的錯誤還需要思想予以糾正」，所以它轉向學術理論為主的可能性隨時存在。事實上，隨著牟宗三、唐君毅、錢穆等文化保守主義作者群向《民主評論》的凝聚，刊物不可避免向文化哲學的路向發展。同一時段，《民主評論》已經開始刊發闡述文化理論而又游離政論方向趨勢的文章：

卷	期	作者	文章名
1	1	錢穆	人生三路向
1	1	唐君毅	從科學世界到人文世界
1	2	唐君毅	人文世界之內容
1	6	牟宗三	儒家學術之發展及其使命
1	6	蕭公權	孔子政治學說的現代意義
1	6	胡拙甫	儒家與韓非
1	6	錢穆	新三不朽論
1	6	唐君毅	唯物論之文化效用評論(一)
1	8	唐君毅	唯物論之文化效用評論(二)
1	10	牟宗三	理性的理想主義
1	10	錢穆	人生目的與自由
1	11	牟宗三	道德的理想主義與人性論
1	12	牟宗三	理想主義的實踐之涵義
1	13	牟宗三	理想主義的實踐之涵義(續完)
1	14	唐君毅	略論真理之客觀性普遍性
1	15	錢穆	理想的大學教育
1	19	唐君毅	宗教精神與人類文化
1	24	唐君毅	中國近代學術文化精神之反省
2	1	尤治平	中國之復興(上)—論中西文化,共產主義與新自由主義
2	2	牟宗三	人類自救之積極精神
2	4	錢穆	世界文化之新生
2	5	唐君毅	孔子與人格世界
2	5	錢穆	孔子與世界文化新生
2	8	錢穆	中國社會演變(上)
2	9	錢穆	中國社會演變(下)
2	11	錢穆	中國傳統政治(上)
2	12	錢穆	中國傳統政治(下)

表中可見，談論文化理論問題的，主要是錢穆、牟宗三、唐君毅。錢穆早已聞名於世，牟宗三、唐君毅等新儒家人物的橫空出世，實際上離不開《民主評論》這個平臺。韋政通在《以傳統主義衛道，以自由主義論政：徐復觀先生的志業》一文中談到 1949 年徐復觀所創辦的《民主評論》時，就認為：「現在臺、港之間的新儒家學派，就是從這個雜誌起家的。」[5] 這可以得到這些新儒家自身的文字證明，例如牟宗三在《道德的理想主義》一書序言中，就說：「吾於民國三十八年來臺。適值友人徐復觀先生創辦《民主評論》半月刊於香港。時大陸淪陷，天翻地覆。人心惶恐，不可終日。吾以流浪天涯之心境，逃難於海隅。自念身處此境，現實一切，皆無從說起。唯有靜下心去，從事文化生命之反省，庶可得其原委而不惑。面對時代，深維中華民族何以到此地步，實不可不予以徹底之疏導。於是，一方草《歷史哲學》以專其心，一方隨機撰文以暢其志。凡此等文字，大抵皆刊於《民主評論》。」[6]

兩卷之後，《民主評論》有過半年的停刊；到了第三卷復刊的時候，復刊辭的基調已經發生變化，明示「對於今天窮凶極惡的錯誤思想，固然要先有『破』的工夫，但對今後新局面的創見，則更要有『立』的工夫。人類面對空前的危機，文化需要新的融合，以塑造出一更高的形態。所以本刊今後希望能在溝通東西文化的這一方面，有所效力」。[7] 而徐復觀本人生活的環境和心情也在改變，「學術性的討論，超過了政治性的討論」，主要針對的問題已經是糾正「有人以『滿面羞慚』的自卑心理來面對文化問題」了。[8]

這裡需要說明的，《民主評論》之所以在香港出版，而不在臺灣，顯然與當時國共鬥爭的形勢有關（香港直接與大陸相連，而且國民黨、共產黨、第三勢力在此都有活動），也與最初提出動議時的計劃和蔣介石撥款的幣種有關。但出版地並沒有影響到它在臺灣文化重建中的角色和作用。因為「《民主評論》社」很快在臺北設立了分社，而且雜誌的組稿、編輯就是在臺北分社進行，雜誌的主編徐復觀在臺北、主要撰稿人除唐君毅、錢穆等少數人，大多也在臺北，即使唐君毅、錢穆等人由於各種原因駐留在香港等地，其心理的依託仍然是臺灣，像錢穆最終還是定居到臺灣，唐君毅也經常布道在港臺之間。更重要的，雜誌出版後的發行也主要面向臺灣讀者。

徐復觀在1956年所寫的《三十年來中國的文化思想問題》一文中曾將《民主評論》放在整個臺灣文化思想新努力的大架構中來進行定位,並清楚說明其思想文化主旨。他說:「政府播遷來臺,少數的知識分子,在九死一生中流亡海外,這應該是政治上大反省的時候,也是文化思想上大反省的時候。事實上,臺港兩地,也展開了許多文化思想上的工作。到現在為止,此一工作,似乎可分為三個方向。」

一個方向是以政治為中心的文化思想工作,國民黨訓練幹部中心地的陽明山革命實踐研究院最堪代表,它們的苦心孤詣,想證明大陸的失敗是來自民主自由之禍,力圖在民主自由主義之外為中國找出一條路。這種努力應從政治的角度上去瞭解,目的在於想以特定的人(領袖)為中心來形成一種理論的權威,藉以加強現實政治上的領導。

另一方向,可以用自由主義者主辦的《自由中國》半月刊作代表。「他們是繼承五四運動的傳統,堅持民主自由的信念,其態度較民國十五年以來的灰色氣氛漸漸顯得明朗;他們可以說是名副其實的1950年代的自由主義者,他們富有此一時代純個人主義的特徵,對中國文化及西方的理性主義,理想主義,都抱著很大的反感。」

第三個方向,「大概可以用《民主評論》作代表。《民主評論》的態度,也是堅持民主自由;但他們寧願自稱為人文(人性)主義者,理想主義者,而不願以自由主義者為滿足。他們對中西文化想做一番提煉溝通的工作,使民主自由能得到文化上深厚的基礎。使科學能在其自己應有的分際上,在中國得到確切的發展。他們對五四運動,是採取批判的態度;但他們的批判,是指向那些輕浮武斷,為民主科學製造不必要的糾葛的這一方面」。[9]

第三個方向,就是現代新儒家的方向。他們既是儒家,以「為天地立心,為生民立命,為往聖繼絕學,為萬世開太平」的使命自期;又不是一味只講繼承、只求復古的儒家,他們的目標,是要用創造性的努力,去煥發儒學的活力,將儒學的根本精神,與現代自由民主精神和科學理性文化接通,以發展求繼承。

二、「人文友會」

牟宗三是赴臺大陸學人中最有代表性的新儒學哲學家，晚年曾頗為自得地宣稱：「一生無少年運，無青年運，無中年運，只有一點老年運。……教一輩子書，不能買一安身地。只寫了一些書，卻是有成，古今無兩。」[10]

牟宗三是山東棲霞人，1909年生。1927年考入北京大學預科，兩年後升哲學系，受教於張申府、金岳霖等教授和校外的主辦《哲學評論》的張東蓀先生，接觸羅素哲學、新實在論，對懷特海哲學發生興趣，並開始研讀易學，大學畢業前完成《從周易方面研究中國之元學與道德哲學》一書。大學三年級時，從鄧高鏡教授處見到「黃岡熊十力造」的《新唯識論》，大為震動，開始從遊於任教北大而長期在外地養病的熊十力先生，屢獲「當頭棒喝」[11]，也深得乃師賞識，以為「北大自有哲系以來，唯此一人為可造」[12]。牟宗三自與熊十力相識之後，直到1942年出任華西大學講師，一直「朝夕環侍熊先生之側」[13]，深感「儒學之復興，中國文化生命之昭蘇，至先生始奠其基，造其模，使後來者可以接得上，繼之而前進。彼之生命，直是一全幅是理想與光輝之生命」[14]。四十年代後期，牟宗三又先後任教於中央大學、金陵大學、浙江大學，講授邏輯與西方哲學等課程，但其思想開始「由懷海德、羅素、威特根斯坦、康德轉向孔孟，由著意於對西學尤其是西方邏輯學、哲學認識論的疏解、闡釋和建構轉向對中國文化尤其儒家人文主義的重建」[15]。

1949年夏秋之交，牟宗三隻身渡海赴臺，暫住《民主評論》臺北分社處並開始為《民主評論》、《人生》等雜誌撰稿。1950年秋，受聘臺灣師範學院國文系，才轉寓東坡山莊。他在師院主講理則學、哲學概論、中國哲學史等課程，同時繼續在《民主評論》、《人生》等雜誌發表文化哲學文章。在教學和寫作之餘，他還有意以一種更有效的方式在臺灣進行重建中國文化尤其是儒學的工作。1951年夏天牟宗三開始主持臺灣師院的人文講座，以此為契機發起創立人文學社。這個團體本來「旨在透過師生之間的國學、文化思想的講習，以相互切磋，共同討論中國的前途和命運，探求中國文化乃至中國社會的出路」。[16] 不過由於參社人員「多雜而不純」，有些參社教授對中國哲學文化興味索然，甚至動輒以中國之費希特自命，牟宗三後來決定放棄該社，另行組織比較單純的研習中國哲學文化的聚會——「人文友會」。

人文友會,取《論語》「以文會友,以友輔仁」之意,「本乎開放獨立之精神,採取師友聚會之方式,進行課外之講學」,期在真正團聚志同道合的師友,「以提斯精神,激發志趣,凝聚心志。由師友之團聚,進而擴大友道精神;由友道精神之擴大,而通接文化生命,持載歷史文化」。[17] 1954年8月14日,友會首次聚會,以後每兩週一次。

牟宗三首先講到友會之基本精神與願望,希望借助此會可以「透出正統的立場」,造成「轉移風氣」的作用。為了達成此一目的,他認為有必要將友會朝「文化運動」、甚至「人文教」的方向發展,他說:

我們這三四十年來,總是向外向下,由浪漫的否定來表現正義與理想。不獨青年為然,即一般知識分子皆然。此種浪漫性的否定,一定是虛無主義。我們現在要轉移過來而改為向內向上,從證明表現正義與理想,表現其熱忱,或說是浪漫性。那麼,中國才有辦法,中國才可建立起來。……我與諸位聚會講習,主要的用心,就是要扭轉這種習氣。我們由向內向上開啟純理想性。自然就接上了孔子的生命與智慧,也自然就瞭解了中國文化的生命與智慧。……我們主張使儒家成為人文教,並主張於未來成立人文教會以護持國脈。

牟宗三這裡所說的「使儒家成為人文教」,就是要將儒家哲學宗教化,這反映了他對於恢復儒學道統的強烈願望。當學友對這個願望表示出疑慮,提出「現在要將儒家學術與宗教連在一起,有很多難瞭解,應注意如何從儒家教義中啟發出宗教意識來」時,他解釋道:

宗教意識,本是一種向上的自我超越的意識,亦即是超越的精神,我們不能以平抑的庸俗態度來瞭解……我們要祭天、祭祖,並祭聖賢。……我們祭祖是將民族生命與宇宙生命合一,而祭聖賢,則表示民族生命與宇宙生命一是皆為精神生命。此即是上通天道之媒介。此是以一系統來證實天道為宗教的。……這須靠國家來維持,社會上必須有教會來持載。過去靠皇帝,現在要靠社團。如要此一理想成為客觀化,須透過憲法,此為吾人奮鬥之目標。我們必須從文化運動上開出這一理想。我們如果單講民主政治,不通文化生命,則國家建立不起來。

牟宗三對於恢復儒家人文精神具有高度的焦灼感,他之所以組織人文友會,也正是這種焦灼感催化的結果。不過對於是否要將友會宗教化,作為同道,徐復觀和香港的唐君毅卻有著不同看法。徐復觀自始至終不贊成新儒學宗教化,當然更不贊成友會成為一個人文教會。牟宗三在人文友會首聚前夕,曾去函唐君毅,徵詢意見並邀約加盟。唐君毅在覆函中,表示贊同友會草案,願意列名參加之餘,對於變儒家為人文教一事,一方面表示同感「今日講學不能只有儒家哲學,且須有儒教」,「哲學如只是論,終是『是亦一無窮,非亦一無窮』。人之性命,終無交代處」;另一方面,又表示「人文友會事,仍只能以講義理為重,而不宜流於形式,以免先造成阻隔」;主張弘揚聖教從保存孔廟(做講學之所)和天地君(君字改為聖字或人字)親師之神位入手。牟宗三後來接受這個意見,才不再在友會提「人文教」的事。

在牟宗三離開師院之前的兩整年中,人文友會從無間斷。除了最先一講牟宗三交待友會之基本精神與願望,以後的聚會講習之內容,「或談問題,或講文獻,相間而行」[18]。友會共聚講 51 次,其中第 50 次由唐君毅主講「人學」,其餘均由牟宗三主講,學友提問和討論。

這些專題記錄成稿的包括:《反魔道與灰色》、《惻隱之心與良知》、《生命之坦蕩與開朗》、《理智與意志對立》、《生命與理性對立》、《大學之道在明明德》、《意志與超意志》、《邏輯的我與道德的我》、《具體的解悟與抽象的解悟》、《無可奈何的缺憾》、《時代使命與文化意識》、《自然與文化的對立》、《質的世界之根源:心性之學》、《王學的歧出》、《古人講學的義法》、《王學的正解》、《中國文化的發展》、《理與事》、《略論儒家的工夫》、《通向新外王的道路》(一、二、三)、《理性的運用表現與架構表現》、《民主政治與道德理性》、《普遍性與個體性》、《黑格爾哲學與存在哲學》、《中西思想諸問題之討論》、《存在的進路與非存在的進路》、《精神哲學與自然哲學》、《理智、美學與道德意識》、《懷悌海哲學大意》、《懷悌海哲學之問題性的入路》、《師友之義與友道精神》等。

與以往師院內部的人文學社不同的,除了會友更加單純,還有參加人員不受校內校外的限制,可以完全根據個人志趣自由參加。51 次聚會中,除了唐君毅主講的一次為公開演講,人數超過百人,其他常在 30 人左右。兩年

之間，先後參加聚會講習者，約有百十之數。蔡仁厚依各次講習之登錄，在《人文講習錄》編印說明中列有一個名單，其中，經常甚至始終堅持參加的有蔡仁厚、戴璉璋、周文杰、王淮、陳問梅、陳癸淼、唐亦男、勞思光、韋政通、林清臣、劉國瑞、吳自蘇、司修武、王美奐、朱維煥、郭大春、曾厚成、胡連成、陳修武、胭濟南等20餘人。

人文友會首次聚會於東坡山莊牟宗三寓所，第二次起改借師大教室聚會。聚會固定在隔週的週末晚上舉行。人文友會的聚會講學，親切而自由靈活，不同於課堂教學，也不同於一般公開演講。蔡仁厚說：「人文友會，彼此是師友關係。師友是一倫，師友之關係是人格與人格相接之關係。故彼此要處得親切，要相知，要常見面問學。人不可『孤學寡友』，必須『親師取友』，以期道義相勉，學問相益。如此，乃能敦肅勵學，陶鑄人才。」「聚會之人，無分校內校外，自由參加。凡有志趣者，皆敞開心懷，以禮相見。如此，則學校與社會相通為一矣。」[19] 自始至終參加友會的校外學友韋政通，2006年在武漢大學講述「我所知道的牟宗三先生」時，說到牟先生的講學，亦有感而發，稱：

講學與在教室上課是兩碼事兒。教室裡面上課有一定的制度，你必須要開什麼課，它的內容必須要有一定的範圍，比較機械。但是講學不是這樣，講學的目的，主要就是要把年輕人引導上學術道路，使他們成為對歷史、文化有理想的人。希望藉講學的過程，能夠鼓勵一些年輕人一生一世都把學術當作一種責任、一種理想去追求。……牟先生一生非常注重講學。

韋政通說那個時候牟宗三是希望把中國理學家那種講學的精神能夠延伸到現代的學院裡面來。1956年秋，牟宗三離開臺灣師範學院，赴臺中東海大學任教，臺北人文友會的聚會才中止。

後來東海大學也曾組織過類似的聚會，邀請牟宗三主持，每週一次，但據參加者講述，「到東海大學，學生和學校的氣氛跟師範大學很不一樣，那是一個教會學校。他仍然額外開辦私人的講學。教會學校不理會他，連教室都沒有開放給他用的，他就在餐廳裡面講，餐廳是不關門的。」[20] 由於環境不同，這個聚會與人文友會在主旨上其實也不盡相同，「友會講習的主要目的，依牟宗三自己的說明，是『輸導時代學風世風病痛之所在，以及造成苦

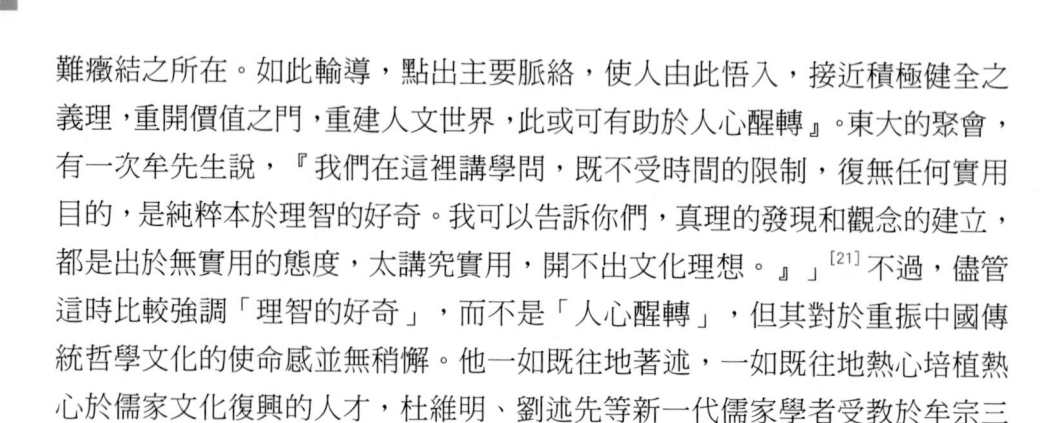

難癥結之所在。如此輸導,點出主要脈絡,使人由此悟入,接近積極健全之義理,重開價值之門,重建人文世界,此或可有助於人心醒轉」。東大的聚會,有一次牟先生說,『我們在這裡講學問,既不受時間的限制,復無任何實用目的,是純粹本於理智的好奇。我可以告訴你們,真理的發現和觀念的建立,都是出於無實用的態度,太講究實用,開不出文化理想。』」[21]不過,儘管這時比較強調「理智的好奇」,而不是「人心醒轉」,但其對於重振中國傳統哲學文化的使命感並無稍懈。他一如既往地著述,一如既往地熱心培植熱心於儒家文化復興的人才,杜維明、劉述先等新一代儒家學者受教於牟宗三就是在東海大學。

三、《中國文化宣言》

現在很多人一談到新儒家,就會引用1958年1月《民主評論》發表的《中國文化宣言》,把它作為一個標誌。這個宣言是牟宗三、徐復觀、張君勱、唐君毅四個人署名,而張君勱、唐君毅不在臺灣。唐君毅1909年出生於四川宜賓一個書香門第,幼承庭訓,接受過良好的舊學教育,曾就讀於中俄大學、北京大學,畢業於中央大學哲學系,青年時代頗受梁啟超、梁漱溟、熊十力學術的影響。曾任教於華西大學、中央大學、金陵大學,任過江南大學教務長。1949年起香港,與錢穆、張丕介等創辦新亞書院,並兼任教務長、哲學系主任等職,經常往來於臺港之間。張君勱1887年出生於江蘇嘉定縣一個儒醫兼經商的家庭,中過秀才,留學過日本和德國,主修政治學。政治上追隨梁啟超,是政聞社的骨幹人物,自30年代起,又先後組建過或參與組建過中國國家社會黨、中國民主政團同盟和中國民主社會黨,參加過兩次民主憲政運動,是國防參議會參議員、國民參政會參政員,1946年政治協商會議代表,並起草過《中華民國憲法》。學術上他也頗有造就,創辦過政治大學、學海書院和民族文化書院,當過北京大學和燕京大學教授,是1923年「人生觀論戰」的挑起者。先後有《人生觀》、《民族復興之學術基搉》、《中華民國民主憲法十講》、《社會主義思想運動概論》、《中國專制君主制之評議》、《主國之道》、《明日之中國文化》等論著發表和出版,1949年以後離開大陸,因為跟蔣介石不和沒有去臺灣,後來從香港到美國去了,在美國用英文寫了《新儒家思想史》。

第四章 文化哲學家徐復觀

　　《中國文化宣言》的全稱為《為中國文化敬告世界人士宣言：我們對中國學術研究及中國文化與世界文化前途之共同認識》，此宣言之緣起，初並非由臺灣的牟宗三和徐復觀所發動，而是由於張君勱1957年春與去美國訪問的唐君毅，談到「西方人士對中國學術之研究方式，及對中國與政治前途之根本認識，多有未能切當之處，實足生心害政」，產生聯名發表一文以糾正之的想法。張君勱遂致函臺灣牟宗三、徐復觀，徵求同意。後經徐、牟贊同，並書陳意見，由唐與張商議後，在美草定初稿。初稿成，再寄徐、牟修正。往覆函商，終成此宣言。宣言本擬譯成英文發表，故內容與語氣，多為針對西方人。但中文定稿後，因循數月，未及迻譯；且又覺欲轉移西方人士之成見，非此一文所能為功，「最重要者吾中國人之反求諸己，對其文化前途，先有一自信」。故決定先以中文交《民主評論》及《再生》兩雜誌之1958年元旦號，同時發表。其時牟宗三、唐君毅、徐復觀名氣並不大，張君勱則有歷史地位，兩刊同時發表後，在臺灣、香港和海外，都引起了較大迴響。

　　宣言共分十二章，分別說明發表此宣言之理由，中外學者研究中國學術文化中的缺陷，研究中肯定中國歷史文化精神生命之重要，中國哲學思想在中國文化中之地位及其與西方文化之不同，中國文化之倫理道德與宗教精神，中國心性之學的意義，中國歷史文化所以長久之理由，中國文化發展與科學的關係，中國文化之發展與民主建國的關係，中國現代政治史之分析，西方所應學習於東方之智慧，以及對於世界學術思想之期望。

　　《宣言》提出，之所以要把他們對自己國家文化之過去現在與將來前途的看法，向世界宣告，是因為他們真切相信：中國文化問題，有其世界的重要性。「我們姑不論中國為數千年文化歷史，迄未斷絕之世界上極少的國家之一，及十八世紀以前的歐洲人對中國文化的稱美，與中國文化對於人類文化已有的貢獻。但無論如何，中國現有近於全球四分之一的人口擺在眼前。這全人類四分之一的人口之生命與精神，何處寄託，如何安頓，實際上早已為全人類的共同良心所關切。中國問題早已化為世界的問題。如果人類的良心，並不容許用原子彈來消滅中國五億以上的人口，則此近四分之一的人類之生命與精神之命運，便將永成為全人類良心上共同的負擔。而此問題之解決，實繫於我們對中國文化之過去現在與將來有真實的認識。如果中國文化

不被瞭解，中國文化沒有將來，則這四分之一的人類之生命與精神，將得不到正當的寄託和安頓；此不僅將招來全人類在現實上的共同禍害，而且全人類之共同良心的負擔將永遠無法解除。」[22]

既然中國文化問題，有其世界的重要性，那麼研究中國學術文化就應該是世界學術的重要構成部分。可是，當下的世界人士，包括不少中國學人，在研究中國學術文化的過程中，都存在一個致命的缺點。他們不是順著中國文化自身之發展去加以瞭解，而是為宗教目的、好奇心、現實政治等外在因素所驅使，要麼任意肢解、取捨，要麼以博物心態冷面觀察，要麼顛倒歷史的順序由今溯古、由流溯源、由果推因，難免陷於偏見。

《宣言》指出，此病的根因，乃「在許多西方人與中國人之心目中，中國文化已經死了」。但事實上，中國文化並沒有死。中國文化生病了，但這個病人還是活的，正因為是活的，才需要醫治。「中國文化正在生病，病至生出許多奇形怪狀之贅瘤，以致失去原形。但病人仍有活的生命。我們要治病，先要肯定病人生命之存在。不能先假定病人已死，而只足供醫學家之解剖研究。」[23]所以，「我們首先要懇求：中國與世界人士研究中國學術文化者，須肯定承認中國文化之活的生命之存在」[24]，須對於中國活著的文化抱持同情與敬意，「對一切人間的事物，若是根本沒有同情與敬意，即根本無真實的瞭解」[25]。因之，研究者切實把自己的研究動機，加以反省檢討，乃推進研究工作的重大關鍵。

我們研究中國之歷史文化學術，要把它視作中國民族之客觀的精神生命之表現來看。但這個精神生命之核心在哪裡？《宣言》說，它在中國人思想或哲學之中。中國文化精神生命的核心在中國傳統哲學思想中，並不是說，中國之思想或哲學，決定中國之文化歷史。而是說，「只有從中國之思想或哲學下手，才能照明中國文化歷史中之精神生命」。因而「研究中國歷史文化之大路，重要的是由中國之哲學思想之中心，再一層一層的透出去，而不應只是從分散的中國歷史文物之各方面之零碎的研究，再慢慢的綜結起來」。[26]

這種哲學具有「一本性」，在本源上是一個文化體系。古代中國，亦有不同之文化地區，但並不妨礙中國古代文化之有一脈相承之統緒。「殷革夏

命而承夏之文化,周革殷命而承殷之文化,即成三代文化之一統相承。此後秦繼周,漢繼秦,以至唐、宋、元、明、清、中國在政治上有分有合,但總以大一統為常道。且政治的分合,從未影響到文化學術思想的大歸趨,此即所謂道統之相傳。」[27] 雖然中國歷史文化中道統之說,皆非中國現代人與西方人所樂聞,但這是中國歷史上的事實。西方文化由於來源眾多,包括希臘、羅馬、希伯來、日耳曼、回教等,而希臘本身亦非一統的世界,故現實世界的道統難於建立,乃以超現實世界之上帝為其統。而中國文化則自來有其一貫之統緒的存在。中華民族之宗教性的超越感情及宗教精神,與其所重之倫理道德,同來源於一本之文化,故超越的宗教精神與世俗的倫理精神,遂合一而不可分。

《宣言》認為儒家的心性之學最能夠代表中國傳統哲學超越精神和世俗精神的統一。「此心性之學,是為世之研究中國之學術文化者所忽略所誤解的。而實則此心性之學,正為中國學術思想之核心,亦是中國思想中之所以有天人合德之說之真正理由所在。」[28]「不瞭解中國心性之學,即不瞭解中國之文化也。」[29] 中國心性之學,先秦之儒家道家思想中已發其端,至宋明而大盛,清代漸衰。今人不能瞭解此心性之學為中國之學術文化之核心所在,在中國學界實際上與清代以來的世態學風有關。清代學術重考證訓詁厭談心性,清末西化東漸講科學民主,以清代考證之學中有「科學方法」,更不喜心性。而在西方耶穌會士把中國經籍及宋明理學介紹至西方時,乃把宋明理學只當作一般西方之理性主義、自然主義、唯物主義看,所以宋明理學在西方亦只被理性主義者如來布尼茲,唯物主義者如荷爾巴哈(Holbach)等引為同調;當今則又有人只把此心性之學,當作西方傳統哲學中之所謂理性的靈魂理論,或認識論形而上學之理論,或一種心理學看。這都是完全錯誤的。中國此種由孔孟至宋明之心性之學,有著特殊的性質,以西方文化學術觀點看中國之學術文化,不能得其要領。

瞭解中國心性之學,便可以進而討論中國民族之歷史文化何以能歷數千年而不斷這個問題。因為中國之思想,自來即要求人以一超現實的心情,來調護其現實生活;自來即要求人不只把力氣向外表現,而耗竭淨盡,更要求人把氣力向內收斂,以識取並培養生命力氣的生生之源;自來即重視生之價

值，重視生命之傳承不絕。正是這種種自覺的人生觀念和求「久」之思想，使民族文化之生命能綿延於長久而不墜。

《宣言》指出，西方文化的多源性產生了分科之學，包括獨立的宗教、哲學、科學、社會理論等，這是它的長處；中國有通哲學道德宗教以為一的心性之學，而缺西方式之獨立的哲學與宗教，缺乏科學和工業化的發展，缺乏民主的社會理論。無西方式之獨立的宗教與哲學，並非如何嚴重的缺點；但是不能沒有科學和民主。中國文化並不是反科學、反民主的，中國思想傳統中本有科學與民主的因子，儒家的「形上之道見於形下之器」、「利用厚生」的思想，「天庭自我民聽」、以民意代天命的思想都是例證；但不能不承認，我們缺乏西方「為求知而求知」之根本科學精神，缺乏以「憲法」制約皇權的關鍵民主制度。所以，今天中國文化依其本身之要求，應當伸展出之文化理想，「是要使中國人不僅由其心性之學，以自覺其自我之為一『道德實踐的主體』，同時當求在政治上，能自覺為一『政治的主體』，在自然界知識界成為『認識的主體』及『實用技術的活動之主體』」。[30]中國文化中須接受西方或世界之文化，中國人之人格才有更高的完成，中國民族之客觀的精神生命才有更高的發展。

中國文化需要向西方學習，這是問題的一個方面。《宣言》進而指出，問題還有另一方面：西方文化也要從東方、從中國吸取智慧。自十九世紀以來，世界各民族的文化都受到西方文化的影響，但「西方文化之本身，是否即足夠領導人類之文化」[31]？西方的民主、科學在其突飛猛進之途程中，亦明顯的表現有種種之衝突與問題。「如由宗教改革而有宗教之戰爭；由民族國家之分別建立而有民族國家之戰爭；由產業革命而有資本主義社會中勞資之對立；為向外爭取資源，開發殖民地，而有壓迫弱小民族之帝國主義行動；及為爭取殖民地而生之帝國主義間之戰爭；為實現經濟平等之共產主義之理想，而導致蘇俄之極權政治，遂有今日之極權世界與西方民主國家之對立；而二十世紀以來，亞洲非洲之民族主義興起，既與西方國家之既得利益相衝突，又因其對歐美之富強而言，整個之亞洲非洲，無異於一大無產階級。於是亞非民族，既受西方政治上經濟上之壓迫侵略於前，故共產主義之思潮最易乘虛透入。亞洲非洲之民族主義與共產主義相結合，以反抗西方國家，又

適足以遂蘇俄一國之野心。在今日科學已發展至核子武器，足以毀滅人類之時期，人類之前途乃惶惶不可終日。」[32]

這些問題有的由西方人自身所逐漸解決，有的卻無法自身解決，如西方與共產主義世界和亞非民族主義日益嚴重的對立。導致這種對立的根源，與其說是權力意志的作用，不如說是「在其膨脹擴張其文化勢力於世界的途程中，他只是運用一往的理性，而想把其理想中之觀念，直下普遍化於世界，而忽略其他民族文化的特殊性，因而對之不免缺乏敬意與同情的瞭解，亦常不能從其他民族文化自身之發展的要求中，去看西方文化對其他民族文化之價值」。[33]西方人如真欲其對人之態度，與其自身之精神，再進一步，或真欲與東方人亞洲人及非洲人接觸以調整人類關係，謀取世界和平，以保西方文化本身之永遠存在於人間世界，則西方人之精神思想，尚可有學習於東方之人生智慧之必要。東方文化「當下即是」「一切放下」的精神，東方文化圓而神的智慧，東方文化的溫潤而悲憫之情，東方文化使文化悠久的智慧，東方文化天下一家之情懷，這些文化因素西方文化並非本來沒有，但透過對東方之學習，更能開花結果。

所以，總起來講，《宣言》認為，各民族對於自身文化缺點都需要反省，「東方與西方到了應當真正以眼光平等互視對方的時候了」[34]。只有這樣，才能真正彼此互相併存，互相欣賞，互相會通融合，把人類前途之問題，當作共同的問題來處理，才能開出人類的新路。

▌第二節 徐復觀對中國思想文化的闡釋[35]

作為學生，徐復觀非常認同熊十力「亡國族者常自先亡其文化」[36]的觀點。因此，步入學術研究以來，他把主要心力用在了對中國文化的維護和闡揚上。透過對近代中國文化論爭的反思，徐復觀力圖走出一條中西文化融通的新路，以超越和克服激進反傳統的誤區。為此，徐復觀一方面努力揭示了中國文化在專制統治下被遮蔽的民主自由精神，一方面極力闡揚了中國文化的人文精神及其現代意義。

一、反思近代中國的文化論爭

徐復觀曾說：「我要把中國文化中原有的民主精神重新顯豁疏導出來，這是『為往聖繼絕學』。使這部分精神來支撐民主政治，這是『為萬世開太平』。」[37] 這句話集中地概括表達了他一生學術活動的根本宗旨，也是理解把握徐復觀學術思想的關鍵點。

面對近代以來此起彼伏的中西文化論爭，徐復觀力圖超出保守與激進、排外與西化的二元對立，主張透過對中西文化的反省批評促成二者的融合貫通。1956年，在對中國近三十年的文化思想問題作了一番總結和反思後，他指出：「由中外政治的衝突，而形成中西文化思想的衝突。反對西方文化者多出於民族的感情，並非出於對西方文化本身的批判。反對中國文化者亦多出於對西洋勢力的欣羨，而非出於對中國文化自身的反省。」[38] 換句話說，保守中國文化者與反對中國文化者都缺乏對中西文化的理性反思與清醒認知，因而他們之間的文化論爭大多流於情緒化的意氣之爭。對於1930年代的文化論戰，他總結道：「當時喊出中國本位文化建設呼聲的人，一部分固是出於民族的感情，但另一部分卻是要以此來抵消社會上民主自由的傾向，要以此來加強政治中的專制獨裁。這一因素，是太不能受學術思想的考驗，勢必反轉來阻礙學術思想進步的。說來也實在可憐得很，數十年來，凡是反民主自由的人，常常要借助於中國的傳統文化；於是反對中國文化的，動輒指中國文化是專制主義的護符；這一奇怪的糾結若不把它解開，則中國人真可以不談中國文化。」[39] 在此，徐復觀不僅表示了對中國本位文化論的同情理解與由衷認同，還敏銳地發覺傳統文化的辯護論調常被專制統治者用作反對民主自由的口實，從而揭示了潛藏在近代中國多次文化論爭中的一個奇怪現象。即：近代中國，反民主自由的人常常假借維護中國傳統文化之名來暗行專制獨裁之實，於是中國傳統文化便成了專制主義的護身符；這樣一來，為了追求民主自由，知識分子不得不走上了激進反傳統的歧路。

為瞭解決這個難題，徐復觀一面強調學術與政治之間應保持一定的距離，反對把學術政治化或以政治來宰制學術，一面致力於揭露傳統文化在專制政治下所發生的扭曲變異，力圖澄清儒學與專制之間的關係。他說：「我這幾年的努力，便是要從學術上把作為中國文化主流的儒家思想，從中國歷史上

的專制政治,確切的分開,使許多叔孫通、公孫弘的子孫們,無法隱藏其卑汙的面目。」[40]透過學術研究把儒學與專制區別開來,進而闡發儒家思想中的民主自由精神,這不僅是徐復觀學術思想研究的一大特點,也是他把儒學與民主自由連接溝通起來、以儒學為根基建立中國式民主的思想依據。徐復觀極力駁斥那些對中國文化的誣衊或曲解。他曾說:「我不是一個有學問的人……由一九五〇年代所開始的在文化上的發言,不是想為自己表現什麼、維護什麼,而只是一個中國人在文化上的反抗。這是指向任何形式的洋教對中國文化的誣衊、壓迫所提出的反抗,也是對中國人的心靈、人格及合理的生存權利的誣衊、壓迫所提出的反抗。」[41]

　　徐復觀認為,儒學並不像新文化運動領袖所批判的那樣是維護專制政治的護身符。根據他的研究,真正維護專制統治的是法家而非儒家,但在專制制度下儒家的思想與精神受到了扭曲,喪失了它的生命力。因此,他對新文化運動持有保留的肯定態度。在他看來,新文化運動具有兩面性:積極面是提出民主與科學,消極面是要打倒孔家店。[42]對於科學、民主、自由和人權,徐復觀是極力擁護的,但他堅決反對打倒孔家店。他主張:要承接五四新文化運動而向前發展,要自覺超越新文化運動的侷限。他說:「五四運動對於科學民主的流產,主要是來自五四運動的自身,而其關鍵則在於他們要首先打倒中國文化;在這種不可能的任務之前,一部分人橫決,一部分人逃避,乃必然之勢。中國這幾年的歷史文化工作者,主要在指出五四運動打倒中國文化的企圖,不僅站在中國人的立場為不能接受,即站在科學民主的立場也是不合理,尤其是無此必要。中國文化打倒以後,中國成為一個野蠻民族,如何能實現科學民主。所以,我們是以對中國文化的批評來代替五四時代的打倒,要透過中國文化自身的反省,使科學民主在中國文化自己身上生根。基於此立場所作的對於五四運動的批評,乃是五四運動向前的發展,文化運動向前的發展。」[43]簡言之:新文化運動的失敗主要是因為它要打倒中國文化,這樣做既不合理也無必要。因此,他主張應用對中國文化的批評來代替「五四」時代的打倒。

　　在對待新文化運動問題上,徐復觀與賀麟一樣採取了開明的態度。賀麟認為:「五四時代的新文化運動,可以說是促進儒家思想新發展的一個大轉

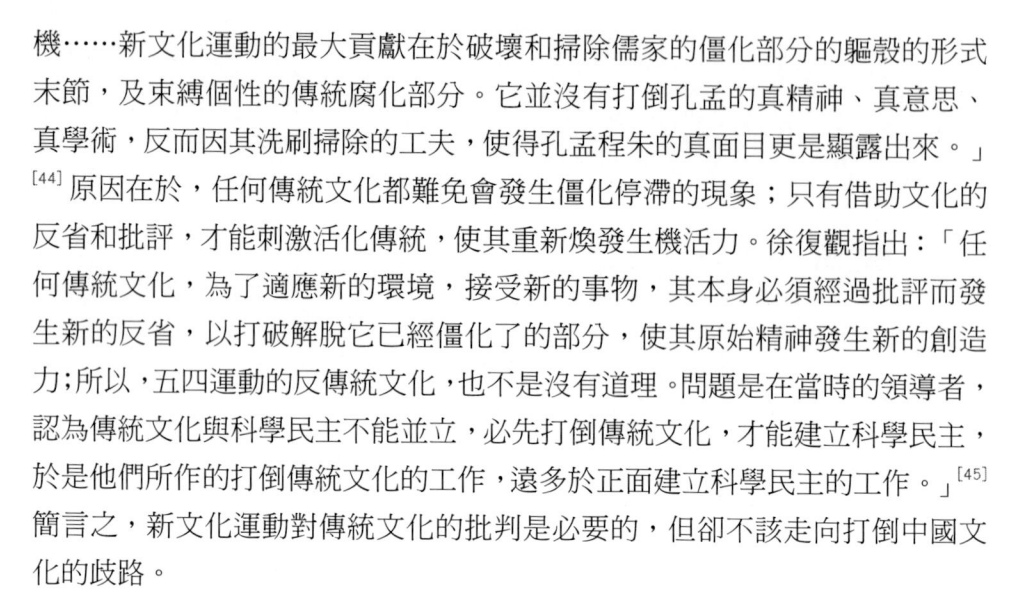

機⋯⋯新文化運動的最大貢獻在於破壞和掃除儒家的僵化部分的軀殼的形式末節，及束縛個性的傳統腐化部分。它並沒有打倒孔孟的真精神、真意思、真學術，反而因其洗刷掃除的工夫，使得孔孟程朱的真面目更是顯露出來。」[44] 原因在於，任何傳統文化都難免會發生僵化停滯的現象；只有借助文化的反省和批評，才能刺激活化傳統，使其重新煥發生機活力。徐復觀指出：「任何傳統文化，為了適應新的環境，接受新的事物，其本身必須經過批評而發生新的反省，以打破解脫它已經僵化了的部分，使其原始精神發生新的創造力；所以，五四運動的反傳統文化，也不是沒有道理。問題是在當時的領導者，認為傳統文化與科學民主不能並立，必先打倒傳統文化，才能建立科學民主，於是他們所作的打倒傳統文化的工作，遠多於正面建立科學民主的工作。」[45] 簡言之，新文化運動對傳統文化的批判是必要的，但卻不該走向打倒中國文化的歧路。

　　徐復觀強調指出，「五四」時代的反傳統雖有其合理性但卻犯了四個錯誤：一是把不合理的政治與文化中的傳統混在一起，而要加以一起打倒；二是以為傳統與科學是不相容的，要接受科學便須徹底打倒傳統；三是不瞭解許多傳統的風俗習慣，是會隨著新事物的出現而自然發生改變的；四是根本不瞭解傳統有高低之分，高次元的傳統不僅對落後的風俗習慣是一種批判力量，還對民主科學的發展有促進作用。徐復觀認為，傳統有高低之分，低次元的傳統是保守的，高次元的傳統則具有自我批判、自我更新的能力。「高次元的傳統，則是透過低次元中的具體的事象，以發現隱藏在它們後面的原始精神和原始目的。它常是由某一民族的宗教創教者、聖人、大藝術家等所創造出來的。它是精神地存在，不是目可見，耳可聞，而須要透過反省、自覺，始能再發現的。並且由這種發現，而會給低次元的傳統以批判⋯⋯所以，高次元傳統的本身，便含有超傳統性的意義。」[46] 即是說，新文化運動所批判的包小腳、吃鴉片等傳統，實際上只是低次元的傳統，並非高次元的傳統。由此，徐復觀提出「走我們以高次元傳統的自覺，融和中西，以形成新傳統之路」[47]。換言之，就是要自覺發揚中國文化的高次元傳統，以承接西方文化的民主與科學，走中西文化融通之路。

正是在如何對待新文化運動問題上，不僅充分彰顯了徐復觀文化保守主義的思想底色，同時也成為他與《自由中國》派學人在追求民主自由問題上的主要分歧所在。他曾多次談到他所創辦的《民主評論》與《自由中國》在文化與政治問題上的思想分別。他說：

《民主評論》開始是多寄希望於國民黨內部的反省、革新，《自由中國》則多寄希望於社會一般人士的奮起、團結。《民主評論》是側重在使民主自由建立在中國文化基礎之上，不認為自由即是純個人主義的自由，也不一概排斥社會主義。《自由中國》則側重在「民權清單」，守住純個人主義的傳統，更徹底排斥社會主義的觀念。《民主評論》希望由中國文化的反省、澄清，以把握其精神及長短之所在，開中西文化融通之路。《自由中國》則徹底反對中國文化，反對西方文化中的理性主義，堅持經驗論的立場。《民主評論》重視道德的意義，《自由中國》則有些人否認有所謂道德問題。[48]

在此，徐復觀對兩個刊物的差別做了全面而又簡明的闡述，說明了他們之間的思想分歧。在他看來，《自由中國》派學人依然秉持的是新文化運動的思路，試圖打倒中國文化來實現民主自由。這是他所絕不認可的。他說：「他們是繼承五四運動的傳統，堅持民主自由的信念，其態度較民國十五年以來的灰色氣氛漸漸顯得明健；他們可以說是 1950 年代的自由主義者，他們富有此一時代純個人主義的特徵，對中國文化及西方的理性主義，理想主義，都抱著很大的反感。……《民主評論》的態度，也是堅持民主自由；但他們寧願自稱為人文（人性）主義者，理想主義者，而不願以自由主義者為滿足。他們對中西文化，想做一番提煉溝通的，使民主自由能得到文化上深厚的基礎。使科學能在其自己應有的分際上，在中國得到確切的發展。他們對五四運動，是採取批判的態度；但他們的批判，是指向那些輕浮武斷的為民主科學製造不必要的糾葛的這一方面。因此，他們所期待的是要超越五四的時代，而不是要拉著五四時代回頭走。」[49] 由此可見，正是對待新文化運動的根本態度不同，構成了《自由中國》與《民主評論》兩派學人最終在文化路向上分道揚鑣。就徐復觀而言，他由此逐步確立了自己的文化立場和學術旨趣。

徐復觀曾多次表白，他在學術文化上的主要目的是「想把中國文化中所蘊蓄的深厚的民主精神疏導發揮出來，使民主能在自己的國家中生根，並為

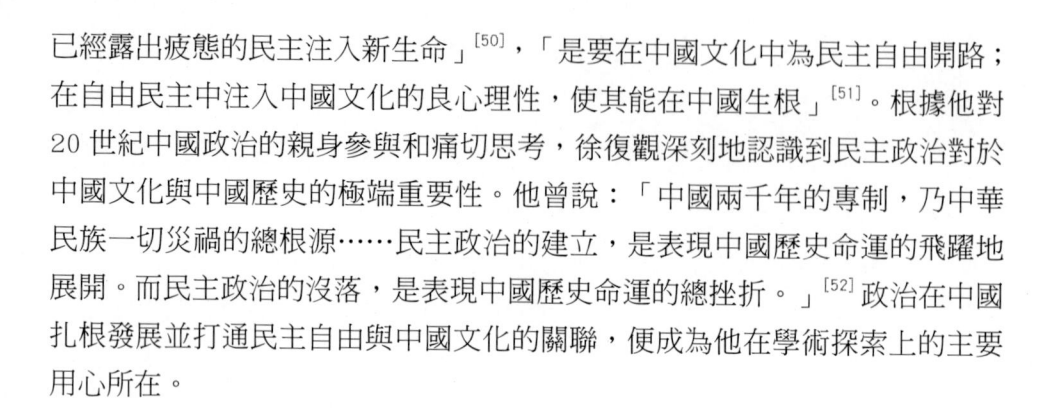

已經露出疲態的民主注入新生命」[50],「是要在中國文化中為民主自由開路;在自由民主中注入中國文化的良心理性,使其能在中國生根」[51]。根據他對20世紀中國政治的親身參與和痛切思考,徐復觀深刻地認識到民主政治對於中國文化與中國歷史的極端重要性。他曾說:「中國兩千年的專制,乃中華民族一切災禍的總根源⋯⋯民主政治的建立,是表現中國歷史命運的飛躍地展開。而民主政治的沒落,是表現中國歷史命運的總挫折。」[52]政治在中國扎根發展並打通民主自由與中國文化的關聯,便成為他在學術探索上的主要用心所在。

二、揭示中國文化的民主自由精神

如前所言,在中西文化關係問題上,徐復觀試圖超越新文化運動的侷限,走出一條化解衝突、促成融通的新路。因此,他的文化觀既不同於激進反傳統的「西化」論,也不同於折衷調和的中體西用論。對於傳統文化,他是既有批評又有闡揚。他曾說:「傳統文化中之醜惡者,抉而去之,惟恐不盡;傳統文化中之美善者,表而出之,亦懼有所誇飾。」[53]應該指出,徐復觀對中國文化所做的批評和闡揚是以民主自由為標準的;在他的學術研究中,他揭示並闡發了中國文化所蘊含的自由民主精神。在儒家思想與民主自由的關係問題上,徐復觀認為:儒家雖有符合民主自由與人權的地方,但這在長期的專制統治下都被壓制扭曲了,以至儒學淪為統治者控制壓迫民眾的工具。因而,現在所需的不是打到孔家店或否定中國文化,而是揭示出儒家思想與中國文化的真面目、真精神。

徐復觀承認,在中國文化傳統中民主科學確實未曾出現;與西方相比,中國的專制主義傳統要更加悠長、深厚和強大。他指出:

因此,兩千年來的歷史,政治家、思想家,只是在專制這架大機器之下,作補偏救弊之圖。補救到要突破此一專制機器時,便立刻會被此一機器軋死。一切人民,只能圍繞著這副機器,作互相糾纏的活動;糾纏到與此一機器直接衝突時,便立刻會被這架機器軋死。這架機器,是以法家思想為根源,以絕對化的身分、絕對化的權力為中核,以廣大的領土,以廣大的領土上的人民,及人民散漫的生活形式為營養,以軍事與刑法為工具所構造起來的。一

切文化、經濟，只能活動於此一機器之內，而不能逸出此一機器之外，否則只有被毀滅。這是中國社會停滯不前的總根源。研究中國歷史，不把握到這一大關鍵，我覺得很難對中國歷史作正確的理解。[54]

因此，在梳理和闡釋中國思想文化時，徐復觀常把儒家、道家與法家對立起來，把後者視為專制主義的代表而加以批判，而對儒道兩家則採取同情理解的態度，極力宣揚其中所包含的民主自由精神，揭示它們在專制政治下所發生的扭曲、變質。而在面向現實時，他主張：對於民主科學，中國必須徹底加以接受，但卻不能完全照搬和宣揚「全盤西化」，而要發揚中國文化的自由民主精神。

因此，在會通中西時，徐復觀非常注重對中國文化傳統中自由民主精神的揭示。他提出：「自由主義的名詞，雖然成立得並不太早；但自由主義的精神，可以說是與人類文化以俱來。只要夠稱得上是文化，則儘管此一文化中找不出自由主義乃至自由的名詞，但其中必有某種形態，某種程度的自由精神在那裡躍動。否則根本沒有產生文化的可能。」[55] 在此，他對自由主義作了寬泛的理解，認為只要有文化便有某種自由精神的存在。據此，他指出：中國文化並不缺乏自由精神。「自由主義的本身，只是一種生活底精神狀態。而是只有保持這種生活底精神狀態，才能敞開人類向前向上之門，對人類的前途，賦予以無限的可能性。自由主義的生活底精神狀態，用歐洲文化史中的名詞來說，即是『我的自覺』；用中國文化史中的名詞來說，即是『自作主宰』。」[56] 顯然，徐復觀並不把自由狹隘地理解為人權和公民權，而是要努力擴展和豐富其內容，以便把道德自主和精神解放的含義納入其中。他指出：

儒家是從德性上來建立積極底人生，因而自由精神在這一方面成為積極的表現；道家則從情意上去解脫人生的羈絆，因而自由精神在這一方面成為消極的表現。儒道兩家，是中國文化的兩大主流。若接觸不到兩者在其思想的基底上所具備的充沛底自由精神，便根本無法接觸到他們所留下的文化遺產。後來一切的詖詞曲說，皆由此而產生出來的。至於以為中國在政治上沒有發展出自由人權的明確觀念，便以為在中國文化中沒有自由主義的精神，其淺薄無知，更不待論。[57]

由此而言，中國文化本身具有豐富的自由精神資源；這一事實決定了，中國完全不必以全盤移植的方式來接納自由民主；與此相反，發揚中國文化的自由精神以接引民主自由才是真正合理可行的正確選擇。

　　進一步，徐復觀指出：民主政治的基礎是理性自覺和人格平等，其核心則為人權和自由。「民主主義的發生成立，是基於理性的覺醒。民主主義的保障，是建立在人類有共同的理性，因而有平等的人格之上。信賴理性、尊重人格，便不能不信賴自由、尊重自由。自由是發展理性、培養人格的必須條件。」[58] 在他看來，中國文化是信賴人的理性、尊重人格、主張平等、注重和諧的文化，因而能夠作為建立民主政治的理論基礎。中國文化對理性的信任和人格的尊重，集中地表現為「道德地人文精神」[59]。這種道德人文精神是由周初的憂患意識逐漸發展而來，它在孟子那裡發展為性善論和仁政；它不僅奠定了中國文化的基本性格和發展方向，還使中國文化從一開始便與宗教迷信劃清了界限。因此，中國領先西方數百年早就完成了理性啟蒙和人性解放的任務。

　　由此出發，徐復觀對儒家的德治、立君為民與道家的無為而治等思想作了全新的闡釋。他說：「老子與儒家，同樣是基於對人性（在老子稱為『德』）的信賴；以推及政治，而為對人民的信賴；所以兩家的政治思想，都是以人民為主體的。」[60] 在他看來，儒道兩家都是主張人性善的，主張政治應以人民而非國君為主體，因而他們本身都是反對專制政治的。對於莊子思想中的政治寓意，徐復觀同樣給予了很高的肯定。他指出：「他所欲構建的，和儒家是一樣的『萬物並育而不相害，道並行而不相悖』的自由平等的世界。只是在達到此一目的的途轍上，他與儒家才有其不同。他掊擊仁義，是掊擊一切可以為統治者壓迫人民所藉口的東西。而世儒之過於依賴現實，其容易為統治者所藉口，乃至甘心供統治者的利用，以加強統治者的慘酷之毒，真是值得莊子加以棒喝滌盪的。他在掊擊仁義之上，實顯現其仁心於另一形態之中，以與孔孟的真精神相接，這才使其有『充實而不可已』的感覺。這是我們古代以仁心為基底的偉大自由主義者的另一思想形態。」[61] 顯然，徐復觀對老莊思想的理解帶有鮮明的儒家色彩，道家與儒學的思想分歧似被忽略抹平了。這種解釋雖能成一家之言，但難免有過度詮釋之嫌。

儘管如此，這卻充分彰顯了徐復觀溝通中國文化與民主自由的良苦用心。在他看來，由於歷史的限制，儒道兩家以人民為主體的政治思想在現實中都落了空而無法實現。究其原委，根源在於缺乏民主制度的保障。徐復觀指出：「自由精神，在西方是先在知性中躍動，在中國則是先在德性中躍動。但自由精神，必須伸展到政治中去，必須在政治中有了具體的成就，然後其本身才成為一明確的體系，並對於知性德性的自由，提供以確切不移的保證。當然，政治自由，並非自由的一切；政治自由，須要知性底，尤其是德性底自由作根源，須要由德性自由而吸取其營養，這是歷史實踐中的常識。」[62]即是說，只有借助源自西方的民主制度，才能將儒道思想中的自由精神加以落實。在此，儘管二人的文化觀截然不同，徐復觀卻在對中國文化之自由精神的認知上得出了與胡適相同的結論。胡適曾指出：「東方的自由主義運動始終沒抓住政治自由的特殊重要性，所以始終沒有走上建設民主政治的路子。西方的自由主義的絕大貢獻正在這一點：他們覺悟到只有民主的政治才能保障人民的基本自由。所以自由主義的政治的意義是強調的擁護民主：一個國家的統治權必須操在多數人民的手裡。」[63]但是，他們二人對於精神自由與政治自由之關係的認識卻大不相同。徐復觀認為，政治自由須以精神自由為根基；胡適則傾向認為，二者之間並無本末或體用關係。[64]

事實上，正因對此問題的不同理解，構成了徐復觀、唐君毅、牟宗三等人與胡適派自由主義者在追求自由民主上的主要分歧。前者主張要從中國文化中的自由民主精神來接納民主制度，後者則不這樣認為。[65]因此，徐復觀強調他們不以自由主義者自居，而是自稱為人文主義者、理想主義者，但他們又是自由民主的堅定追求者和捍衛者。據此，杜維明稱他們是「人文自由主義者」[66]。

徐復觀認為，歷史文化絕不是中國走向自由民主時需要徹底拋開的沉重包袱；與此相反，它是中國建立民主自由必不可少的豐厚土壤。為此，就必須化解民主自由與傳統文化之間的死結。他提出：「中天下而立的人們，當然要把這種死結打開，一面講我們的歷史文化，一面講我們的科學民主；科學民主是我們歷史文化自身向前伸展的要求，而歷史文化則是培養科學民主的土壤。」[67]只有這樣，才能走出激進反傳統的誤區，克服對待民族文化的

歷史虛無主義。徐復觀強調說：「假使孔孟復生於今日，亦必奔走呼號，以求能先從政治上為生民立命，打開從教化上為生民立命的困難；而孔孟在今日所講的教化，亦必是以促成民主自由為主要內容的教化。論中國文化而接不上這一關，便不算瞭解中國文化自身的甘苦。欲融通中西文化，首先必須從中國已經內蘊而未能發出的處所將其迎接出來，以與西方文化相融通，這是敞開東西融通的一條可走之路。假定於此而先把自己銅蔽起來，豈特徒增中西的扞格，且亦阻塞中國文化精神應有的發展之流，不足以言『通古今之變』。」[68]由此可見，徐復觀揭示闡揚中國文化之自由民主精神的良苦用心，以及他與胡適派學人在對待中西文化問題上的分歧所在。

徐復觀強調指出：中國的民主建設不能專靠從外面輸入，而應以中國文化固有的民主自由精神為基礎，透過中西文化的結合互助來實現。回顧中國近百年的民主歷程，他的結論是：「百年以來，卻要從西方輸入此一觀念，以為政治推進之資。完全從外面輸入進來的東西，不易生穩根，所以民主政治在中國始終流產。」[69]應當指出：到徐復觀這裡，儒學與自由主義的關係開始有了一個值得注意的重要轉變，它們不再是二元對立的關係，而是相容相通、相輔相成的關係。於是，儒學與自由主義的貫通相輔，不僅構成了徐復觀政治哲學的一大特色，也造就了他在現代新儒學發展史上的獨特地位。可以說，徐復觀學術思想的顯著特徵是「把現實政治問題與中國文化傳統結合起來思考，使儒家政治思想與西方民主政治相結合」[70]。離開這一點，就很難準確理解和把握徐復觀對中國文化精神所作的闡釋工作。

三、闡揚中國文化的人文精神

徐復觀認為，人在本質上都是相同的，因而由人所創造的文化在本質上也沒有什麼差別；但是，中西文化在發展方向、發展重點和表現方式等方面上卻有很大的不同。在他看來，中國文化既不是以自然為中心，也不是上帝（或神）為中心；因而，中國文化不僅沒有古希臘那種純粹求真的科學精神，也缺乏猶太—基督教那樣的一神教傳統。他指出：「中國到了周朝初年，開始由以神為中心，轉為以人本身為中心。」[71]相對而言，中國文化實為人本主義（或人文主義）的文化，較為注重人的現世生活和生命價值。因此，闡揚中國文化的人文精神便成了徐復觀學術研究的一大特點。

第四章 文化哲學家徐復觀

徐復觀指出：中國文化的主要成就不在科學，而在道德和藝術。為了闡發中國文化在道德和藝術方面的價值與意義，他特別撰寫了《中國人性論史·先秦篇》和《中國藝術精神》。他說：「道德、藝術、科學，是人類文化中的三大支柱。中國文化的主流，是人間的性格，是現世的性格。所以在它的主流中，不可能含有反科學的因素。可是，中國文化畢竟走的是人與自然，過分親和的方向，征服自然以為己用的意識不強。於是以自然為對象的科學知識，未能得到順利的發展。所以中國在『前科學』上的成就，只有歷史地意義，沒有現代地意義。但是，在人的具體生命的心性中，發掘出道德的根源、人生價值的根源；不假借神話、迷信的力量，使每一個人，能在自己一念自覺之間，即可於現實世界中生穩根、站穩腳；並憑人類自覺之力，可以解決人類自身的矛盾，及由此矛盾所產生的危機；中國文化在這方面的成就，不僅有歷史地意義，同時也有現代地、將來地意義。我寫《中國人性論史》，是要把中國文化在這一方面的意義，特別地顯發出來。在人的具體生命的心、性中，發掘出藝術的根源，把握到精神自由解放的關鍵，並由此而在繪畫方面，產生了許多偉大地畫家和作品，中國文化在這一方面的成就，也不僅有歷史地意義，並且也有現代地、將來地意義……我寫這部書（即《中國藝術精神》）的動機，是要透過有組織地現代語言，把這一方面的本來面目，顯發了出來，使其堂堂正正地匯合於整個文化大流之中，以與世人相見。」[72] 簡言之，他之所以要撰寫《中國人性論史·先秦篇》和《中國藝術精神》，正是要說明中國文化在道德和藝術上所特有的重要貢獻。這就意味著，應從這兩部書來理解徐復觀對中國文化之人文精神的闡發。

《中國人性論史·先秦篇》並不僅僅是一部有影響力的學術專著，在一定意義上它還是徐復觀表述其新儒學思想的重要著作。[73] 據《自序》，徐復觀試圖透過此書來解答中國文化是什麼的問題，闡明中西文化之異同以及中國文化的現代意義。在他看來，人性論是瞭解中國文化的起點和關鍵。他說：「人性論不僅是作為一種思想，而居於中國哲學思想史中的主幹地位，並且也是中華民族精神形成的原理、動力。要透過歷史文化以瞭解中華民族之所以為中華民族，這是一個起點，也是一個終點。」[74] 在此，徐復觀對人性論在中國哲學與文化中的地位與影響給予了極高的評價。在很大程度上，這主

197

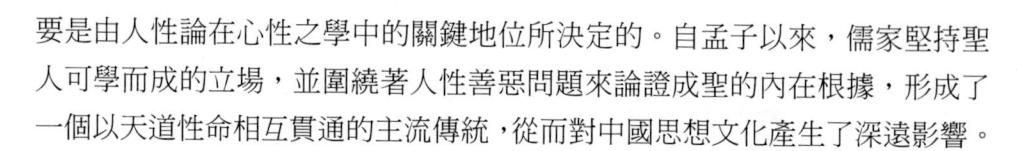

要是由人性論在心性之學中的關鍵地位所決定的。自孟子以來，儒家堅持聖人可學而成的立場，並圍繞著人性善惡問題來論證成聖的內在根據，形成了一個以天道性命相互貫通的主流傳統，從而對中國思想文化產生了深遠影響。

在該書中，徐復觀論述了先秦諸子的人性論思想特別是儒家在人性論問題上的演進與分化。在他看來，人文精神的出現是中國人性論得以成立的前提條件。從歷史上看，殷周之際乃是中國文化從神權迷信中獲得思想解放、出現人文精神躍動的關鍵時期。他指出：「周人的貢獻，便是在傳統的宗教生活中，注入了自覺的精神；把文化在器物方面的成就，提升而為觀念方面的展開，以啟發中國道德地人文精神的建立。」[75] 具體來說，殷周之際的王朝更迭，促成了傳統宗教的崩潰和人類理性的覺醒；在古代宗教中出現了人文精神的躍動，其主要標誌是「憂患意識」的出現和敬德、明德之觀念世界的建立。到了春秋時期，人格神的天、命演變為命運之命與道德法則之天；與此同時，不僅禮成了一切道德的依歸，還「由道德地人文精神的上升，而漸漸地開出後來人性論中性與命結合的道路」[76]。然而，春秋時期仍把道德和價值的根源，安放在作為道德法則的天、命之中，而不是人的心、性中。直到孔子提出仁的學說，中國的人性論才正式確立。

徐復觀認為，孔子在中國人性論史上的主要貢獻有兩點：一是提出「為仁由己」，創立仁學，為人類開闢出了一個內在的人文世界；二是他以下學上達的道德實踐，親證了性與天道的融合，暗含了性善論的意思。徐復觀指出：

孔子所感到的這種生命與天命的連結，實際即是性與天命的連接。所以子貢曾聽到孔子把性和天道（命）連在一起說過。性與天命的連結，即是在血氣心知的具體地性質裡面，體認出它有超越血氣心知的性質。這是在具體生命中所開闢出的內在地人格世界的無限性地顯現，要透過下學而上達，才能體認得到的……把性與天命連在一起，性自然是善的。這是透過孔子下學而上達的實踐才得出來的結論。[77]

從文本解讀和邏輯論證方面看，徐復觀在此提出了一個極為大膽的觀點，即：孔子實際上是主張性善論的。[78] 對此，他從方法論上給出了理由。他說：「孔子是從自己具體生命中所開闢出的內在地人格世界，而他人則僅係概念

性的構造。」[79] 他認為，人性論是以人格為中心的探討，人性論中所出現的抽象名詞不是以推理為根據，而是以先哲們在自己的生命、生活中體驗所得的為根據。因此，必須「用比較、分析、『追體驗』的方法，以發現其內在關聯，並順此內在關聯加以構造」，而不能以西方的邏輯推理作標準。[80] 換句話說，相比於概念推理，透過人格修養和道德實踐所得出的結論要更有力量。儘管這一「追體驗」的方法論可能會引發不少異議，但徐復觀由此闡述了孔孟思想的一致性，論證了性善論在中國文化中的正統地位。

徐復觀指出：「由於孔子對仁的開闢，不僅奠定了爾後正統人性論的方向，並且也由此而規定了中國正統文化的基本性格。這是瞭解中國文化的大綱維之所在。」[81] 即是說，性善論是中國人性論史上的正統和主流。因此，他極力闡揚了思孟學派的性善論。《中庸》提出：「天命之謂性，率性之謂道，修道之謂教。」在他看來，這幾句話是《中庸》和整個儒學的總綱領，是中國「人性論發展的里程碑」[82]。它不僅肯定人與人之間是徹底平等的，也說明儒家所講的中庸之道具有經驗與超經驗的二重性，並在政治上表現為「以民為主的民主政治」[83]。「但『性善』兩字，直到孟子始能正式明白地說出。『性善』兩字說出後，主觀實踐的結論，透過概念而可訴之於每一個人的思想，乃可以在客觀上為萬人萬世立教。」[84] 徐復觀強調指出，性善論的提出是孟子在中國文化中的最大貢獻，是「人對於自身驚天動地的偉大發現」[85]。「有了此一偉大發現後，每一個的自身，即是一個宇宙，即是一個普遍，即是一個永恆。可以透過一個人的性，一個人的心，以看出人類的運命，掌握人類的運命。」[86] 他進一步指出，孟子性善論的實質是以心善說性善；這實際上是把人類道德價值的根源放在了人心之中，指明了人心才是人的道德主體之所在。

在他看來，孟子性善論的提出標誌著儒家正統人性論的確立和中國文化基本精神的成型。徐復觀強調說：

中國文化發展的性格，是從上向下落，從外向內收的性格。由下落以後而再向上升起以言天命，此天命實乃道德所達到之境界，實即道德自身之無限性。由內收以後而再向外擴充以言天下國家，此天下國家實乃道德實踐之對象，實即道德自身之客觀性、構造性。從人格神的天命到法則性的天命，

由法則性的天命而向人身上凝聚而為人之性,由人之性而落實於人之心,由人心之善,以言性善:這是中國古代文化經過長期曲折、發展,所得出的總結論。[87]

由此,他以性與天道的關係問題為中心而把先秦儒學分為三大派別。具體來說:從曾子、子思到孟子是正統派,這一派是把天命下落、內收於人心而主張性善論;另一派是以《易傳》為中心,這一派雖也講性善,卻是以陰陽言天命;第三派是以禮的傳承為中心的一派,這一派以荀子為頂點。[88] 在他看來,正統派是完全承接孔子思想而來,這才是儒家思想與精神的真正代表。

由此出發,徐復觀對中國文化作了獨特的解讀和闡發,這主要表現為他把中國文化理解為「心的文化」。徐復觀認為,中國傳統文化所注重的是人的價值問題,因而它不同於以自然為中心的古希臘文化和以神為中心的基督教文化。他強調指出:「中國文化最大的貢獻是指出這個價值根源來自於人生命的本身——就是人的『心』。價值的判斷,就是源於這個『心』。儒家的孟子、道家的莊子,更把這說清楚。」[89] 所以說:「中國文化最基本的特性,可以說是『心的文化』。」[90] 他認為,中國文化所說的心,是指人的生理構造中的一部分而言,這和西方唯心論所講的心是不同的;心的作用,是要由每個人的道德功夫來呈現,具體表現為對人的生理本能的主宰;心不是脫離現實的,由心而來的理想是要在現世生活中實現的;因而,心的文化是大眾化、社會化的文化。由此,徐復觀對《易傳》所提出的「形而上者謂之道,形而下者謂之器」作了重要的修正和補充。他說:「這裡所說的『道』,指的是天道;『形』在戰國中期指的是人的身體,即指人而言;『器』是指為人所用的器物。這兩句話的意思是說在人之上者為天道,在人之下者是器物。這是以人為中心所分的上下。而人的心則在人體之中。假如按照原來的意思把話說完全,便應添一句:『形而中者謂之心。』所以心的文化、心的哲學,只能稱為『形而中學』,而不應講成形而上學。」[91] 在此,徐復觀對形而上學作了別具一格的解釋,並以「形而中學」來概括中國文化的根本精神。儘管這種理解不無偏頗、曲解之處,但卻表達了他對中國文化之「道中庸」精神的強調,成為他批判形而上學的主要根據。

在他看來，心的文化（或「形而中學」），根本不同於概念思辨的形而上學，它所強調的是人的工夫實踐。徐復觀強調指出：「研究中國文化，應在工夫、體驗、實踐方面下手。但不是要抹煞思辨的意義。思辨必須以前三者為前提，然後思辨的作用才可把體驗與實踐加以反省、貫通、擴充，否則思辨只能是空想。」① 即是說，研究中國文化應以工夫和體驗為主、以思辨為輔。但他並不認為，中國文化純然是經驗的品格，缺乏超越精神；事實上，中國文化的精神品格是經驗與超經驗的統一。從歷史上看，這種特點早在孔子那裡就形成了。他指出：「孔子的思想，是由經驗界超升而為超經驗界，又由超經驗界而下降向經驗界；可以說是從經驗界中來，又向經驗界中去，這才是所謂『合內外之道』或者稱合天人之道……而中國的超經驗，則是由反躬實踐，向內沉潛中透出，其立足點不是概念而是自己的真實而具體的心。體是超經驗界，用是經驗界；性是超經驗界，情是經驗界。心的本身，便同時具備著經驗與超經驗的兩重性格，此即程伊川所謂『心一也，有指體而言者，有指用而言者』，亦即張橫渠所謂『心統性情』。這與思辨性的形而上學，有著本質的不同。所以拿西方的形而上學來理解儒家的思想嗎，尤其是混上黑格爾的東西，是冒著很大的危險，增加兩方的混亂，無半毫是處。」②

因此，徐復觀極力反對用黑格爾式的思辨形而上學來闡發中國思想，主張要回歸和發揚孔子的思想性格。在《有關中國思想史中一個基題的考察》、《向孔子的思想性格回歸》等文中，他對熊十力、唐君毅等人建構形而上學的做法提出了尖銳的批判。他說：「從宋儒周敦頤的《太極圖說》造成熊師十力的《新唯識論》止，凡是以陰陽的間架所講的一套形而上學，有學術史的意義，但與孔子思想的性格是無關的。」[92] 在他看來，形而上學在思想史上從來就沒有安穩過；張載、熊十力等人作為儒門巨子，關鍵不在其形而上學體系，而是因為他們有扣緊反躬實踐、向內生根的一面。他提出：「我們治思想史的人，應把這種不必要的夾雜、糾結，加以澄清，將宇宙論的部分交還科學，將道德論的部分還之本心，一復孔門之舊。」[93] 因此，他雖讚歎熊十力《新唯識論》在思辨組織上的成功，但卻更看重《十力語要》和《讀經示要》在闡發中國思想文化上的價值。他說：「然僅就中國文化的意義上講，我認為熊先生的《十力語要》及《讀經示要》，較之《新唯識論》的意義更

為重大……所以學者必須在熊先生這兩部書中把握中國文化的核心,也由此以得到研究中國文化的鑰匙。」[94]

毋庸置疑,徐復觀在以心的文化來闡揚中國文化時表現出了某種強烈的原教傾向,具有明顯的偏執色彩。從根本上講,這與徐復觀的心學立場有著直接的密切關聯。從歷史上看,以陸九淵、王陽明為代表的心學一系對儒學的理解原本就具有很強的原教色彩和鮮明的偏執性。例如,王陽明曾提出:「聖人之學,心學也。堯、舜、禹之相授受曰『人心惟危,道心惟微,惟精唯一,允執厥中。』此心學之源也。中也者,道心之謂也。道心精一之謂仁,所謂中也。孔孟之學,惟務求仁,蓋精一之傳也。」[95] 從現實上看,作為熊十力的學生,徐復觀與唐君毅、牟宗三等人都是「新心學」的代表人物,他們的一大共同點便是強調要從心性之學出發來理解中國文化。他們認為,從孔孟以至宋明儒的心性之學是「以性善論為主流」,是「通於人之生活之內與外及人與天之樞紐所在」,因而是「中國文化之神髓所在」。[96] 不難發現,如果僅以孔孟為正統並固守孔孟精神,儒學將只剩下孔孟和陸王心學。這樣一來,儒學以至中國文化的發展必是單線演進而非多元展開的,儒學和中國文化也就失去了它原有的豐富多樣性。[97] 由此可見,過於強烈的心學取向使得徐復觀對中國思想文化的闡釋具有明顯的偏頗之處。

儘管如此,徐復觀在闡釋中國思想文化時還是作出了創造性的貢獻,這突出地表現在他所提出的「憂患意識」以及他對莊子藝術精神的揭示。據此,他闡發了中國道德精神和藝術精神的現代意義。徐復觀認為,憂患意識與作為原始宗教之心理基礎的恐怖、絕望是根本不同的;憂患意識產生於當事者對於吉凶成敗的深思熟慮和遠見卓識,是人類精神開始直接對事物發生責任感的表現,代表了人類理性的覺醒;憂患意識的進一步提升,便是以「敬」為中心的敬德、明德之觀念世界的建立。與西方相比,中國人文精神是以「敬」為動力的,具有鮮明的道德性格,乃是道德的人文精神。據此,徐復觀把中國文化理解為「憂患之文化」,並認為把憂患意識與百姓疾苦緊密相連是乃是中國文化所特有。[98] 從文化比較的角度看,希臘文化是以自然為中心,其動機為好奇,希伯來文化是以神為中心;中國文化則是以人為中心,其動機為憂患。[99]

「憂患意識」一經提出，便獲得了牟宗三等人的認同。牟宗三指出：「『憂患意識』是友人徐復觀先生所首先提出的一個觀念。這是一個很好的觀念，很可以藉以與耶教之罪惡怖慄意識及佛教之苦業無常意識相對顯。」[100]牟宗三將此概念加以發揮，在世界文化的比較中凸現了中國文化的獨特價值。牟宗三認為，與印度佛教的苦業意識、希伯來文化的恐怖意識、基督教的罪感意識、希臘哲學的驚奇感相比較，中國文化因是出於憂患意識而注重現實世界和人的主體性。他提出：「中國哲學特重『主體性』與『內在道德性』。中國思想的三大主流，即儒釋道三教，都重主體性，然而只有儒家思想這主流中的主流，把主體性復加以特殊的規定，而成為『內在道德性』，即成為道德主體性。西方哲學剛剛相反，不重主體性，而重客體性，它大體上是以『知識』為中心而展開的。它有很好的邏輯，有反省的知識論，有客觀的、分解的本體論與宇宙論；它有很好的邏輯思辨與工巧的架構。但是它沒有好的人生哲學。」[101]簡言之，中國有西方所沒有的「好的人生哲學」。用牟宗三的話說，中國哲學是「沒有西方式的以知識為中心，以理智遊戲為一特徵的獨立哲學，也沒有西方式的以神為中心的啟示宗教」，但卻是「以『生命』為中心，由此展開他們的教訓、智慧、學問與修行」；它不能被西方的哲學與宗教所吞沒消解，卻能消融西方的哲學和宗教；因此，它是「以生命為中心而可通宗教境界」的「生命的學問」。[102]在此，就強調中國文化在道德文明上的獨特價值而言，徐復觀、牟宗三等人和此前的多數文化保守主義者得出了相同的結論，只是論述的方式和角度有所不同而已。

徐復觀認為，作為中國文化的主幹，道家與儒家都是出於憂患意識，但又有所不同。「儒道兩家的基本動機，雖然同是出於憂患意識，不過儒家是面對憂患而要求加以救濟，道家則面對憂患而要求得到解脫。因此，進入到儒家精神內的客觀世界，乃是『醫門多疾』的客觀世界，當然是『吾非斯人之徒與而誰與』的人間世界；而儒家由道德所要求、人格所要求的藝術，其重點也不期而然地會落到帶有實踐性的文學方面——此即所謂『文以載道』之文，所以在中國文學史中，文學的古文運動，多少會伴隨著儒家精神自覺的因素在內。而進入到道家精神內的客觀世界，固然他們絕無意排除『人間世』，莊子並特設《人間世》、《應帝王》。但人間世畢竟是罪惡的成分多，

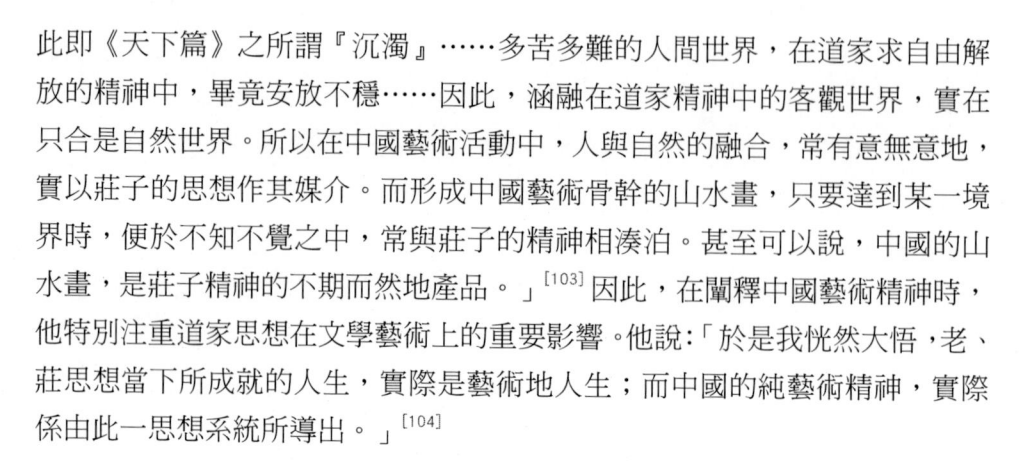

此即《天下篇》之所謂『沉濁』……多苦多難的人間世界，在道家求自由解放的精神中，畢竟安放不穩……因此，涵融在道家精神中的客觀世界，實在只合是自然世界。所以在中國藝術活動中，人與自然的融合，常有意無意地，實以莊子的思想作其媒介。而形成中國藝術骨幹的山水畫，只要達到某一境界時，便於不知不覺之中，常與莊子的精神相湊泊。甚至可以說，中國的山水畫，是莊子精神的不期而然地產品。」[103]因此，在闡釋中國藝術精神時，他特別注重道家思想在文學藝術上的重要影響。他說：「於是我恍然大悟，老、莊思想當下所成就的人生，實際是藝術地人生；而中國的純藝術精神，實際係由此一思想系統所導出。」[104]

儘管老莊都對儒家的聖人與仁義思想提出了激烈的批判和明確的否定，具有否棄人倫生活和社會責任感的虛無取向，但在徐復觀看來這絕非是純然消極的虛無主義。他說：「老莊之所以值得稱為正宗，主要在於他們否定了現實的人生社會的後面，卻從另一角度，另一層次，又給予人生社會以全般地肯定。換言之，他們雖以虛無為歸趨，但他們是有理想性的虛無主義，有涵蓋性的虛無主義，這亦可稱為上升地虛無主義；所以他們的氣象、規模，是非常闊大的。」[105]究其原委，老莊對仁義和聖人的否定，只是為了反對禮教的虛偽與壓迫，追求人之性情的自然流露和精神上的自由解放。徐復觀指出：「我以為老子所反對的，是把仁義孝慈等當作教條，而並非反對其自然的流露。」[106]老子之後，莊子將這種對聖人禮義的批判發展為以自然無為來追求精神上的自由解放。徐復觀指出：「形成莊子思想的人生與社會背景的，乃是在危懼、壓迫的束縛中，想求得精神上徹底地自由解放……得到自由解放的精神狀態，莊子稱之為『遊』，亦即開宗明義的『逍遙遊』。」[107]儘管這種解放僅限於精神領域內，但它對充滿奴役和奴性的現實世界仍具有一種批判警示的功效。由此，老莊思想便在藝術上產生了積極的影響，促成了中國純藝術精神的發生，這使得中國的藝術作品譬如山水畫對現實採取了「反省性的反映」而非「順承性的反映」。徐復觀強調指出：「順承性的反映，對現實有如火上加油。反省性的反映，則有如在炎暑中喝下一杯清涼的飲料。專制政治今後可能沒有了；但由機械、社團組織、工業合理化等而來的精神自由的喪失，及生活的枯燥、單調，乃至競爭、變化的劇烈，人類還是需要

火上加油的藝術呢?還是需要炎暑中的清涼飲料性質的藝術呢?我想,假使現代人能欣賞到中國的山水畫,對於由過度緊張而來的精神病患,或者會發生更大的意義。」[108] 換言之,以老莊思想為基底的中國藝術,不但在專制時代具有超越現實以求精神解放的功效,還在現代工業社會中具備一定的精神解放作用。

由此,徐復觀一方面對現代社會的精神危機提出了自己的反省和批評,一方面則闡述了中國人文精神對現代世界的重要意義。他曾提出,中國人文精神對於現代危機可以發生三點作用。具體來說,一是從極權主義和物慾放縱中恢復人的主體精神與人的價值,二是建立人與人之間的和諧關係,三是在中庸之道中促成個人生命和社會生活的正常化。[109] 即是說,中國人文精神不僅具有歷史的意義,也具有現代的意義和世界性的意義。

作為一名文化保守主義者,徐復觀對中國思想文化的闡釋有著特定的取向、意義與不足。具體來說,他試圖超越新文化運動的侷限,透過對中國文化的反省批評來促成傳統文化的再生;進而,一面闡明中國文化精神(主要為道德精神與藝術精神)的現代意義,使之能在現代世界中繼續對社會人心造成積極作用,一面化解傳統文化與自由民主之間的緊張關係,促成民主自由在中國的生長發展,實現中國歷史命運的轉折突破。他曾說:「中國的前途和中國文化的前途是不可分割的。國家站起來,而把中國文化丟了不要,有這個道理?」[110] 又說:「沒有中國人,當然沒有中國文化;沒有中國文化,實際上也便沒有中國人。兩者是不能分割的。」[111] 在他看來,中國文化與中國人及中國的前途命運一直是緊密相連的;因而,在建設現代中國時,不應拋棄自己的文化傳統,而應刺激活化它並將之發揚光大。

垂暮之年回顧平生時,徐復觀指出:「假定其中稍有可取之處,只在一個土生土長的茅屋書生,面對國家興亡、世局變幻所流露出的帶有濃厚呆氣憨氣的誠懇待望。待望著我們的國家,能從兩千多年的專制中擺脫出來,走上民主法治的大道;待望著我們的文化,能不再受國人自暴自棄的糟蹋,刮垢磨光,以其真精神幫助世人度過目前所遭遇的空前危機。」[112] 應當指出,徐復觀的願望是真誠而又美好的,他在學術文化所作的努力也是成果豐碩的。至於他的真誠願望能否得以實現,這自然是屬於另一個層面的問題。可以肯

定的是，徐復觀對中國思想文化的闡釋，將會有助於當代學者重新思考傳統與現代、中國與西方的關係問題。

第三節 徐復觀與牟宗三思想比較

《中國文化宣言》雖然可以代表牟宗三、徐復觀、張君勱、唐君毅等人的基本文化共識，可是「只看此文，不必能知其詳。仍希讀者取此期間諸友之作而詳讀之，當可知其底蘊」[113]。因為這個共同文件，只能說明他們的原則取向，並不能呈現每個人具體的哲學見解。為了說明他們哲學見解的各自特色，茲以在臺的牟宗三、徐復觀為例，略加補充。

一、牟宗三的儒學第三期發展說

牟宗三在臺灣執教期間，一方面講學，一方面著述，先後完成《歷史哲學》、《道德的理想主義》、《政道與治道》等論著，這是其「文化意識及時代悲感最為昂揚之時」[114]。離開臺灣後牟宗三雖然著述更豐，思想更精，但總體上仍不出在臺十年間「所發揚之文化意識之規模」。究其緣由，乃因自抗戰軍興至內戰再起，瞻望國家之艱難，時風之邪僻，怵目驚心，其時代悲感日益蘊蓄；又因素來受熊十力啟悟，感到「有正面正大之文化意識，始能發理想以對治邪僻，立大信以貞定浮動，而不落於憤世嫉俗，或玩世不恭，或激情反動，或淺薄的理智主義」，於是將心志凝聚於「能開闢價值之源」之孔孟之教。1949年逃亡臺灣，此種蘊蓄「乃全部發出，直發至十年之久」。

牟宗三哲學家的學術地位是在臺灣期間奠定的。總其一生，他的哲學體系十分博大，從形上學到認識論、邏輯學、歷史哲學、政治哲學、道德哲學，還有關於中國和西方哲學史的系統研究，幾乎覆蓋現代哲學的所有分支門類。但是，其貫穿始終的核心精神，則是其儒學「第三期發展」的學說。這個學說是他在《民主評論》所發表的系列論文中發揮出來的，1959年相關文章結集成《道德的理想主義》一書，在東海大學出版。

當然，「第三期」的概念，牟宗三早在赴臺前夕的《重振鵝湖書院緣起》一文中，就曾出現。他說：「自孔、孟、荀至董仲舒，為儒學第一期，宋明儒為第二期，今則進入第三期。儒家第三期文化使命，應為『三統並建』，

即重開生命的學問以光大道統,完成民主政體建國以繼續政統,開出科學知識以建立學統。」不過,這篇文章中並沒有特別具體的闡釋。進一步闡發儒家的三期發展的學說,是發表在《民主評論》1卷6期的《儒家學術之發展及其使命》,此後的其他著述則基本圍繞這個總綱發展。

文如其名,《儒家學術之發展及其使命》就是要為儒家哲學勾勒出一條清晰的歷史脈絡,並賦予它新的時代重任。文章開頭就說:

中國以往二千餘年之歷史,以儒家思想為其文化之骨幹。儒家思想不同於耶,不同於佛。其所以不同者,即在其高深之思想與形上之原則,不徒為一思想,不徒為一原則,則可表現為政治社會之組織。六藝之教,亦即組織社會之法典也。是以儒者之學,自孔孟始,即以歷史文化為其立言之根據。故其所思所言,亦必反而皆有歷史文化之義用。本末一貫內聖外王,胥由此而見其切實之意義。以儒者之學,可表現為政治社會之組織,故某時某代,學人思想,衷心企向,雖不以儒學為歸宿,而政治社會之組織,固一仍舊貫,未有能橫起而變之者。此謂禮俗(廣義的)之傳統。清季西方文化猛衝急撼,斯統始漸漸滅。民國以來,禮俗趨新。然而未有成型也。[115]

這裡點出中國儒家哲學與西方基督教、印度佛教的根本不同,在於它的入世性格,它不離開歷史文化——從歷史文化中來,到歷史文化中去。當這種入世性格落實到政治社會之組織後,儒學形成的禮俗傳統,遂不因特定時代學人思想風貌的改變而改變,直到近代受到前所未有的西方思潮的強勁衝擊,才顯出動搖之象。

那麼作為思想形態本身的儒家之學,其歷史軌跡如何呢?文章說過去曾經歷兩個發展形態,其中在第一期,又有三段:孔孟荀為第一階段,中庸易繫樂記大學為第二階段,董仲舒為第三階段,「此儒學之由晚周進至秦漢大一統後表現為學術文化之力量而凝結漢代之政治社會者也」[116]。兩漢四百年,為後世歷史之定型時期。一經成型,則禮俗傳統,於焉形成。

到了魏晉南北朝,戰亂頻仍,學人爭相談玄,儒學光輝不再。隋唐時代天下復統,禮俗有成文可續,學人自覺求由學術思想以造時代之需要,亦不迫切。是時佛學大張,雖有韓愈等粗能闢佛,期重新提煉人類之精神,而歸

宗於儒術，然終不能就此而光大。唐人生命力健旺，形上之思想無可取，而形下之文物則足以極人間之盛事。文人致力詩文，崇尚華藻，而文物制度，亦極燦爛而可觀，「氣盛言宜，有足以近道者」。至殘唐五代，生命力斫喪，天下再陷亂局。這時徒有禮俗之傳統，已難濟事，才激發學人痛切覺悟，乃有宋明儒學思想方面之復生，儒學得到第二期之發揚。關於第二期儒學形態與第一期之不同，文章說：

第一期與第二期兩形態不同。第一期之形態，孔孟荀為典型之鑄造時期，孔子以人格之實踐與天合一而為大聖，其功效則為漢帝國之建構。此則為積極的，豐富的，建設的，綜合的。第二期形態則為宋明儒之彰顯絕對主體性時期，此則較為消極的，分解的，空靈的，其功效見於移風易俗。[117]

牟宗三認為，宋祖之武功政略，本遠不及唐，而仍足以維持三百年，主要的原因就在於學術文化之力，在於儒學表現「極光輝極深遠」。明代繼宋學而發展，尤其陽明之學出，又開一盡精微之局，顯示出「人類精神之不平凡，儒家之學之煥奇彩」。可惜滿清入關，民族生命又受曲折，學人在文字之獄下轉向閉門考據之學，儒學之根本精神完全喪失；晚清再遭西洋摧折，學術也日步西洋後塵，主義泛濫，問題愈演愈繁，愈趨愈難，乃釀成今日之「禍」。

他說，混亂墮落達於頂點，人喪其心，國迷其途，「吾人於此思所以自救之道，遂有儒學發展轉進至第三期形態之嚮往」[118]。在他看來，值此「嚴重之關頭」，學者「必須能盡實現一切創造之責任」，透過反求諸己「開出創造之坦途」。

牟宗三之所以特別強調「創造」對於儒學重振的意義，是因為他清楚地看到，今天的世界已經大不同於以往數千年。在今天儒學第三期發展面臨全然不同於古人的形勢。這不僅是因為當今禮俗傳統崩壞無餘，儒家思想湮沒不彰；而且更因為當今不能不回應西方文化的挑戰，適應時代新發展，然而「國家須建立，政制須創造，社會經濟須充實，風俗須再建。在在無有既成可繼者」[119]。牟宗三指出，欲實現儒學第三期之發揚，則純學術之從頭建立不可少。

所謂「從頭建立」，一是要「從根本處想，從源頭處說」，「從深處悟，從大處覺」，提煉儒學的「究竟義」即根本精神；一是要充分吸納與融攝西方文化之特質之足以補吾人之短者，對儒家學術予以「充實」。提煉是為了繼承，充實是為了發展。就提煉而言：

儒家思想本非造成某一特殊時代之特殊思想，事過即完者。……孔子實是仁義並建。……孟子即就此而發揮，遂成盡心知性知天之道德形上學。宋明儒者亦順此路而發展。吾人名此步開拓曰『由人性以通神性』，藉以規定人類之理性。吾人亦名此曰普遍之理性，或主動之理性。由此遂成功理想主義之理性主義，或理性主義之理想主義。……孔子之言仁義實扣緊歷史文化而言之。此意即函說：孔子之仁義不只是道德的，且著重其客觀之實現。一切典憲皆是理性（上所規定之理性）之客觀化，客觀精神之表現。中庸稱孔子『祖述堯舜，憲章文武』，以及後來所謂堯舜禹湯文武周公孔子之統，皆孔子就歷史文化意義之典憲之統（亦即禮義之統）而應世而言。……道不空懸，必須實現。不實現，不足以為道。[120]

就發展而論：

一、在學術上名數之學之足以貫徹終始，而為極高極低之媒介，正吾人之所缺，亦正西方之所長。儒學在以往有極高之境地，而無足以貫徹之者，正因名數之學之不立。故能上升而不能下貫，能俤於天而不能俤於人。其俤於天者，亦必馴至遠離漂蕩而不能植根於大地。其所以只能上升者，正因其係屬道德一往不復也。而足以充實之之名數之學，則足以成知識。知識不建，則生命有窒死之虞，因而必蹈虛而漂蕩。知識不廣則無博厚之根基，構造之間架，因而亦不能支撐其高遠。故名數之學，及其連帶所成之科學，必須融於吾人文化之高明中而充實此高明。且必能融之而無間也。是則須待哲學系統之建立與鑄造。

二、在現實歷史社會上，國家政制之建立，亦正與名數之學之地位與作用相類比。此亦為中國之所缺，西方之所長。國家政制不能建立，高明之道即不能客觀實現於歷史。高明之道之只表現為道德形式，亦如普世之宗教，只有個人精神，與絕對精神。人人可以與天地精神相往來，而不能有客觀精神作集團組織之表現。是以其個人精神必止於主觀，其天地精神必流於虛深

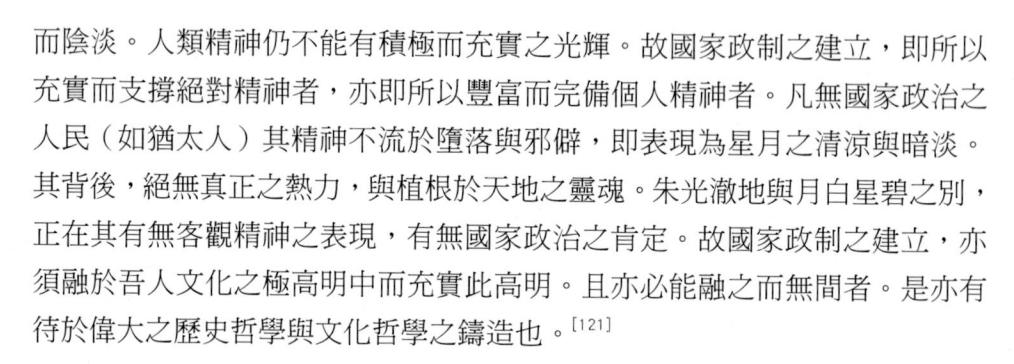

而陰淡。人類精神仍不能有積極而充實之光輝。故國家政制之建立，即所以充實而支撐絕對精神者，亦即所以豐富而完備個人精神者。凡無國家政治之人民（如猶太人）其精神不流於墮落與邪僻，即表現為星月之清涼與暗淡。其背後，絕無真正之熱力，與植根於天地之靈魂。朱光澈地與月白星碧之別，正在其有無客觀精神之表現，有無國家政治之肯定。故國家政制之建立，亦須融於吾人文化之極高明中而充實此高明。且亦必能融之而無間者。是亦有待於偉大之歷史哲學與文化哲學之鑄造也。[121]

經過這樣的創造，現代新儒學就會成為既不同於原始儒學，又不同於宋明新儒學的儒學全新形態。此一形態從外部特徵上說，將為積極的，建構的，綜合的，充實飽滿的，似「第二期之反顯」，而有類於第一期之形態，正如黑格爾的否定之否定之說。「惟此期將不復能以聖賢之人格為媒介，而將以思想家為媒介，因而將更為邏輯的；而在功效之建設方面說，經過共黨之剷平，則將為全體的，而不復只是聖君賢相的。」[122]

牟宗三認為，新的儒學雖然要實現由道德形式轉進至國家形式，由普遍理性之純主體性發展出客觀精神的全新目標，但這些目標「皆為儒家精神所易函攝或所易轉至者」，只須今人意識到儒家學術之實踐性，則在發展之逼迫中必然轉至此一目標。例如「人性人倫所以辨人禽，歷史文化所以辨夷夏，此兩義是為儒學之本質」，由歷史文化之夷夏之辨最易轉至民族國家之自覺建立。

牟宗三不僅論述了儒學第三期發展的必要、可能、原則、方法，確立了「三統並建」的總綱，即他在《道德的理想主義》序言中所說的「道統之肯定」（道德宗教之價值，護住孔孟所開闢之人生宇宙之本源）、「學統之開出」（轉出知性主體以融納希臘傳統，開出學術之獨立性）、「政統之繼續」（由認識政體之發展而肯定民主政治為必然）[123]，而且更強調這是「反共復國」的最佳途徑。他對當時臺灣學界藉以反共的另一種思想文化——自由主義，進行了批評，認為其如不「恢復其精神性」，則不堪此任。他說：

自由主義在反共上，為一顯明之口號。此不容疑。但吾默察今日之自由主義已不復能作為領導時代之精神原則。在文藝復興時，自由之實踐具備其充分之精神性，因而下開近代之西方文明。然而演變至今日言自由，已具體

化而為政治之民主制度,經濟之資本主義,而今日之自由主義者其心思亦黏著於政治經濟之範圍而不能超拔。自由主義顯然已失其精神性。自由固是必須者,自由主義固是對抗共黨之不自由之最佳口號,然而問題乃在如何能恢復其精神性。自眼前言,自由主義有其應付現實之時效性,此儼若對付特殊問題之特殊思想。然特殊思想必有普遍原則作根據。其精神性之恢復,端賴此普遍原則之建立。此普遍原則即儒家學術所代表之推動社會之精神原則也。惟精神透露,自由主義始能恢復其精神性,變為可實踐者。精神(即吾人所說之心理合一之理性或仁)之本質曰「自由」(此黑格爾所說之自由)。惟此「自由」得其呈露,現實之自由,即自由主義所函攝之自由,方能得到。[124]

　　這一篇文章雖然不足以概括牟宗三的整個哲學思想,卻足以管窺牟宗三和臺港新儒家們所努力的方向,即「本中國的內聖之學以解決外王問題」。事實上,無論在臺期間出版的《歷史哲學》、《道德的理想主義》、《政道與治道》,還是赴港以後完成的《中國文化的特質》、《才性與玄理》、《心體與性體》(三冊)、《佛性與般若》、《名家與荀子》、《從陸象山到劉蕺山》,以及《智的直覺與中國哲學》、《現象與物自身》、《康德的道德哲學》、《康德〈純粹理性批判〉譯註》、《圓善論》等論著,牟宗三所闡述的精神都不外「本中國的內聖之學以解決外王問題」這個問題。只不過,有的是結合時代探索中國傳統文化的出路;有的是從中國思想文化的演變歷程中梳釋儒釋道三教義理,著意使傳統內聖之學的精義「重新予以全部的展露」;有的是以儒家哲學融會康德哲學,並以此展示中國傳統哲學的意義與價值[125]。

二、徐復觀「以破顯立,去蕪存菁」的學術進路

　　徐復觀雖然到臺灣才開始提筆寫作,但一發不可收,在臺灣期間就先後撰著和結集有《學術與政治之間》(甲乙集)、《中國思想史論集》、《中國人性論史‧先秦篇》、《中國藝術精神》、《公孫龍子講疏》、《石濤之一研究》、《徐復觀文錄》(1～4冊)等,後來在香港又完成了《兩漢思想史》(1～3卷)、《周官成立之時代及其思想性格》、《中國經學史的基礎》等著作,並有《儒家政治思想與民主自由人權》、《中國文學論集》及續集、

《徐復觀雜文》（四卷本及兩種續集）、《中國思想史論續集》等多種文集出版，成為現代中國卓有建樹的儒家學者和思想家。

大體上說，徐復觀的著述主要圍繞政治文化、道德學說、藝術精神三個方面對中國傳統文化進行有破有立的疏釋。蕭萐父曾經將徐復觀的學術研究和文化剖判的總方向概括為，「以破顯立，去蕪存菁」，即「透過對傳統思想文化的負面的揭露批判以凸現其正面的價值，勇於剔除古老民族文化中的汙穢及僵化的成分，從而復活並弘揚其不朽的真精神」[126]。蕭萐父並分別從政治文化、道德學說、藝術精神三方面就此論點作了論證。李維武在他的專著《徐復觀學術思想評傳》中，則從「文化之思」、「心性之論」、「政治之道」三個方面來概括徐復觀的努力方向，並突出他作為「勇者型的現代大儒」的特性。不過這些對徐復觀的概括方式，都是立足於他的一生來蓋棺論定的，具體說到在臺灣的時期，徐復觀的思考重點在哪裡呢？

1949～1969年徐復觀在臺灣的20年，跟牟宗三在臺灣的十餘年一樣，是其新儒學整體架構形成的時期，尤其在1950年代在時代思潮的激盪和志同道合者的相互激勵與啟發中，借助《民主評論》的平臺所表達的綱領性思想，實際上成為他們日後乃至終生工作的總方向。他們其後的許多論著，雖然不無對此際若干看法的局部修正，但總體上卻是透過具體、系統而精細的學術疏證，使思想綱領落實為思想體系。

徐復觀在臺20年的寫作中，最初一兩年內，多為「反共抗俄」的時政論述，已如前述。但1951年後，隨著臺灣政治形勢的漸趨穩定，他的筆墨開始朝文化理想與政治理想的結合集中，撰寫了《儒家政治思想的構造及其轉進》、《中國的治道》、《學術與政治之間》、《中國知識分子的歷史性格及其歷史的命運》、《荀子政治思想的解析》、《儒家在修己與治人上的區別及其意義》、《儒家對中國歷史運命掙扎之一例——西漢政治與董仲舒》、《三十年來中國的文化思想問題》等長篇文章，比較清楚地表達了他關於文化建設的基本思路。

徐復觀認為，近百年中國的文化思想，有兩個特徵。第一個特徵表現為中西文化的衝突，這個衝突由中外政治的衝突所造成，由於許多複雜的非文化因素的滲入，中西之間的文化衝決並沒有在文化自身上得到解決，「反對

西方文化者多出於民族的感情,並非出於對西方文化本身的批判。反對中國文化者亦多出於對西洋勢力的欣羨,而非出於對中國文化自身的反省」[127]。第二個特徵,是文化思想與現實政治糾結不清,「這一百年來,正當中國社會大變動的時期,所以凡是有力的文化思想,沒有不關心到社會政治的問題;而社會政治的問題,也沒有不影響到文化思想」[128]。文化與政治結下不解之緣,在政治力的強勢作用下,純學術的文化活動退居次要地位,而成為現實政治的一種反映。這兩個特徵都是不健康、不正常的。

在他看來,「五四運動」是中西文化衝突的一個高峰,也是中國文化挫折的高峰。它的直接動因正是「西方的經濟政治軍事的侵略勢力,在中國得到了壓倒的勝利」,而非文化本身的新陳代謝。「五四運動」在文化上提出的民主與科學,都只停留在口號上,沒有真正得到貫徹。新文化陣營分化出的社會主義派加入了第三國際的世界革命;留守的自由主義派在壓倒性的革命口號下也很少有積極的主張,不少人甚至乾脆加入到國民黨,形成一個新的官僚集團。國共之間的政治爭鬥,使民主理想消散於無形。

「民主」被現實政治壓垮了,「科學」也沒有走上正途。雖然抗戰前十年「由若干學人默默地埋頭苦幹,在各方面都有相當的成就……每一門學問,都打開了切實的門徑;無形間也建立了一種學術上共同承認的標準」[129],但這些進步不僅因為抗戰發生後的顛沛流離生活而中斷,並且這種文化思想的進步只限於若干大學校園之內,「學術上的意義多於社會上的意義」,並不符合「五四運動」對社會意義的目標追求,實際上這種學術進步正是擺脫「五四運動」浮囂之氣的結果。「五四」人物的「科學」努力,仍然是失敗的。胡適倡導的「整理國故」淪為乾嘉末流,而其「全盤西化」的主張又與不倫不類的「中國本位」文化派陷於相抵相消之局,造成了社會主義這種「反西方」的「西方」文化乘勢而起。

徐復觀宣稱,「五四」的文化思想必須超越;「五四」以來文化受到政治左右的格局必須改變。一方面,「今後中國文化的生機,首先是要求思想工作者與現實政治之間,能保持一相當的間隔;要現實政治向文化思想看,文化思想向世界看,向社會看,向人生看」[130]。另一方面,對中西文化,

要切實做一番提煉溝通的工作,「使民主自由能得到文化上深厚的基礎。使科學能在其自己應有的分際上,在中國得到確切的發展」。[131]

在這個目標中,徐復觀最為關注的是如何「使民主自由能得到文化上深厚的基礎」。他認為,這個問題需要從兩個側面來理解。其一,必須明確肯定民主自由才是中國文化和歷史的出路;其二,必須指出民主自由在中國生根需要中國歷史文化的滋養。

徐復觀深感中國文化中解決政治問題的思想一直是在矛盾曲折中表現,一般人不易作切當明白的把握,於是作《中國的治道》一文,試圖加以辨析。他指出:「中國的政治思想,除法家外,都可說是民本主義,即認定民是政治的主體;但中國幾千年來的實際政治,卻是專制政治。政治權力的根源,係來自君而非來自人民,於是在事實上,君才是真正的政治主體。……政治的理念,民才是主體;而政治的現實,則君又是主體。這種二重的主體性,便是無可調和對立。對立程度表現的大小,即形成歷史上的治亂興衰。」[132] 面對理念與現實的二重主體性,中國的哲人總是想透過主張人君無為或修己,去智去欲,服從人民的才智好惡,來打掉人君政治上的主體性,凸顯天下即人民的主體性,從而消解二重主體的對立。這是一種「格君心」的方法。然而,「一個人要『格』去其好惡,真是一件難事」[133],何況擁有無上權力的人君。所以在歷史上,這種消解二重主體性的方法往往落空。

但是,近代西方的民主政治的道路,則為解決中國文化中的政治課題提供了一條可行的出路。與中國文化力圖從道德上消除君民矛盾不同,西方民主政治則是從法制上解除此一矛盾,透過制度「首先把權力的根源,從君的手上移到民的手上,以『民意』代替了『君心』。政治人物,在制度上是人民的僱員,他即是居於中國歷史中臣道的地位,人民則是處於君道的地位。人民行使其君道的方法,只對於政策表示其同意或不同意,將任務的實行委託之於政府」。[134] 居於權源地位的人民是無為的,政府在人民支配下有為。而政府領袖固有好惡,卻與權源是分開的,因之存在客觀的限制,「其心之『非』不格而自格」;其次,在民主制度下,中國歷史上虛己、改過、納諫等等君德,也可以落實為議會政治、結社自由、言論自由等客觀化的體制,使得「一個政治領袖人物,盡可以不是聖人,但不能不做聖人之事」。於是,

中國聖賢千辛萬苦所要求的聖君，千辛萬苦所要求的治道，透過民主政治，都可自然實現。所以中國文化自身所必需的發展，就是要「接通」中國聖賢的文化理想與現代自由民主的政治體制。

肯定民主自由才是中國文化和歷史的出路，這一點徐復觀與《自由中國》陣營的自由主義者無異，所以這篇文章發表後，受到殷海光的盛讚，稱其為「不平凡的人之不平凡作品」，「此時此地而能看到這種文章，真是空谷足音」。[135] 不過，徐復觀畢竟「不滿足於」作一個自由主義者，他在肯定民主自由的坦途之同時，又特別指出，民主自由在中國生根需要中國歷史文化的滋養。

徐復觀指出，「五四運動」以來，民主自由之所以未能在中國生根發芽，跟新文化人物自我割斷與文化傳統的聯繫，使自由民主的文化得不到深厚文化資源的滋養有很大關係。而其實，「五四」人物認定要主張民主和科學就必須「打倒孔家店」，是經不住分析的。因為中國歷史文化儘管沒有走出自由民主的道路，但是卻並不與自由民主相違背。

他在《儒家政治思想的構造及其轉進》中，專門就此問題進行了討論。

他說，「儒家思想，是凝成中國民族精神的主流。儒家思想，是以人類自身之力來解決人類自身問題為其起點的。所以儒家所提出的問題，總是『修己』『治人』的問題。而修己治人，在儒家是看作一件事情的兩面，即是所謂一件事情的『終始』『本末』。……所以儒家思想，從某一角度看，主要是倫理思想；而從另一角度看，則亦是政治思想。」[136] 儒家政治思想的構造，可以歸納為德治主義、民本主義和禮治主義。

德治主義是儒家政治思想的最高原則。儒家首先認定「民之秉彝，好是懿德」，所以治者必先盡其在己之德，因而使人人各盡其秉彝之德。德治的出發點是對人的尊重，是對人性的信賴。德乃人之所以為人的共同根據。治者與被治者間，乃是以德相與的關係，而非以權力相加相迫的關係。人人能各盡其德，即係人人相與相忘於人類的共同根據之中，以各養生而遂性，這正是政治的目的，亦正是政治的極致。儒家認為以德相與，關鍵在治者能先盡其德，強調「政者正也，子率以正，孰敢不正」，「為政以德，譬若北辰，

居其所,而眾星拱之」,「君子篤恭而天下平」。在儒家那裡,治者由內聖以至外王,只是一種「推己及人」的「推」的作用,亦即是擴而沖之的作用。其所以能推,能擴充,是信任「人皆可以為堯舜」的性善。只要治者能自己盡性以建中立極,則風行草偃,大家都會在自己的性分上營合理的生活。這樣透過各人固有之德,就可以建立起自然而合理的人與人之內在的關係。

儒家政治思想從其基本努力的對象來說,又是民本主義。儒家強調「民為邦本」,「民為貴」,不太著重於國家觀念的建立,而特著重於確定以民為政治的唯一對象。不僅認為「天生民而立之君,以為民也」,而且宣稱「天誓自我民誓,天聽自我民聽」,「民之所欲,天必從之」,把原始宗教的天的觀念,具體落實於民的身上,因而把民升到神的地位。民不僅是以「治於人」的資格,站在統治者之下;而且是以天與神之代表者的資格,站在統治者之上。神、國、君,都是政治中的虛位,而民才是實體。在儒家思想中不僅不承認殘民以逞的暴君汙吏政治上的地位;亦不承認為統治而統治的統治者政治上的地位。

儒家把德治原則落到民本對象上面,則以禮經緯於其間,成為禮治主義。儒家雖然優先注重治者的德操,但終極目的卻是在於建立起自然而合理的人與人之內在的關係。這就要觸及到如何對於民眾進行疏導的問題。既然德治是一種內發的政治,那麼人與人之間,必然重在因人自性之所固有而加以誘導薰陶,而使民能自反自覺,以盡人的義務,而不主張依賴外在的政刑來控制民眾,強制民眾就範。「道之以政,齊之以刑,民免而無恥;道之以德,齊之以禮,有恥且格」,禮治主義縱然不全然否定政刑的運用,態度上卻是否定政刑。

徐復觀認為,德治思想,民本思想,禮治思想,是儒家一以貫之的理想,也是人生的最高境界。在價值上,比之西方近代的民主政治所預設的價值,要精純得多。西方近代的民主政治,以「我」的自覺為其開端,主張和爭取的是自己獨立自主的生存權利。其預設的思想,無論「人生而自由平等」的自然法,還是互相同意的契約論,都是爭取個人權利的一種前提,一種手段。其為保障個人權利而創設的法治,也只是一種外在的制約。所以在徐復觀看來,固然自由民主是歷史文化必須落實的一環,但是「民主政治,今後只有

進一步接受儒家的思想,民主政治才能生穩根,才能發揮其最高的價值。因為民主之可貴,在於以爭而成其不爭;以個體之私而成其共體之公。但這裡所成就的不爭,所成就的公,以現實情形而論,是由互相限制之勢所逼成的,並非來自道德的自覺,所以時時感到安放不牢。儒家德與禮的思想,正可把由勢所逼成的公與不爭,推上到道德的自覺。民主主義至此才真正有其根基」。[137]

徐復觀認為,不能因為儒家學說是中國古代的思想,就否定它的現代價值。因為任何有價值的思想,都既有其特定的時代性,又有其透過其特殊性所顯現的普遍性。「任何思想的形成,總要受某一思想形成時所憑藉的歷史條件之影響。歷史的特殊性,即成為某一思想的特殊性。沒有這種特殊性,也或許便沒有誘發某一思想的動因;而某一思想也將失掉其擔當某一時代任務的意義。歷史上所形成的思想,到現在還有沒有生命,全看某一思想透過其特殊性所顯現的普遍性之程度如何為斷。換言之,即是看其背後所倚靠以成其為特殊性的普遍性的真理,使後世的人能感受到怎樣的程度。特殊性是變的,特殊性後面所倚靠的普遍性的真理,則是常而不變。歷史學之所以能夠成立,以及歷史之所以可貴,正因他是顯現變與常的不二關係。變以體常,常以御變,使人類能各在其歷史之具體的特殊條件下,不斷地向人類之所以成其為人類的常道實踐前進。」[138]

他批評「五四」的新人物蔑視歷史,厭惡傳統,不承認在歷史轉變之流的後面有不變的常道;也批評舊人物泥古不化,死守著非變不可的具體的特殊的東西,反而抹殺了構成特殊現象後面的普遍性的常道。指出對中國文化的正確態度,不應該再是「五四」時代新舊人物的武斷的打倒,或是顢頇的擁護;而是「要從具體的歷史條件後面,發現貫穿於歷史之流的普遍而永恆的常道,並看出這種常道在過去歷史的具體條件中所受到的限制。因其受到限制,於是或者顯現的程度不夠,或者顯現的形式有偏差。今後在新的具體的條件之下,應該作何種新的實踐,使其能有更完全更正確的顯現,以匯合於人類文化之大流,且使野心家不能假借中國文化以濟其大惡,這才是我們當前的任務」。[139]

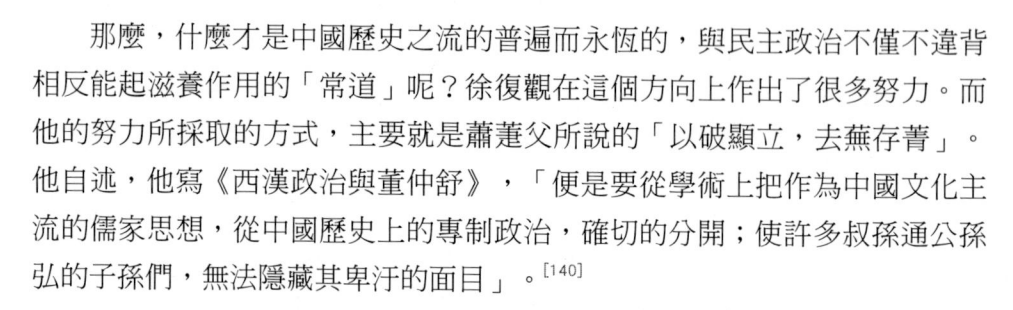

那麼，什麼才是中國歷史之流的普遍而永恆的，與民主政治不僅不違背相反能起滋養作用的「常道」呢？徐復觀在這個方向上作出了很多努力。而他的努力所採取的方式，主要就是蕭萐父所說的「以破顯立，去蕪存菁」。他自述，他寫《西漢政治與董仲舒》，「便是要從學術上把作為中國文化主流的儒家思想，從中國歷史上的專制政治，確切的分開；使許多叔孫通公孫弘的子孫們，無法隱藏其卑汙的面目」。[140]

《西漢政治與董仲舒》寫作於 1955 年，分三期在《民主評論》上連載，篇幅約三萬字。在文前小序中說，此文之作，乃因「數十年來，中國知識分子，輒將此一時代之悲慘遭遇，集矢於儒家思想；而董仲舒之推明孔氏，抑黜百家，尤為一般人所詬病」。只有根據歷史事實，結合各種歷史背景，將董仲舒乃至整個儒家在中國歷史中之地位及其功過衡論清楚，才能正本清源，還儒家以公道。

徐復觀認為將儒家思想與和專制政治等同是一個似是而非的看法，而這個看法的發生，與漢代以來的歷史面貌很有關係。思想上要正本清源，就需要從儒家思想與專制政治的結合何以發生，這種結合的真相究竟如何，來加以探討。

徐復觀認為，儒法思想的基本態勢呈現對立之局：儒家假定人性善，人與人的關係以互信互愛為基礎；法家假定人性惡，人們之間相互猜忌相互利用。儒家認為君臣之間是相互對待的關係，人君不是可以恣肆於群生之上的絕對體；法家徹底把君臣關係懸隔起來，尊君而卑臣。儒家認為人君應以人民好惡為好惡，政治應人文化；法家認為人民為人君而存在，一切唯君命是從。儒家主張德治禮治，開啟人民智慧；法家主張嚴刑重罰，反德反智，對人民進行鐵幕隔離。漢代以來儒家思想與專制政治的關係，實際上是儒法鬥爭的一種反映。「秦以法家思想致霸，雖國運短促，然漢得天下後，除了去泰去甚以外，政治之本質，依然是秦代的延長。換言之，亦即是法家政治之延長。及天下稍定，元氣稍復，在思想上即遂漸展開儒法之爭。法是當時政治的現實，統治者成為法家的代表；而儒則是一部分人的理想，人民是一部分人的後臺。……儒法之爭，是中國歷史升降的大關鍵。把握到這一點，我們讀兩漢的巨著史記與漢書，乃至其它兩漢人的著作，才能真正瞭解其精神，

才能真正敞開中國歷史的奧祕。」儒法之爭，代表「把人當人」的人性政治與「不把人當人」的極權政治的鬥爭，董仲舒的「天人三策」，是這一鬥爭的一個高峰。「此一決鬥，在當時並未立刻收實際上的多大效果。然儒家思想，在打了若干折扣之後，卻獲得了理論上的勝利。此一勝利，逐漸使法家的傳統，下降而為『吏』的地位……後世『官』與『吏』或『儒』與『吏』之爭，也是兩漢儒法之爭的繼續。這是瞭解中國歷史的一大線索。」[141]

　　將儒家思想與專制政治的關係定位為儒法鬥爭，首先需要說明的就是法家何以取得「政治現實」的地位以及這種政治現實如何延續。徐復觀指出，自戰國時期秦孝公用商鞅起，秦國即成為法家的實驗場所，到嬴政政治與思想全為法家所支配，終以法家統一六合。漢興以後，雖曾奉黃老之治，然黃老的後面依然是繼承秦代的法家政治。無論在君臣關係上，在刑罰的性質和使用上，在吏治上，皆與秦無稍異。一般人只看到黃老之治，忽略了黃老之至後面的法家本質。其原因主要是劉邦興漢後對秦法做過由密而疏的修正，而其輕徭薄賦之政，又受史家溢美，給人造成秦漢判然有別的印象。其實，法律的繁簡疏密，人民的負擔輕重，本身並不是判定是否法家的標準；法家最初也有緩刑薄賦的主張，只是因為法家不承認人文世界，法才日演日密，人民的負擔才越來越重，並非法家的理想本來如此。實際上，漢法也是由疏而密的。到了漢武帝時，根據《史記》中《封禪書》、《酷吏傳》、《儒林傳》的描寫，已經儼然是秦皇的再版。

　　在徐復觀看來，漢武帝時期法家政治已到登峰造極的程度，卻常常被人們以漢武帝「尊崇儒術」的表面現象所掩蓋。實際上，「漢武所取於儒的乃在『陰陽』與『文詞』以滿足其浮誇之本性。他所用的儒者，只是出賣靈魂的如『曲學阿世』的公孫弘及『和良承意』的兒寬。……『公孫弘兒寬，以經術潤飾吏事。』『吏事』是法家的本錢，而經術只居於『潤飾』的地位。」[142] 那些為利祿而奔競的下流儒生，所得亦不過方士和酷吏的殘羹剩飯而已，而申公、轅固生那些真儒，「率多受屈辱」。所以與其說當時是「尊崇儒術」，不如說「尊崇儒術」的主張在如此政治局面下不得不提出，同時也不得不對政治現實作出一些讓步。

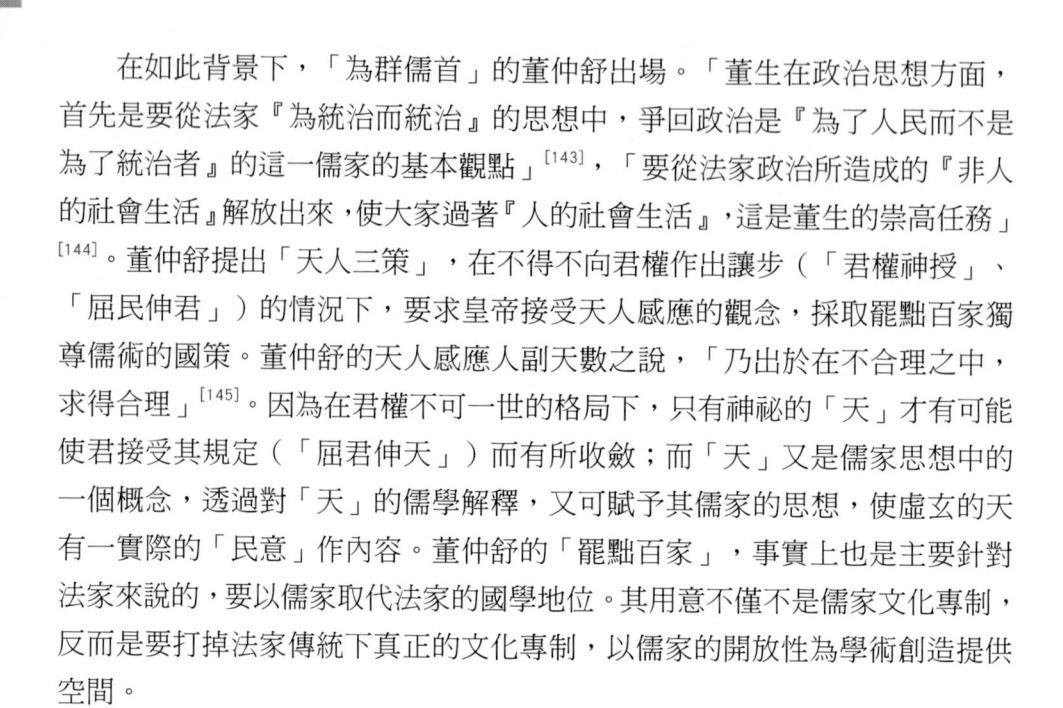

在如此背景下,「為群儒首」的董仲舒出場。「董生在政治思想方面,首先是要從法家『為統治而統治』的思想中,爭回政治是『為了人民而不是為了統治者』的這一儒家的基本觀點」[143],「要從法家政治所造成的『非人的社會生活』解放出來,使大家過著『人的社會生活』,這是董生的崇高任務」[144]。董仲舒提出「天人三策」,在不得不向君權作出讓步(「君權神授」、「屈民伸君」)的情況下,要求皇帝接受天人感應的觀念,採取罷黜百家獨尊儒術的國策。董仲舒的天人感應人副天數之說,「乃出於在不合理之中,求得合理」[145]。因為在君權不可一世的格局下,只有神祕的「天」才有可能使君接受其規定(「屈君伸天」)而有所收斂;而「天」又是儒家思想中的一個概念,透過對「天」的儒學解釋,又可賦予其儒家的思想,使虛玄的天有一實際的「民意」作內容。董仲舒的「罷黜百家」,事實上也是主要針對法家來說的,要以儒家取代法家的國學地位。其用意不僅不是儒家文化專制,反而是要打掉法家傳統下真正的文化專制,以儒家的開放性為學術創造提供空間。

董仲舒要以儒家德的觀念代替法家刑的觀念的努力,是中國歷史命運中從「不把人當人」的政治轉向「把人當人」的政治的掙扎之一例,這次掙扎並沒有收當世之功,不僅武帝時沒有轉換過來,而且宣帝時也沒有變過來。董生本人更是屢遭算計九死一生。但是,從長遠看,這次掙扎卻對中國歷史發生了深刻的影響。「儒家在政治上的若干觀念,如愛民、納諫、尊賢、尚德、興學、育才等等,已成為二千年來論定中國政治及政治人物是非得失的共同標準。……因此,便對於暴君汙吏,不能不發生若干制約的作用。最低限度,哪怕在最黑暗的時期,也提供了人們向前掙扎的一個指針,一個方向。……同時,由孔子在歷史地位中之崇高化,使任何專制之主,也知道除了自己的現實權力以外,還有一個在教化上、在道理上,另有一種至高無上,而使自己也不能不向之低頭下拜的人物的存在。」[146]

不過徐復觀承認,儒家在中國歷史上的作用又是有限的。「若以為自董生推明孔氏以後,中國的政治,便一直是按照儒家思想去推演實行,因而在漢以後的政治中可以看出儒家思想在政治制度中的發展;或者以為二千年的政治,都應由儒家負其責;這都是明察秋毫之末,而不見輿薪的論斷。」[147]

因為兩千年的中國政治，是在一個既定的專制圈架中運轉，「在此種政制之下的人君，能受儒家一部分影響而勤儉，納諫，愛民的，在兩千年中，能數得出幾位？更不要說天下為公的基本精神，歷史中便不曾找得出一個」，更不用說其間充滿夷狄、盜賊、童昏之主「胡天胡帝」[148]。因此，儒家的政治主張從來沒有得到正常的發展，只能盡一點「提撕緩和」的作用。

儒家的作用有限，儒家的理想難以實現，除了法家所造成的專制政體的壓迫以外，儒家思想自身的停滯也難辭其咎。「儒家原始的政治思想，停滯在秦漢之際的階段，再沒有向前發展，因而其本身包含的缺點，使他所構想的客觀的政治間架，並不足以擔負其基本精神的使命。」[149]儒家所追求的一切，都是以人君人臣去實行為出發點，不曾想到由人民自身去實行的問題；儒家的五倫觀念中，也根本缺乏人民與政府相關的明白觀念，「於是儒家的千言萬語，終因缺少人民如何去運用政權的間架，乃至缺少人民與政府關係的明確規定，而依然跳不出主觀願望的範疇」[150]。另外，儒家的禮治的思想，崇古的思想，也沒有得到必須的發展。

這一點，徐復觀在上面提到的《儒家政治思想的構造及其轉進》中也專門談到。他指出，「儒家儘管有這樣精純的政治思想，儘管其可以為真正的民主主義奠定思想的根基；然中國的本身，畢竟不曾出現民主政治。……儒家的政治思想，在歷史上只有減輕暴君汙吏的毒素的作用，只能為人類的和平幸福描畫出一個真切的遠景；但並不曾真正解決暴君汙吏的問題，更不能逃出一治一亂的歷史上的循環悲劇。」[151]政治問題，總是在君相手中打轉，以致真正政治的主體，沒有建立起來。

經過徐復觀反覆研究，得出三點基本結論，那就是：儒家需要向現代民主政治方向發展；現代民主政治需要儒家傳統的滋養；儒家傳統的內在精神也完全可以與現代民主政治結合。他說：

我這幾年以來，始終認為順著儒家思想自身的發展，自然要表現為西方的民主政治，以完成它在政治方面所要完成而尚未完成的使命；而西方的民主政治，只有和儒家的基本精神接上了頭，才算真正得到精神上的保障，安穩了它自身的基礎。所以儒家「人把人當人」的思想，不僅在過去歷史中盡了艱辛掙扎之力，且為我們邁向將來的永遠指針，及我們度過一切難關的信

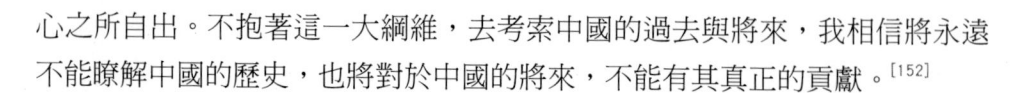

心之所自出。不抱著這一大綱維,去考索中國的過去與將來,我相信將永遠不能瞭解中國的歷史,也將對於中國的將來,不能有其真正的貢獻。[152]

從某種意義上說,這個結論也可以看作徐復觀終生學術努力方向的夫子自道。

第四節 儒學與自由主義之間:徐復觀和殷海光的思想合離及其啟示[153]

對徐復觀與殷海光進行比較,已經不算一個新題目。一些前輩學者,很早就進行過這個題目的研究,近年發表的同題研究成果更多。之所以引起學界如此興趣,主要因為,一方面徐、殷兩人很典型地代表了近代中國兩條重要的思想路線(新儒學和自由主義),從他們耐人尋味的合作和爭執中,可以小見大,以點帶面,進行近代中國思想史考察;另一方面徐、殷作為典型的中國讀書人,雖然路徑不同,觀點各異,甚至一度因見反目,但對探尋民族前途和中國思想出路的認真和執著,顯示出同樣的人格魅力。

職是之故,研究的角度自然多種多樣。比如黎漢基的《難為知己難為敵》[154]主要著眼於兩人個人關係的考察;李維武的《徐復觀與殷海光》[155],重點考察兩人思想的矛盾展開和彌合過程;韋政通80年代發表的《兩種心態,一個目標——新儒家與自由主義觀念衝突的檢討》[156]長文,既展示了他們思想上的對立和衝突,又論述了他們各自努力所代表的意義,90年代李明輝的《徐復觀與殷海光》[157]、任劍濤的《自由主義的兩種理路》[158],也在這方面作了有益探索。[159]

在已有的研究中,有關徐、殷對待儒學與自由主義學理關聯的認識,雖有不同程度的涉及,但從思想內在理路的角度探究徐、殷思想合離之得失者,尚不多見。鑒於此,本文將試圖在已有成果基礎上,重點對徐、殷於《民主評論》和《自由中國》時期,在儒學與自由主義關係上的思想合離,進行雙向反省,以期抽繹出若干啟示。因此,本文標題,「儒學」並非徐復觀的代稱——儘管最狹窄的意義上徐復觀也是現代新儒家之一;「自由主義」亦非

殷海光的代稱——雖然殷海光也被廣泛視作現代中國自由主義最主要的代表人之一。

本文將分四個部分討論：1.自由主義政治論述的契合；2.自由主義與儒學相關性的分歧；3.思想敵友之心路淵源；4.思想合離中的雙向反省及啟示。

一、自由主義政治論述的契合

徐復觀與殷海光亦敵亦友的關係，人所共知。斯「敵」斯「友」，都兼有人情和思想兩個層面，而且以思想敵友為因，人情敵友為果。有學者認為，兩人思想上的共性主要是都激烈反共。在某種意義上，這確為事實。但是，進入50年代的臺灣語境，反共是一「宏大敘事」，隨著美國介入臺海事務給臺灣帶來安全角勢的變化，其本來意義逐漸被虛置。官方以反共為招牌強化專制獨裁統治，民間以反共名義表達自由民主的訴求，「反共」雖一，具體思想內涵並不相同，甚至南轅北轍。這時徐復觀與殷海光所運用的反共話語，完全不同於官方圖騰，殷海光說，「反共不是黑暗統治的護符；反共不能使人成為神聖。任何人不能藉著『反共』的招牌幹盡一切壞事。自由人不做『反共的奴隸』。」[160]徐復觀也說，「我們今日之反對共產黨，並不是要籠統的要消滅共產主義，而是要消滅……突出於民主方式以上的極權理論，和極權的暴力統治形式。」[161]可見，反共在他們那裡，本質含義是向國民黨要求自由民主。他們的言論基調，從其言論舞臺《民主評論》和《自由中國》明示的宗旨中，可觀其大概。

《自由中國》宗旨，共分四條：「第一，我們要向全國國民宣傳自由與民主的真實價值，並且要督促政府（各級的政府），切實改革政治、經濟，努力建立自由民主的社會。第二，我們要支持並督促政府用種種力量抵抗共產鐵幕之下剝奪一切自由的極權政治，不讓他擴張他的勢力範圍。第三，我們要盡我們的努力，援助淪陷的同胞，幫助他們早早恢復自由。第四，我們最後的目標是要使整個中華民國成為自由中國。」

《民主評論》的宗旨，在其《發刊辭》和《復刊辭》中，亦有清楚表述：「兩年半以前，我們在創刊時立下的宗旨是：『爭取國家獨立，政治民主，經濟平等，與學術思想之自由。』我們認為中國的和全世界的災難，完全導

源於極權主義的錯誤思想,為拔本塞源起見,我們主張:『思想的錯誤還須要思想予以糾正。極權主義造成的危機須要民主來挽救。』回顧兩年間的民主評論,我們對於自己的宗旨和主張,是始終一貫,信守不渝的。……也是我們今後還要繼續努力的大方針。」[162]

顯然,自由民主同樣是兩刊的重要目標。這兩份效力於自由民主,而影響力很大的半月刊,都在40年代末創刊(分別為1949年6月,11月),60年代停刊(分別為1960年,1966年),最具影響力的時期,都在50年代。徐復觀作為《民主評論》主編主撰,殷海光作為《自由中國》最主要的思想人物和主筆,在各自陣地上發表了不少力作,來貫徹這個共同的精神追求。

殷海光在《自由中國》發表的直接呼籲自由民主的署名文章,包括社論,達數十近百篇。其中,具社會影響者,即有《思想自由與自由思想》、《戰爭與自由》、《關於「統一思想」底問題》、《自由主義的蘊涵》、《言論自由的認識及其基本條件》、《政治組織與個人自由》、《獨裁怕自由》、《這是國民黨反省的時候》、《個人為國家之本》、《教育部長張其昀的民主觀:君主的民主》、《不要怕民主!》、《重整五四精神》、《反攻大陸問題》、《學術教育應獨立於政治》、《自由民主是反共的活路》、《創設講理俱樂部》、《你要不要做人?》、《人是不是人?》、《胡適與國運》、《認清當前形勢,展開自新運動》、《我對三民主義的看法和建議》、《自由中國之路……十年了!》、《「反共」不是黑暗統治的護符!》、《大江東流擋不住!》等。徐復觀也在《民主評論》發表《我們信賴民主主義》、《中國政治問題的兩個層次》、《論自由主義與派生的自由主義》、《儒家政治思想的構造及其轉進》、《中國的治道》等同一主題文章和社論。

由於基本宗旨相近,他們還在對方刊物上發表意見,彼此支援。如徐復觀發表在《自由中國》上的政論文章就有《「計劃教育」質疑》、《青年反共救國團的健全發展的商榷》、《我所瞭解的蔣總統的一面》等,殷海光也在《民主評論》發表《政教合一與思想自由》、《羅素論權威與個體》、《自由人的反省與再建》等論述自由民主的文章。

通觀二人的政治論述,不難發現,在自由主義的基本立場和很多重要見解方面,他們觀點是一致或接近一致的。比如:

對於民主自由的理解。殷海光與徐復觀都認為，自由民主是近代自由主義的一體兩面，是與極權主義相對立的文明。殷海光說自由主義的根本要素是「自由」，包括思想自由、經濟自由、政治自由等方面。自由生於人性的深處，屬於基本人權範疇。思想自由，意味著「各種思想學說，諸子百家，並行不悖」[163]；經濟自由就是經濟行為「免於國家之干涉」[164]，政治自由，即民主政治。民主政治，權力來自人民選票，而非源於武力征服，可以防止不公正的權力任意而行的禍害和危害基本人權的危險。「自由主義並沒有以為民主政治是絕無毛病的。……民主制度是一切有毛病的政治制度中毛病最少的。」[165]徐復觀說，自由主義是從個人的理性活動上去體認「人生而自由」，在秩序中滿足個人自由的要求。自由主義，萌芽於古希臘普羅塔哥拉斯「人是萬物的尺度」和蘇格拉底「知識即道德」的命題，經歷了從文化（文藝復興、宗教改革）到政治（民主革命），從政治到經濟（自由的社會主義）的發展，現在應該是一個綜合的階段。自由主義在政治上的表現，就是民主主義，或民主政治。這種政治一方面「少數服從多數，決定於量」，不決定於質，可以避免歷史上真理殺人的惡果；一方面「多數保障少數」，不會影響到人類之質的向上。更主要的，它是一種現代政治生活的「方式」。「方式不對某一特定內容負責，所以他可以裝入很多內容。……任何發生主導作用的內容，他們都要受民主這一方式的限定……人類因為發現了民主主義的生活方式，於是個性和群性得以融和，肯定與否定得以統一，能舉『萬物並育而不相害』之實。」[166]

對於中國實現自由民主的意義。殷海光與徐復觀都認為，在中國實行自由民主的制度，既是解開歷史治亂循環之結的藥方，又是適應現代世界潮流的要求。對中國歷史而言，徐復觀將自由民主的制度比喻為常數，將政黨的具體主張比喻為變數，說「變數運用於常數之內，以常御變，以變適常，使政治的運行，如晝夜之迭行，如日月之代明，而始終不失其序，這才可稱為樹立了建國的規模。……措國家於長治久安，打破歷史上一治一亂之循環悲劇」，「有了民主，便不必輕言革命」[167]。殷海光則肯定孫中山提出建立民主共和制度，思謀一勞永逸地結束中國幾千年來治亂循環的局面，打開歷史的死結，「這種想法是根本正確的」，並指出「面對現代統治技術所造成的

新形勢，我們更緊急地需要一個政治上的安全辦法。這個安全辦法是什麼呢？現代人類的智慧和經驗所能提出的，有且只有民主政治」[168]。

從世界大勢的角度，殷海光斷定自由民主是現代世界潮流，只有順應才能進步，敵視自由民主是「自毀長城」，「世界民主潮流發展到了今天……逆乎潮流，逆乎人心來行事，總是吃虧不討好的」[169]。鑒於當時兩岸官方都以「民主」自稱，他特別指出，只有以基本人權為基礎的英美式民主才是「正牌民主」，大陸左傾路線的「民主集中制」、「民主專政」的「民主」，臺灣右傾路線的「愛民、教民、養民」的「民主」，都是假民主。而在徐復觀看來，中國傳統文化和政治，雖為政治民主化建立了基礎和準備，但因為缺少智性的發展，終未能成就民主政治。民主政治反而是在西方文化智性發展之下產生的，今日已成世界政治文明共同的方向，「吾人應該自覺的大踏步的向人類共同的方向走去，以完成中國歷史文化所未完成的歷程」。他同樣認為，「由特殊趨向普遍，是人類理性發展的必然，歷史必須是個性與世界性的統一，中國不會有什麼特殊的民主。」[170]

對於三民主義與自由主義的關係。前文已經談到，殷海光與徐復觀都認為反共本身不是目的，真正的目的是反「極權」，包括國民黨的極權統治。與此相聯繫，他們都反對國民黨將三民主義國教化，主張三民主義應該限制在自由民主制度之下，而「不能翹出於民主政治形式之上」[171]，在民主範圍內，「國民黨享有不藉政治權勢來弘揚其三民主義的自由」[172]。雖殷海光早已與三民主義分道揚鑣，徐復觀始終自認是三民主義的信徒（但對三民主義作了自己的解釋），這種差別並沒有影響到他們的共識。

對於自由民主與組織力量。殷海光和徐復觀還同樣反對國民黨藉口「非常時期」，要集中「力量」，強化「組織」，排斥自由民主的荒謬邏輯，指出自由民主國家的發展經驗表明，自由民主並不妨礙力量的集中，組織的有效；民主的組織形式、自由的集中方式，比之非民主的組織和強制的集中，要強大得多。

當然，正如有些學者已經指出的，在自由民主的呼籲方面，殷、徐還是存在細微的差別。像殷海光講自由民主，主要從消極方面（防範侵權）著眼；徐復觀講自由民主，主要從積極方面（自我做主）著眼。殷海光談民主，但

更注重自由；徐復觀講自由，但更強調民主。但這些側重點的不同，不會影響到兩人思想的契合。正因如此，他們之間常有一些文字上的呼應。1953年殷海光讀到徐復觀《中國的治道：讀陸宣公傳集書後》，殷海光立即寫了文評《治亂的關鍵——「中國的治道」讀後》，推崇其為「不平凡的人之不平凡的作品」。1956年殷海光《教育部長張其昀的民主觀——君主的民主》一文引發國民黨連串攻擊，徐復觀也撰文《為什麼要反對自由主義？》和《悲憤的抗議》為自由主義辯護。

他們之間真正的分歧，出現在圍繞自由民主的另一個根本性的問題——自由民主的文化根基——上。

二、自由主義與儒學關聯性的分歧

自由民主雖說是一種客觀化的政治制度，但任何制度都需要人來落實，而人，不可能只是一張白紙，一定有特定的價值、信仰、思考方式來支配自己的行動。有的價值、信仰、思考方式有利於自由民主的實現，有的卻無助於甚至有害於在中國實施自由民主。所以自由民主需要自己的文化基礎。

成為現代世界潮流的自由民主，產生於有著個人主義傳統的歐洲社會，它的文化基礎，在歐洲遠有希臘羅馬文化積澱，近有得到改造的基督教精神和不斷發展的自由主義學說體系，但對於中國這樣一個整體主義文化土壤而言，既沒有民主共和的歷史，又沒有近代自由民主的觀念，實行自由民主，要在何處建立思想文化之根呢？邏輯上講，選擇有三：1.移植西方自由主義學統及其文化，確保自由民主文化基礎的「純潔」（或「正宗」）性；2.在中國傳統學術系統和文化傳統中尋找建設性資源，與自由民主對接；3.「在白紙上畫出最新最美的圖畫」，創造一個全新的文化系統。根據文化形成和發展的規律，第三種選擇事實上只是精神烏托邦，並無實際可能，現實的選擇主要限於前面兩種。

「五四運動」以前，嚴復曾想將這兩種選擇結合起來，最終沒有成功。從「五四」開始，中國的自由主義者，傾向於選擇第一種方式，所以留給人們的印象，「自由主義」與「全盤西化」是一而二、二而一的兩個概念。作為其反動，產生於「五四」的新傳統主義，刻意從另一方面努力，在第二種

選擇上用功,尤其新儒學學者,希望透過「反本」的功夫創造性地實現「開新」,力圖將自由民主嫁接到中國積澱深厚的儒家思想傳統上。後「五四」時代的殷海光和徐復觀,分別繼承的正是這兩種選擇方式。因此,如同過去從未止息的各種名目的西化與本位之爭,殷徐之間的分歧和鬥爭亦勢所難免。

由於新儒家學者同樣以自由民主為指向,對於引進西方自由主義文化資源,原則上並不反對(新儒學本身即是西化的產物,其學術建構的努力方式和思想資源都是西方的),而西化自由主義者則很容易看到中國傳統對近代西方精神的排拒和阻抗。因此,雙方的分歧和論爭,主要就集中在,中國走向自由民主過程中,中國傳統,尤其傳統儒學,有無正面意義?

對此,二人的回答完全不同。

徐復觀堅持有。他堅持傳統儒學與現代自由民主並非必然對立,不但不對立,相反可以直接接通,以儒學精神,充實和發展現代自由民主精神。

徐復觀首先認為,歷史文化是一種客觀存在,有其活的精神在,任何新文化的生長,必須以歷史文化為基礎,因為「人類的文化,人類由文化所建立的生活形式和態度,都是由歷史積累而來」[173]。他特別贊同日本哲學家務台理作關於傳統的見解,即「傳統是把過去的拿到現在來再審慮;是把現在和過去的內面的結合弄個清楚;是意識到什麼東西可以成為未來之規範」。一言以蔽之,傳統是「產生過去事實的精神,在能成為未來之規範的意味上,使過去復活」。[174]「所以我們對中國文化的態度,不應該再是五四時代的武斷的打倒,或是顢頇的擁護。而是要從具體的歷史條件後面,以發現貫穿於歷史之流的普遍而永恆的常道,並看出這種常道在過去歷史的具體條件下所受到的限制……今後在新的具體的條件之下,應該做何種新的實踐,使其能有更完全更正確的顯現,以匯合於人類文化之大流。」[175]儒學作為中國歷史文化的主軸,中國傳統的精髓,自然應該有認真「拿到現在來再審慮」的必要,不能一筆勾銷。

徐復觀承認,中國傳統儒學沒有發展出民主政治,但他反對因此認定專制統治是儒學自身的結果,反覆申述,儒學與專制政治並非一事。「中國的政治思想,除法家外,都可說是民本主義;即認定民是政治的主體。但中國

幾千年來的實際政治，卻是專制政治。政治權力的根源，系來自君而非來自民；於是在事實上，君才是真正的政治主體。」[176]儒家（以及道家）也想到要消解人君在政治上的主體性，消除二重主體的對立，以凸顯出「天下」的主體性，所以主張人君涵化自己的才智與好惡，無為而治[177]，使天下有為，達到「以天下治天下」。之所以專制政治仍然一直大行其道，徐復觀說，基本的原因是民作為政治主體，始終沒有立起來，加之法家這種法西斯主義，事實上發生的政治作用更大，儒家的基本精神沒有得到順利的貫徹。同時，初期儒家的乾元剛健精神，後來受道家佛教陰柔虛寂的影響，漸漸衰退，更不能向政治發揮振作作用。當然，徐復觀也能夠看到，儒家政治思想對於政治主體未立，亦應負其咎，因為它「總是居於統治者的地位來為被統治者想辦法，總是居於統治者的地位以求解決政治問題」[178]，結果所致，生民方面人性不顯，君相方面道德自覺和堅持難行，智識分子方面無法發揮負道統立人極的獨立推動功能。在他看來，將儒學混同於專制政治一併拋棄，抑或以儒學作擁護專制政治的工具，「實皆中國文化之罪人」[179]。

徐復觀進而指出，儒學不僅消極方面不會贊成專制政治，而且積極方面富含自由民主的根本精神，邏輯上完全可以經過轉進而開出民主制度。他說，「自由精神，在西方是先在知性中躍動，在中國則是先在德性中躍動」[180]中國在西周開國之初，即把文化從以鬼為中心，漸漸轉向以人為中心，孔子敬鬼神而遠之，將這一趨勢確定下來。以人為中心，儒家首先從人性中向上的方面去發現「人為萬物之靈」的靈和「人之所以異於禽獸者幾希」的幾希，使道德的自由意志得到肯定。「為仁由己」，「有殺身以成仁，無求生以害仁」，為了這個「仁」，「富貴不能淫，貧賤不能移，威武不能屈」。個人道德實踐的盡性，不僅是對自己負責，同時也是對人、物負責。個人盡性於人倫日用之間，客觀化於國家社會之上，必具備民主主義的精神。他將儒家的政治思想歸結為三位一體的德治主義、民本主義和禮治主義，而「德治係基於人性的尊重，民本與民主，相去只隔一間，而禮治的禮，乃『制定法』的根據，制定法的規範。此三者，皆以深入民主主義的堂奧。且德治禮治中的均平與中庸的觀念，亦為民主主義的重大精神因素」，所以需要把這種中國原有的民主精神「重新顯豁疏導出來」，使這部分精神來支持民主政治，

同時吸收西方的權利觀念，使人民的主體性確立起來，使儒家思想與民主政體，內在地融合為一，既為往聖繼絕學，又為萬世開太平。

最後，徐復觀還對照西方自由民主的不足之處來檢視中國儒學政治思想，樂觀地認為，經由轉進，儒家政治思維可以充實和補正西方自由主義。他講，爭取個人權利，劃定個人權利，限制統治者權力的行使，是西方近代民主政治的第一義，法治便成為與民主政治不可分的東西。民主之可貴，在於以爭而成其不爭，以個體之私而成其共體之公。但西方所成就的不爭，所成就的公，以現實情形而論，是由互相限制之勢所逼成的，政治作為解決人與人關係的一種最集中的形式，主要依賴的是外在權力和法律，並非來自道德的自覺，「外在的關係，要以內在的關係為根據，否則終究是維繫不牢，而且人性終不能得到自由的發展」。而儒家德與禮的思想，是對政治上的一種窮源竟委的最落實的主張，在人民主體確立以後，正可把由勢逼成的公與不爭，推上到道德的自覺。「所以我認為民主政治，今後只有進一步接受儒家的思想，民主政治才能生穩根，才能發揮其最高的價值。」[181]「自由主義，只有在儒家的人文精神中，才可以得到正常的發展。」[182] 這也就是他反覆強調，外部自由要以內在自由為基礎，民主要以道德為基礎的原因。

與徐復觀相反，殷海光認為中國傳統，包括儒學在內，都是中古的文化，既無任何現代自由民主思想資源，又實質上阻礙中國的民主化進程。

殷海光反對以傳統儒學作為自由民主的文化基礎，最基本的理據，是他認為，民主政治是講理的政治，應以科學理性為基礎；自由，尤其思想自由，與自由思想的能力又分不開。[183] 而中國傳統儒學，在他看來，缺乏清晰的思想系統和方法系統，是不便於「講理」，不便於「自由思想」的。所以，他「深惡歷史主義，痛恨一些人誇張『歷史文化』」，「一想到東方人那種混沌頭腦和語言」，他立即怒火中燒，因為這些「鬼話」都是「無意義的語言」[184]，最容易引起「思想之走私」[185]。

所謂思想走私，殷海光指的實際上是他最不願意看到的，統治者對傳統儒學字句的利用。這種利用，帶有濃厚的復古氣息——因為儒家思想在中古時期確實沾染了不少專制主義的氣質。比如說，儒家支持的家長制傳統，就可以為現代極權統治建構最重要的心理原料；儒家「民可使由之，不可使知

之」的古訓，就是新聞封鎖、統制教育的理據；儒家認可的「天子」觀念，發展所及就是「偉大領袖」、「民族超人」。「目前在臺灣的黨化文化是從舊有文化裡取材的，而且二者互為表裡：黨化文化是表，舊有文化是裡。例如，『父親意象』在目前政治層界之如此擴大，根本就是從前『父母官』的翻版。黨化文化的根本想法，黨化文化的基本模態，翻來覆去，不是天外飛來的東西，根本還是中國固有的。」[186] 這種專制文化與現時代自由民主的主潮背道而馳，不足為訓。所以在殷海光看來，傳統儒學，不僅無助於自由民主，相反有害於自由民主的落實。「道學的毒害實在太大太深了。……目前，道學餘毒未盡，迴光返照，火藥氣與酸腐氣結合，在那裡共同作用，毒害生靈，施展權勢。」[187]

殷海光也不是不承認儒家道德系統有其一定價值，所以提出「非傳統主義」（區別於「傳統主義」和「反傳統主義」）之說[188]，但他不認為這種道德價值，可以作為自由民主的文化基礎。他說，「如果以道德作民主政治的基礎，便與黑格爾的泛邏輯主義（panlogicism）合流。泛邏輯主義則是泛政治主義（panpoliticism）的理論基礎之一。而泛政治主義則是極權政治的骨架。在現代技術的影響甚或決定之下，過程比目標更為重要。因為人所親身接觸者為實際的過程，從未嘗是理想目標。此點自古已然，於今為烈。實現道德目標的過程如不為道德的，則理想的道德適足以造成現實的災害。古代的宗教迫害，東方的『大義覺迷錄』式的思想所造成的悲劇，以及現代極權政治之形成，都是置根於此。道德本身並沒有防止不道德的行為出現之器用。所以，道德絲毫不能作民主政治的基礎。退一步說，即令沒有這些災害，道德是在倫理界。它是制度以外的東西，因此與政治制度仍是兩橛。」[189]

殷海光還根據湯恩比的衝擊反應說，斷定新儒家中體西用的道路是走不通的，奢談儒學濟西學之窮更行不通。要延續中國文化，必須放手，大膽地讓它在世界文化大流中起一個大的形變。「死過了的耶穌復活過來，得到了新的力量，使基督教更能發生影響」[190]，「念憶過去的事物，誠然可以填補若干人現在的空虛。然而，何有助於打開今後的局面？……孔制誠然維繫了中國社會二千餘年，但它也僵凍了中國社會二千餘年。……在這種情形下，

若干泥醉的人士之提倡中國文化出口救世，這等於掉在水裡快要淹死的人大叫要救岸上的人！」[191]

這種嚴重分歧，決定了他們之間遲早有一場意見的較量。事實上，《自由中國》為代表的西化自由主義與《民主評論》為陣地的儒學自由主義之爭很早就出現了。

最早的事件發生在 1952 年，牟宗三與殷海光發生關於西方文化是不是純技術觀點的爭拗之後，徐復觀說牟宗三是「三孔之見」殷海光是「一孔之見」，「高下自分」；其後，1954 年殷海光與徐復觀就要不要道德自由，外部自由與內部自由是否有關等問題，二人展開了暗地較量。而公開的論戰發生在 1957 年，殷海光以社論形式發表《重整五四精神》，指責徐復觀這樣的道學家的說教是復古主義，「依據向量分析（vectoranalysis），復古主義與現實權力二者的方向相同，互相導演，互為表裡，彼此構煽」，共同與民主科學為敵。徐復觀也不含糊，發表《歷史文化與自由民主——對於辱罵我們者的答覆》，直指殷海光是「文化暴徒」，「政治暴徒，是自由民主的大敵；我們有什麼根據相信文化暴徒能夠成為自由民主的友人？」[192]重申歷史文化不是不能研究，研究歷史文化不等於主張復古，研究歷史文化更不等於要為現實權力做幫凶，歷史文化可以批評，「五四」也照樣可以批評。論戰到如此程度，兩人也只能從此斷交。此後直至《自由中國》停刊，殷海光持續猛烈批判新儒學路線，徐復觀不屑一顧置之不理；60 年代殷海光學生李敖挑起文化論戰，徐復觀直覺感到是受殷海光指使，在《民主評論》發表《歷史與民族》《個人與社會》等不少文章批評揶揄殷海光。直到 1967 年殷海光身患重疾，兩人友好關係才重新恢復。

三、思想敵友之心路淵源

徐復觀與殷海光彼此熟識多年，人格性情方面，相互敬重者多[193]；思想主張方面，亦不乏相互契合之處，除了用他們自己的話說，至少「有一個共同前提，即是對自由人權的絕對肯定」① 之外，他們進入自由主義立場考慮中國問題的時機大致也一致。② 為什麼會在這一共同的大前提之下，會發生如此嚴重的分歧，乃至對立，最後從思想敵人延伸到彼此個人關係的破裂？

有的論者從兩人個性上找原因,認為兩人之合與分,起重要作用的其實是他們相同的個性:他們同樣自負不群,個性頑強,帶有反權威而又自為權威的傾向,是造成敵對的根本因素。因為這種個性傾向很容易使他們在思想一致處強烈共鳴,而在觀點上有所牴觸時各執己見半步不退,甚至不容對方的存在。確實,這種情形是存在的,殷海光和徐復觀本人,也都自覺到了。[194]不過這種解釋,雖足以說明兩人人事上的敵對,卻不能自動說明兩者思想何以分歧。

涉及思想部分,不少論者發現,《自由中國》與《民主評論》言論對象和思想重點的不同,是導致兩人分歧的重要原因。因為,徐復觀主持的《民主評論》選擇在鄰近大陸的香港出版,主要言論對象是共產黨中國,臺灣現實政治,雖然也關心,但顯居次要地位。[195]相應的,《民主評論》團隊與國民黨當局之間,善意合作的成分確實比較濃厚一些[196],這種環境下,從反省大陸中國變色的文化根源入手,介入自由民主論述,強調傳統資源價值不奇怪。而殷海光十分投入的《自由中國》,就在臺北出版發行,雖最初動機也是對抗共產黨,但隨著國民黨危機的解除,開始充當反對黨角色,重點調整到直接對抗國民黨當局。國民黨的特務統治、高壓政策、黨化教育等都自然成為《自由中國》的靶子,中國傳統的四維八德,是國民黨配合專制統治的旗號之一,難免不成為受嚴厲批判的內容。[197]這一背景,影響到它們雖然都著眼於思想的工作,卻一個落實在文化層面,一個落實在政治層面;一個主張活化中國傳統,一個主張以全新的現代西方精神再造中國文化。表現在對「五四」的態度上,《民主評論》派必然會採取批評立場,因為反省共產黨成立和「坐大」的文化背景,一定會反省到「五四」;相反《自由中國》派一定會採取倡導態度,因為「五四」提倡的科學、民主,以及「五四」毫不猶豫的反覆古,反孔家店的精神,正是他們反對國民黨當局的象徵。[198]確實,徐、殷思想的分歧不無這樣的具體情境,二人之交惡,很大程度是由於他們對各自的思想派系過分投入,從而產生「近乎黨性的對壘」。但是,這只是一種外在的解釋,以徐、殷二人對自認真理的虔誠態度,單純將思想之爭歸結為「黨性」,實在有失公允。何況,兩刊本身對立的程度,自始至終並非絕對不容合作,且不說直到雙方先後停刊,都有共同的作者群,包括

敵對陣營的專業隊員；即便徐、殷本人，互相支持的行動也一直持續到 1956 年，而此前，他們的思想分歧從未消除過。

思想分歧的真正原因，看來只能向兩人過往經歷、知識資源和思考方式等內在方面去尋找。

人的思想之發生，固然必有其現實環境的刺激，但這種外在刺激只提供思想發生的機緣，無法自動導致具體思想形態的出現。思想不能在白紙上發芽，一定以思想者個人經歷為基礎，同時需要知識資源的營養。個人經歷和知識資源的不同，往往導致思想結果的差異，古今中外皆然。見之於徐復觀和殷海光，則面對困危環境的憂患意識或心境相同，為中華民族尋出路的使命感和自信心相同，對真理的虔誠態度相同，個性氣質也相同，甚至最初的言論場所也大體相同，何以會形成不同的「黨性」？或者說，何以兩人會對號入座地排列到兩大思想派系中去？彼此個人成長中的經驗，彼此思想過程中吸取的知識資源，無疑是一個最最關鍵性的原因。

從個人成長中的經驗上說，徐復觀雖然「真正是大地的兒子，真正是從農村地平線下面長出來的」，幼年少年時代，曾受到許多欺壓，但從接受教育的背景看，還是接觸到不少中國古典文史典籍，尤其考入湖北省立國學館後，受業於國學大師黃侃，更讀到不少「線裝書」，對於傳統有所瞭解。當然，青年時期的徐復觀還算不上一個傳統主義者，對於傳統的好感還遠沒有達到同情地理解的程度。相反，不久他棄文從軍，乃至從政二十年（中間一度留學日本），相繼接觸到孫中山的思想和馬克思主義，並受魯迅作品影響，漸漸對線裝書甚至整個中國文化發生很大反感。不過，到抗戰後期，親身的經歷和實際的觀察，使他逐漸失去對馬克思主義的興趣，對打三民主義旗號的國民黨也開始失望。1944 年拜謁當代大儒熊十力後，得到「亡國族者常先自亡其文化」的教誨，又使他對中國文化的態度，從二十年的厭棄心理中轉變過來。可見，傳統對徐復觀而言，傳統自始至終並不陌生，只是態度上受外部刺激，有一些變化。

殷海光則比徐復觀年少 17 歲，出生在一個充滿虛偽氣息和專斷氣氛的大家庭，很早就埋下了厭惡傳統的種子；同時，由於「五四」反傳統潮流的影響，他在教育養成上從未受過系統的傳統文化訓練[199]，大學和研究所，

走的也是西方邏輯和分析哲學的路子，對中國傳統知之有限，而且多是透過「五四」話語來瞭解，形式化、概念化的成分比較大。殷海光一度也曾向熊十力請益，終因個性上的不合，而沒有進入傳統思想系統中去。這些因素就造成他無心、也無力對傳統採取具體分析的態度。殷海光後來極端地敵視傳統，將新儒家的談傳統與國民黨的談傳統，看作一回事，認為新儒家們無視臺灣政治現實，唱那種「玄天玄地」的高調，只會誤國，顯然重要原因之一即他成長中對傳統的瞭解太過貧乏。

成長經驗嚴重影響思想者的思想進路，思想者此時此刻選取的知識資源，則直接形成思想結論。徐復觀受熊十力啟發，決心由政返學，辦過《學原》月刊，發揚國學。但那時多是為愛國而國學，自由民主並沒有成為他思考的重心，自然不會關注自由主義與中國傳統銜接溝通的問題。這一問題在他頭腦中的出現和上升，最突出的誘因，乃國共決戰、大陸「變色」之後。面對歷史文化與現實課題的嚴重矛盾，徐復觀不得不認真對待傳統的意義問題。從這裡出發，他接觸到日本哲學家務台理作論述傳統的著作《歷史哲學中的傳統問題》，很快將其翻譯登載在《民主評論》。務台理作關於傳統的見解，徐復觀非常認同，前文已述。不僅在與殷海光和《自由中國》的爭執中，徐復觀以務台理作的見解為信念的後盾；《自由中國》停刊後，徐復觀仍然繼續歸納和發揮務台理作的傳統觀。如他發表《論傳統》等文，認為傳統有民族性、社會性、歷史性、實踐性、秩序性等基本性格，並將傳統區分為「低次元的傳統」和「高次元的傳統」。認為一切風俗習慣都屬於低次元的傳統，它是靜態的、缺乏自覺。「高次元的傳統，則是透過低次元中的具體的事象，以發現隱藏在它們後面的原始精神和原始目的。它常是由某一民族的宗教創教者、聖人、大藝術家、大思想家等所創造出來的。它是精神地存在，不是目可見，耳可聞，而須要經過反省、自覺，始能再發現的。而且由這種再發現，而會給與低次元的傳統以批判。在批判中，它自然會把過去、現在和未來連接在一起，而同時加以思考的。」[200]

自由民主與中國歷史文化的關係成為殷海光的問題，時間上大致與徐復觀相同。但殷海光藉以解決此問題的知識資源，卻大大不同於徐復觀。殷海光選取的是與自己所受教育關係非常密切的羅素─維根斯坦─維也納學派─

系的邏輯經驗主義哲學觀點。這一線的理論觀點，帶有強烈的反意識形態、反形而上學色彩，被稱作「奧康剃刀」[201]。

殷海光中學開始鑽研邏輯，後來從學金岳霖，又深受英國經驗論的感染，喜歡清晰的思考方式，厭惡形而上學。殷海光早年就已對羅素、卡爾納普等人的思想有所瞭解，到臺灣後，隨著自由民主成為思想重心，開始自覺徵引羅素和邏輯經驗論的思想資源。在羅素的影響下，殷海光已經認為科學以外沒有知識。[202] 順著羅素的思想，殷海光進而逐漸向思想更趨極端的維根斯坦，以及由石里克、紐拉特、卡爾納普等哲學家和科學家組成的維也納學派的思想世界延伸。邏輯經驗論發展到維也納學派，極端到把一切命題分為分析命題（僅分析其所含的概念或語詞的意義即足以判斷其真假的命題，如數學命題和邏輯命題）和經驗命題（無法僅憑所含概念或語詞的意義判定真假而必須憑感官經驗才能判定的命題，如自然科學和社會科學的命題以及一切敘述語句）兩類，斷言除了這兩類命題之外，其他既不能透過所含概念或語詞判定又不能憑感官經驗判定的命題，均無真假可言，無認知意義。這就將一切形而上學，毫無例外地排拒到了知識領域之外，因而成為橫掃形而上學的最有效利器。

殷海光 1951 年開始系統徵引的維也納學派的邏輯經驗論，對形而上學持激烈批評立場。根據這種理論，則殷海光所面對的一切一元論、觀念論、整全論，一切大而無當的「主義」和政治「哲學」，都在宣判「毫無意義」之列，因為它們既不是分析命題，又不是經驗命題。邏輯經驗論的引入，使殷海光走上了堅執排斥一切形而上學的「絕對科學主義」道路，主張以經驗與邏輯為唯一憑藉，進行「沒有顏色的」思想。

殷海光提倡科學的真正動機，是為了清除自由民主的路障，因此，按理他要打擊的主要對手，應該是專制極權的意識形態。但是，由於啟蒙「利器」邏輯經驗論的引入，他的殺傷力大大突破真正對手的範圍，一直殺到自由主義的同盟軍——新儒家的頭上。公開宣示「筆者平生可說無私怨，但平生思想上最大的敵人就是道學。在任何場合之下，筆者不辭與所有道學戰，筆者亦將不會放棄這一工作。」[203] 所謂「道學」，就包括以《民主評論》為陣地的新儒家學說。在其他場合，殷海光還用「玄學」、「歷史主義」、「泛

道德主義」等名詞指稱。在他看來，無論新儒家的道統論，還是新儒家接引的德國觀念論，在邏輯經驗論的判準下，都是無意義的語言。由於其進攻性（徐殷二人的爭執，確實多由殷海光的主動進攻引起），雖政治上同屬自由主義，徐殷之間文化思想必由分歧發展到戰鬥。

最後，徐復觀與殷海光的思想分歧，思考方式方面也有原因。近代中國三大思潮（民族主義、社會主義、自由主義）內容各異，卻一向都在同一思維架構下運作，作為其中一分子，徐復觀和殷海光無可避免地浸染了這種高度同構的近代型中國知識分子的思考慣性。這便包括樂觀的理想主義——他們都有林毓生所批評的「以思想文化解決問題」思想決定論傾向，把自己的思想努力神聖化，並按照自己的思路能夠最好地解決中國自由民主實現的問題；包括平面思維的絕對主義——他們都實質性排斥對方思想努力的取向，殷海光固然明言厭惡道學，徐復觀也毫不含糊地蔑視殷海光的邏輯和語義學；也包括不求追本究源的理論實用主義——他們汲取的思想資源都以當下「夠用」（徐復觀限於文化反共的需要，殷海光限於思想反蔣的需要）為限，雖有思想關注的交集，卻缺乏思想資源的交集。

四、思想合離中的雙向反省及啟示

在徐復觀那裡，一個自由主義者應該同時是個傳統主義者。「我的政治思想，是要儒家思想，與民主政體，融合為一的」[204]，是要在中國文化中發現可以和民主政治銜接的地方。而在殷海光的思想圖景裡，一個自由主義者，至多只能是一個「非傳統主義者」，有時甚至可以當一個比較激烈的「反傳統主義者」。他寄希望於用純正的西方「科學」「民主」充當中國自由主義的文化基礎。殷海光與徐復觀在追求中國自由主義前途方面，路子不同，互有得失。

殷海光自由民主啟蒙路向之失，主要在於沒能注意到歷史文化的客觀實在性和複雜可分性，將傳統儒學對自由民主的負面影響，顯然誇大且絕對化了。其結果，客觀上確實存在徐復觀所指出的悖反自由主義精神的危險。殷海光《自由中國》關門後，步入生命最後十年的殷海光，在飽受迫害和橫逆

之中,將思想重點由站在前臺呼籲自由民主,轉向鍛鍊「隔離的智慧」,冷靜思考自由主義在中國落實生根問題,開始嚴肅反省自己的過去。

殷海光後期主要的思想著作是《中國文化的展望》,該書的寫作和出版,正處在李敖為代表的西化派與徐復觀等傳統派「中西文化論戰」的高潮階段。雖殷海光是時被傳統派誤認為是西化派的總後臺,卻在本書中,前所未有地正面論述「道德的重建」問題,批評民初人物「要擁護那德先生,便不得不反對孔教,禮法,貞潔,舊倫理,舊政治。要擁護那賽先生,便不得不反對舊藝術,舊宗教。要擁護德先生,又要擁護賽先生,便不得不反對國粹和舊文學」[205]的文化觀是「根本不通的」[206];批評時人認為「基督教義涵有著自由、平等和博愛,所以容易導出民主政治。孔制裡沒有這些東西,所以無從導出民主政治。因此,中國要建立民主,必須排除孔制,另闢途徑」的看法,質問「孔仁孟義,再加上墨氏兼愛,為什麼一定不能導出民主?」[207]

他指出,中國傳統儒家道德中固然有表現階層性、性別歧視、愚民、獨斷、泛孝、輕視實務等方面的德目,還有韋政通所講的「對生命體會膚淺」的毛病,與現代生活扞格不入者甚多;但是也有不少「即令在今日還是可行的德目」和「偉大的道德原理」[208],像孔子的「人而無信,不知其可也」,「士志於道,而恥惡衣惡食者,未足與議也」,「君子去仁,惡乎成名」,「毋意、毋必、毋固、毋我」以及孟子的義利之辨、人禽之分等都是。當今道德重建,就是以民主與科學為軸心,融合孔仁孟義、佛家慈悲、基督博愛的精神,整合新人本主義的世界道德;與傳統道德一刀兩斷而建立所謂新道德,「這既無必要,又無可能」[209]。

生命的最後時期,殷海光還進而從價值層面,肯定儒學主導的中國文化,具有超越於科學之上的獨特性和永恆意義。在《病中遺言》和《病中語錄》中,他看到了中國傳統中一些可以與自由相連接的東西,檢討自己跟胡適等人一樣,犯了「拿近代西方的自由思想去衡量古代的中國而後施以抨擊」[210]的錯誤;也看到了近代以來人們在自由與傳統問題上的「侷限於一個角落裡」[211]思考的教訓。他的思想終於深入到西方自由主義與中國傳統內在溝通的層次,他慎重提出:「中國的傳統和西方的自由主義要如何溝通?這個問題很值得我們深思」[212],表示如果自己的病能好,要下工夫去研究這一問題。

殷海光後期的自我超越，以今日之是，很直接地反映出了昨日之非。所以，對於以前與新儒家之間的對壘，他頗有悔意，承認這是「大大失策的事」。[213]

殷海光之「失」，正襯射出徐復觀之「得」。自由主義不能建立在無視甚至敵視歷史文化的基礎上，自由民主不能在傳統缺席的情形下實現，徐復觀路線的優點即在這裡。但是，這也並不意味著徐復觀的路子就完全正確，順此下去就一定足以解決中國自由民主的建構問題。

徐復觀嫁接儒學與自由主義，基本的心態，還是中國本位的心態；基本的方法，還是平面組合的方法。他的主要建構邏輯，可以歸納為四句話：歷史文化有生命，自由主義亦須行；孔聖治道通自由，權利補進民體興；基於人性民主牢，民主立處古學精；中華民族與世界，共享儒學之新生。這樣一個論式，在自由主義與儒學的溝通問題上，存在的問題至少有二：

1. 外部性問題沒有妥善解決。徐復觀論證了儒學富含自由主義精神，也論證了中國之所以沒有發展出民主主義儒學（從君位謀解決的方式）亦不能辭咎，今後儒學發展的關鍵在於政治主體的建立。他並指出，政治主體的建立，需要「治於人者」權利的自覺；如果沒有被治者權利的自覺，就不能形成「政治的主體性」，對統治者的權力形成客觀有力的限制。被統治者權利觀念何來？他知道儒學乃至整個中國文化，素以義務為本位，沒有近代的權利觀念，因此顯然只能從西方引進。那麼，以義務為本位的中國儒學傳統，與以權利為本位的西方自由主義精神，如何接榫呢？徐復觀沒有能夠提出答案。他的接榫架構，歸根到底，未脫中體西用之窠臼。

2. 沒有解決中國自由民主如何從無到有的問題。徐復觀溝通儒學與自由主義，重點是從目標和結果上著眼，對於從理論上解決中國自由民主文化和制度如何確立，力不從心。他強調了西方自由主義立足於人性之外解決自由民主問題的嚴重不足，認為中國傳統儒學以人性（性善）為基礎解決社會問題是立足於本，可以化解和克服西方自由主義的缺陷，使自由民主運行得更好，更完美。這仍然是一種理想主義的目標思維：只講到「應該」的層次，沒有深入到「如何」的層次，不可避免陷於事後性和高調性，無法面對經驗世界裡，自由民主這種起碼文明秩序（自由民主本身不是一種「好」的制度，

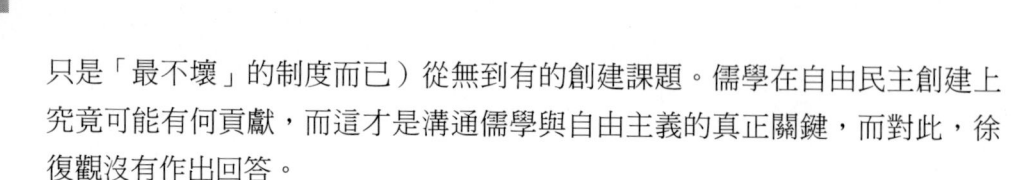

只是「最不壞」的制度而已）從無到有的創建課題。儒學在自由民主創建上究竟可能有何貢獻，而這才是溝通儒學與自由主義的真正關鍵，而對此，徐復觀沒有作出回答。

徐復觀思想上的侷限，直接與他的平面一元論的道統思維有關。在這種思維架構下，中體西用的格局，高調理想主義的目標模式，經驗建構的缺位，都是很難避免的。

在這種意義上說，《自由中國》時期，殷海光對他們的不滿和批評，並非完全沒有道理。殷海光錯在不應該未經審慮，斷然否認中國傳統的資源價值，他後來的反省主要也在這一方面。不少傳統派人士，認為殷海光後期「一百八十度的大轉彎」既是他個人的迷途知返，又象徵著中國近代以來自由主義與新傳統主義論戰的結束。言下之意，殷海光親身證驗了新傳統主義的正確性。其實，他後來思索如何溝通自由與傳統時，思想脈絡與新儒家還是有明顯差異的，他明確表示，不希望將他的努力方向與傳統主義者混同，他說自己是「傳統的批評者，更新者，再造者」[214]，要徐復觀「也要走超越的路」，也要轉變。[215] 實際上，他後期的想法比較接近於林毓生提出的「中國傳統的創造性轉化」[216]，關注的中心仍然沒有離開過去的主題，即經驗世界如何確立自由民主的制度。在這一層面，殷海光之得也正反映了徐復觀之失。

看來，徐復觀的路和殷海光的路都需要檢討和反省。面對中國自由民主的建構難題，儒學究竟有無正面意義？正面意義究竟何在？透過徐復觀與殷海光思想合離及其原因的對照分析，可以得到一些重要啟示：

其一，是自由主義理論建構必須面對儒學傳統。與其將之視為阻力，不如將其視為可轉化的資源。殷海光為代表的自由主義者，在這個問題上，長期犯了偏執的毛病，對於自由主義難以在中國生根發芽，實應承擔部分責任。殷海光後期開始，反省此問題，留下了寶貴財富。殷海光之後，境外新一代自由主義學人，如林毓生、韋政通、張灝等，繼續作出不懈努力，使自由主義與中國傳統（尤其儒學）的對立，開始化解。境外自由主義者中，今天重談反傳統老調者，已不多見。這也是值得近年興起的內地自由主義思想者認真反省的地方。

其二，汲取儒學資源，必須將自由主義立體化，將儒學傳統動態化。

儒學作為資源是一回事，儒學能否成功對接是另一回事。徐復觀等新儒家所嘗試的方向，迄今為止並沒有解決對接問題。將人生道德層面的儒家傳統價值硬性粘連在社會體制民主建構層面，不是難以自圓其說，就是難以現實實現，以致今天不少人覺得，儒學還是應該回到社會道德領域，不要談政治。其實，這種「退限」說（徐復觀批評張佛泉語），對於儒學是過於悲觀。新儒家努力的失敗，並不證明儒學對於現代性的無能，如果新儒家能夠淡化道統心態，更開放地面對現代性，更開放地改造和重組傳統儒學，將自由主義立體化，將儒學傳統動態化，結果可能要樂觀得多。

所謂立體，即將現實的底線自由主義與理想的頂線自由主義分開處理，確保自由民主的底線建構；爭取自由民主的頂線建構。徐復觀的儒家自由主義，實際上是頂線建構的一副遠景。他將自由主義融會到傳統儒學政治理論，對於自由主義未來最理想的狀態，進行了富有創造性的勾畫，說明儒學這個古老的文化系統，完全可以發揮新時代的新功能，意義當然是重大的。但他混淆了這種理想境界的頂線自由主義與作為中國更迫切、更現實歷史課題的底線自由主義之間的關係，企圖仍然以傳統儒學性善論為基礎，建構現實民主政治的根基。殊不知，底線自由主義不能建立在對人性過於樂觀的理想主義基礎上，而應該是經驗主義的悲觀主義估計。

其實，在這方面，儒家並非沒有資源，而只是沒有現成可搬的資源，需要進行創造性轉化而已。比如儒家也有性惡論，對人性的幽暗面，或負面，有所觀察，只是僅用在「化性起偽」的人生修養上，沒有將其延伸到政治方面用心，今天完全可以經過轉化變廢為寶。當然正統的儒家不太認同性惡論，徐復觀就很反感荀子，更反感由荀子延伸出來的戰國法家。性善論是否就對底線建構無能為力呢？亦不盡然。孟子講性善，人皆可以為堯舜，但也沒有說經驗世界所有的人，都是善的，都是堯舜，所以他講要「復性」，要「求放心」。這裡面，「復」和「求」自然有一個過程，由這個過程，邏輯上應該有空間延伸出習染造成的經驗世界和復性達到的理想世界。頂線建構以道德的理想世界為背景，永遠是一個可以爭取的目標；經驗世界則完全可能由道德上的惡境轉換為政治上的實境，進而與底線建構相溝通，為現實的民主

政治建立最基本的可行性。既然「惡境」與「善境」之間，透過過程論可以溝通，底線自由主義與頂線自由主義，也就不致全然兩隔。

徐復觀不是沒有看到人性之中的另一面，他說過「憑人類的良知講，沒有人不相信民主是好的，也沒有人願見極權的成功；然而人性之中的另一方面卻潛伏著一種強烈的自私的下意識的慾望：權力與征服」[217]。可惜他未能前進一步，說明在儒學框架中，確有經驗世界存在，應該建立底線政治文明，來有效防止經驗世界負面人性的膨脹和對權力的濫用。

其三，根本解決自由主義與中國傳統相溝通，建立中國自由主義文化基礎的問題，需要突破淺近的實用主義情結，汲取多方位、多層次的思想和知識資源，進行低調、冷靜的系統理論探索。廣泛汲取思想和知識資源，在整個世界思想史平臺上「追」自由主義之「根」，「究」自由主義之「底」，在中國諸子百家的經典中搜尋豐富多彩的有創發潛力的傳統中國思想資訊，才能厚積薄發，融會貫通。低調、冷靜，可以避免許多不必要的意氣之爭，培養寬容、多元的思想創造環境。這樣，經過幾代人不懈的思想努力，庶幾終可以達成某種形態的邏輯縝密、實踐可通的思想體系。

傳統與現代的連接，是一個我們繞不過去、必須攻克的大山。正如徐復觀晚年所說，「中國興亡絕續的關鍵，在於民主政治能否建立。中國傳統文化在今後有無意義，其決定點之一，也在於它能否開出民主政治。在傳統文化中能開出民主政治，不僅是為了保存傳統文化，同時也是為了促進民主化的力量。」[218]

注　釋

[1]. 徐復觀：《悼念熊十力先生》，《華僑日報》1968年7月11日。

[2]. 杜維明：《爭取國際學壇的發言權》，氏著《三年的蓄艾》，臺北志文出版社1970年版，第24-25頁。

[3]. 《創刊辭》，《民主評論》第1卷第1期，第2頁。

[4]. 徐復觀：一九五六年《學術與政治之間》甲本《自序》，《學術與政治之間》合訂本，臺灣學生書局1985年版。

[5]. 中國論壇編委會：《知識分子與臺灣發展》，臺北聯經出版公司，1989年版，第447頁。

[6]. 牟宗三：《道德的理想主義》序，臺中東海大學 1959 年版。

[7].《復刊辭》，《民主評論》第 3 卷第 1 期，第 2 頁。

[8]. 徐復觀：一九五七年《學術與政治之間》乙本《自序》，《學術與政治之間》合訂本，臺灣學生書局 1985 年版。

[9]. 徐復觀：《三十年來中國的文化思想問題》，《學術與政治之間》臺灣學生書局 1985 年再版，第 435-436 頁。

[10]. 語出蔡仁厚：《一生著作古今無兩》，蔡仁厚等編《牟宗三先生紀念集》，東方人文學術研究基金會 1996 年版，第 396 頁。

[11]. 牟宗三：《五十自述》，鵝湖出版社 1989 年版，第 86 頁。

[12]. 牟宗三：《五十自述》，鵝湖出版社 1989 年版，第 92 頁。

[13]. 顏炳罡：《牟宗三學術思想評傳》，北京圖書館出版社 1998 年版，第 11 頁。所謂「朝夕環侍」只是一種大致的說法，實際上牟宗三在 1932-1942 年間，為解決生計問題，曾數度與熊十力分別，而與梁漱溟、張君勱等人往來。見上書第 20-25 頁。

[14]. 牟宗三：《生命的學問》，臺北三民書局 1984 年版，第 117 頁。

[15]. 顏炳罡：《牟宗三學術思想評傳》，北京圖書館出版社 1998 年版，第 11 頁。

[16]. 顏炳罡：《牟宗三學術思想評傳》，北京圖書館出版社 1998 年版，第 49 頁。

[17]. 蔡仁厚：《〈人文講習錄〉編印說明》，牟宗三講、蔡仁厚輯錄《人文講習錄》，廣西師範大學出版社 2005 年版。

[18]. 蔡仁厚：《〈人文講習錄〉編印說明》，牟宗三講、蔡仁厚輯錄《人文講習錄》，廣西師範大學出版社 2005 年版。

[19]. 蔡仁厚：《〈人文講習錄〉編印說明》，牟宗三講、蔡仁厚輯錄《人文講習錄》，廣西師範大學出版社 2005 年版。

[20]. 韋政通：《牟宗三先生的生活片段》，氏著《時代人物各風流》，中華書局 2011 年版，第 230-231 頁。

[21]. 韋政通：《理想的火焰》，氏著《儒家與現代中國》，臺北東大圖書公司 1984 年版，第 293 頁。

[22]. 牟宗三等：《中國文化與世界》，唐君毅新儒學論著輯要《文化意識宇宙的探索》，中國廣播電視出版社 1992 年版，第 325 頁。

[23]. 牟宗三等：《中國文化與世界》，《文化意識宇宙的探索》第 330 頁。

[24]. 牟宗三等：《中國文化與世界》，《文化意識宇宙的探索》第 329-330 頁。

[25]. 牟宗三等：《中國文化與世界》，《文化意識宇宙的探索》第 331 頁。

[26]. 牟宗三等：《中國文化與世界》，《文化意識宇宙的探索》第 333 頁。

[27]. 牟宗三等：《中國文化與世界》，《文化意識宇宙的探索》第 334 頁。

[28]. 牟宗三等：《中國文化與世界》，《文化意識宇宙的探索》第 342 頁。

[29]. 牟宗三等：《中國文化與世界》，《文化意識宇宙的探索》第 347 頁。

[30]. 牟宗三等：《中國文化與世界》，《文化意識宇宙的探索》第 354 頁。

[31]. 牟宗三等：《中國文化與世界》，《文化意識宇宙的探索》第 362 頁。

[32]. 牟宗三等：《中國文化與世界》，《文化意識宇宙的探索》第 364 頁。

[33]. 牟宗三等：《中國文化與世界》，《文化意識宇宙的探索》第 365 頁。

[34]. 牟宗三等：《中國文化與世界》，《文化意識宇宙的探索》第 380 頁。

[35]. 本節作者為中南民族大學思想政治教育學院劉金鵬副教授。

[36]. 徐復觀：《〈中國思想史論集續編〉自序》，李維武編《徐復觀文集》第一卷，湖北人民出版社 2002 年版，第 372 頁。

[37]. 林鎮國等：《擎起這把香火——當代思想的俯視》，《徐復觀雜文續集》，臺灣時報文化出版事業有限公司 1986 年版，第 413 頁。

[38]. 徐復觀：《三十年來中國的文化思想問題》，《學術與政治之間》，臺灣學生書局 1985 年版，第 423 頁。

[39]. 徐復觀：《三十年來中國的文化思想問題》，《學術與政治之間》，臺灣學生書局 1985 年版，第 429 頁。

[40]. 徐復觀：《三十年來中國的文化思想問題》，《學術與政治之間》，臺灣學生書局 1985 年版，第 429 頁。

[41]. 徐復觀：《一個中國人在文化上的反抗》，《徐復觀雜文——記所思》，臺灣時報文化出版事業有限公司 1980 年版，第 72-73 頁。

[42]. 參見徐復觀《三十年來中國的文化思想問題》，《學術與政治之間》，臺灣學生書局 1985 年版，第 424 頁。

[43]. 徐復觀：《歷史文化與民主自由》，《學術與政治之間》，臺灣學生書局 1985 年版，第 540 頁。引者按：徐復觀常把「五四運動」與新文化運動混在一起來談，事實上這二者儘管有內在關聯但卻並非一回事。「五四運動」是以學生和市民為主體的群眾性愛國運動，新文化運動則是高舉民主科學大旗、批判傳統文化、謀求中國新文化的思想啟蒙運動。

[44]. 賀麟：《儒家思想的新開展》，《文化與人生》，商務印書館 1988 年版，第 5 頁。

[45]. 徐復觀：《歷史文化與民主自由》，《學術與政治之間》，臺灣學生書局 1985 年版，第 539 頁。

[46]. 徐復觀：《論傳統》，李維武編《徐復觀文集》第一卷，湖北人民出版社 2002 年版，第 14-15 頁。

[47]. 徐復觀：《論傳統》，李維武編《徐復觀文集》第一卷，湖北人民出版社 2002 年版，第 20 頁。

[48]. 徐復觀：《在非常變局下中國知識分子的悲劇命運》，《中國思想史論集》，臺灣東海大學 1959 年版：第 276 頁。

[49]. 徐復觀：《三十年來中國的文化思想問題》，《學術與政治之間》，臺灣學生書局 1985 年版，第 436 頁。

[50]. 徐復觀：《獨立興論的待望》，黎漢基、李明輝編《徐復觀雜文補編 兩岸三地捲》（上），臺灣中研院中國文哲研究所 2001 年版，第 519 頁。

[51]. 徐復觀：《正告造謠誣衊之徒！》，黎漢基、李明輝編《徐復觀雜文補編·思想文化卷》（下），臺灣中研院中國文哲研究所 2001 年版，第 174 頁。

[52]. 徐復觀：《中國歷史命運的挫折》，《中國思想史論集》，臺灣東海大學 1959 年版，第 257 頁。

[53]. 徐復觀：《中國思想史論集續編·自序》，李維武編《徐復觀文集》第一卷，湖北人民出版社 2002 年版，第 372 頁。

[54]. 徐復觀：《封建政治社會的崩潰及典型專制政治的成立》，《兩漢思想史》第一卷，華東師範大學出版社 2001 年版，第 92 頁。

[55]. 徐復觀：《為什麼要反對自由主義？》，《儒家政治思想與民主自由人權》，臺灣八十年代出版社 1979 年版，第 284 頁。

[56]. 徐復觀：《為什麼要反對自由主義？》，《儒家政治思想與民主自由人權》，臺灣八十年代出版社 1979 年版，第 284-285 頁。

[57]. 徐復觀：《為什麼要反對自由主義？》，《儒家政治思想與民主自由人權》，臺灣八十年代出版社 1979 年版，第 287 頁。

[58]. 徐復觀：《中國政治問題的兩個層次》，《學術與政治之間》，臺灣學生書局 1980 年版，第 36-37 頁。

[59]. 徐復觀：《中國人性論史·先秦篇》，李維武編《徐復觀文集》第三卷，湖北人民出版社 2002 年版，第 28 頁。

[60]. 徐復觀：《中國人性論史·先秦篇》，李維武編《徐復觀文集》第三卷，湖北人民出版社 2002 年版，第 318 頁。

[61]. 徐復觀：《中國人性論史·先秦篇》，李維武編《徐復觀文集》第三卷，湖北人民出版社 2002 年版，第 368 頁。

[62]. 徐復觀：《為什麼要反對自由主義？》，《儒家政治思想與民主自由人權》，臺灣八十年代出版社 1979 年版，第 287 頁。

[63]. 胡適：《自由主義是什麼？》，姜義華主編《胡適學術文集·哲學與文化》，中華書局 2001 年版，第 694-695 頁。

[64]. 胡適並未對這兩種自由的關係作過論述，他只是指出沒有現在談自由不能只講精神自由而忽視政治自由。因此，可以推論：胡適沒有把這兩種自由看作是本末關係或體用關係。

[65]. 在論述他們與《自由中國》派學人的思想分歧時，徐復觀曾指出：「我和唐、牟兩位先生之間，漸漸形成要以中國文化的『道德人文精神』，作為民主政治的內涵，改變中西文化衝突的關係，成為相助相即的關係。……由文化取向的不同，又時常引起兩個刊物的對立與危機。」參見徐復觀《「死而後已」的民主鬥士》，《儒家政治思想與民主自由人權》，臺灣八十年代出版社 1979 年版，第 314 頁。

[66]. 杜維明稱徐復觀是「一個民主的鬥士，一個敢向現實政權挑戰的人文自由主義者」。參見杜維明《徐復觀先生的人格風範》，郭齊勇、鄭文龍編《杜維明文集》第五卷，武漢出版社 2002 年版，第 178 頁。按：筆者認為，就強調政治自由須以精神自由為根基而言，「人文自由主義者」的稱謂也是適用於唐君毅、牟宗三等人的，而這正是唐、牟、徐等現代新儒家與胡適、殷海光等自由主義者的思想分歧所在。

[67]. 徐復觀：《歷史文化與民主自由》，《學術與政治之間》，臺灣學生書局 1985 年版，第 538 頁。

[68]. 徐復觀：《為生民立命》，《儒家政治思想與民主自由人權》，臺灣八十年代出版社 1979 年版，第 185 頁。

[69]. 徐復觀：《中國文化中「平等」觀念的出現》，黎漢基、李明輝編《徐復觀雜文補編·思想文化卷》（上），臺灣中研院中國文哲研究所 2001 年版，第 402 頁。

[70]. 李維武：《徐復觀學術思想評傳》，北京圖書館出版社 2001 年版，第 68 頁。

[71]. 徐復觀：《徐復觀先生談中國文化》，李維武編《徐復觀文集》第一卷，湖北人民出版社 2002 年版，第 4 頁。

[72]. 徐復觀：《中國藝術精神·自序》，李維武編《徐復觀文集》第四卷，湖北人民出版社 2002 年版，第 2 頁。

[73]. 在中國現代學術史上，現代新儒家大多以從事中國思想、文化與歷史方面的學術研究為志業。他們常常借助其學術著作來表達自己的儒學思想，這方面的典型是牟宗三的《心體與性體》和徐復觀的《中國人性論史·先秦篇》。

[74]. 徐復觀：《中國人性論史·先秦篇》，李維武編《徐復觀文集》第三卷，湖北人民出版社 2002 年版，第 2 頁。

[75]. 徐復觀：《中國人性論史・先秦篇》，李維武編《徐復觀文集》第三卷，湖北人民出版社 2002 年版，第 28 頁。

[76]. 徐復觀：《中國人性論史・先秦篇》，李維武編《徐復觀文集》第三卷，湖北人民出版社 2002 年版，第 62 頁。

[77]. 徐復觀：《中國人性論史・先秦篇》，李維武編《徐復觀文集》第三卷，湖北人民出版社 2002 年版，第 90-91 頁。

[78].《論語・陽貨》記載，孔子說：「性相近，習相遠。」通常都把此處的「性」，理解為人的自然慾望，譬如飲食男女類。《禮記・禮運》提出：「飲食男女，人之大欲存焉；死亡貧苦，人之大惡存焉」，這可視為對「性相近」的最好註解。

[79]. 徐復觀：《中國人性論史・先秦篇》，李維武編《徐復觀文集》第三卷，湖北人民出版社 2002 年版，第 91 頁。

[80]. 參見徐復觀《中國人性論史・先秦篇》，李維武編《徐復觀文集》第三卷，湖北人民出版社 2002 年版，第 12 頁。

[81]. 徐復觀：《中國人性論史・先秦篇》，李維武編《徐復觀文集》第三卷，湖北人民出版社 2002 年版，第 99 頁。

[82]. 徐復觀：《中國人性論史・先秦篇》，李維武編《徐復觀文集》第三卷，湖北人民出版社 2002 年版，第 153 頁。

[83]. 徐復觀：《中國人性論史・先秦篇》，李維武編《徐復觀文集》第三卷，湖北人民出版社 2002 年版，第 117 頁。

[84]. 徐復觀：《中國人性論史・先秦篇》，李維武編《徐復觀文集》第三卷，湖北人民出版社 2002 年版，第 153 頁。

[85]. 徐復觀：《中國人性論史・先秦篇》，李維武編《徐復觀文集》第三卷，湖北人民出版社 2002 年版，第 169 頁。

[86]. 徐復觀：《中國人性論史・先秦篇》，李維武編《徐復觀文集》第三卷，湖北人民出版社 2002 年版，第 169 頁。

[87]. 徐復觀：《中國人性論史・先秦篇》，李維武編《徐復觀文集》第三卷，湖北人民出版社 2002 年版，第 153 頁。

[88]. 參見徐復觀《中國人性論史・先秦篇》，李維武編《徐復觀文集》第三卷，湖北人民出版社 2002 年版，第 183-184 頁。

[89]. 徐復觀：《徐復觀先生談中國文化》，李維武編《徐復觀文集》第一卷，湖北人民出版社 2002 年版，第 5 頁。

[90]. 徐復觀：《心的文化》，李維武編《徐復觀文集》第一卷，湖北人民出版社 2002 年版，第 31 頁。

[91]. 徐復觀：《心的文化》，李維武編《徐復觀文集》第一卷，湖北人民出版社 2002 年版，第 33 頁。

[92]. 徐復觀：《向孔子的思想性格回歸》，李維武編《徐復觀文集》第二卷，湖北人民出版社 2002 年版，第 102 頁。

[93]. 徐復觀：《向孔子的思想性格回歸》，李維武編《徐復觀文集》第二卷，湖北人民出版社 2002 年版，第 24 頁。

[94]. 徐復觀：《悼念熊十力先生》，李維武編《徐復觀文集》第二卷，湖北人民出版社 2002 年版，第 353 頁。

[95]. 王陽明：《象山文集序》，《王陽明全集》，上海古籍出版社 1992 年版，第 245 頁。

[96]. 參見牟宗三、徐復觀、張君勱、唐君毅《為中國文化敬告世界人士宣言》，封盛祖編《當代新儒家》，三聯書店 1989 年版，第 18-21 頁。

[97]. 徐復觀指出：「到孟子才明確指出道德之根源乃是人的心，『仁義禮智根於心』。孟子這句話，是中國文化在長期摸索中的結論……以後，程明道、陸象山、王陽明等都是從這一路發展下來。」參見徐復觀《心的文化》，李維武編《徐復觀文集》第一卷，湖北人民出版社 2002 年版，第 35 頁。

[98]. 參見徐復觀《憂患之文化——壽錢賓四先生》，黎漢基、李明輝編《徐復觀雜文補編·思想文化卷》下，臺灣「中央研究院」中國文哲研究所 2001 年版，第 53 頁。

[99]. 參加徐復觀《徐復觀先生談中國文化》，李維武編《徐復觀文集》第一卷，湖北人民出版社 2002 年版，第 3-4 頁。

[100]. 牟宗三：《中國哲學的特質》，上海古籍出版社 1997 年版，第 14 頁。

[101]. 牟宗三：《中國哲學的特質》，上海古籍出版社 1997 年版，第 4-5 頁。

[102]. 參見牟宗三《中國哲學的特質》，上海古籍出版社 1997 年版，第 6 頁。

[103]. 徐復觀：《中國藝術精神》，李維武編《徐復觀文集》第四卷，湖北人民出版社 2002 年版，第 112-113 頁。

[104]. 徐復觀：《中國藝術精神》，李維武編《徐復觀文集》第四卷，湖北人民出版社 2002 年版，第 43 頁。

[105]. 徐復觀：《中國人性論史·先秦篇》，李維武編《徐復觀文集》第三卷，湖北人民出版社 2002 年版，第 370 頁。

[106]. 徐復觀：《中國人性論史·先秦篇》，李維武編《徐復觀文集》第三卷，湖北人民出版社 2002 年版，第 314 頁。

[107]. 徐復觀：《中國人性論史·先秦篇》，李維武編《徐復觀文集》第三卷，湖北人民出版社 2002 年版，第 348 頁。

[108]. 徐復觀：《中國藝術精神·自序》，李維武編《徐復觀文集》第四卷，湖北人民出版社 2002 年版，第 7 頁。

[109]. 參見徐復觀《中國人文精神與世界危機》，李維武編《徐復觀文集》第一卷，湖北人民出版社 2002 年版，第 177 頁。

[110]. 徐復觀：《徐復觀先生談中國文化》，《徐復觀雜文——記所思》，臺灣時報文化出版事業有限公司 1980 年版，第 101 頁。

[111]. 徐復觀：《一個中國人在文化上的反抗》，《徐復觀雜文——記所思》，臺灣時報文化出版事業有限公司 1980 年版，第 73 頁。

[112]. 徐復觀：《學術與政治之間·新版自序》，臺灣學生書局 1985 年版。

[113]. 牟宗三：《修訂版序》，《道德的理想主義》修訂版，臺灣學生書局 1992 年七刷。

[114]. 牟宗三：《修訂版序》，《道德的理想主義》修訂版，臺灣學生書局 1992 年七刷。本段下引同。

[115]. 牟宗三：《儒家學術之發展及其使命》，《民主評論》第 1 卷第 6 期，第 122 頁。

[116]. 牟宗三：《儒家學術之發展及其使命》，《民主評論》第 1 卷第 6 期，第 122 頁。

[117]. 牟宗三：《儒家學術之發展及其使命》，《民主評論》第 1 卷第 6 期，第 126 頁。

[118]. 牟宗三：《儒家學術之發展及其使命》，《民主評論》第 1 卷第 6 期，第 126 頁。

[119]. 牟宗三：《儒家學術之發展及其使命》，《民主評論》第 1 卷第 6 期，第 122 頁。

[120]. 牟宗三：《儒家學術之發展及其使命》，《民主評論》第 1 卷第 6 期，第 123-124 頁。

[121]. 牟宗三：《儒家學術之發展及其使命》，《民主評論》第 1 卷第 6 期，第 122-123 頁。

[122]. 牟宗三：《儒家學術之發展及其使命》，《民主評論》第 1 卷第 6 期，第 126 頁。

[123]. 牟宗三：《道德的理想主義》原序，1959 年東海大學版。

[124]. 牟宗三：《儒家學術之發展及其使命》，《民主評論》第 1 卷第 6 期，第 126 頁。

[125]. 參見鄭家棟：《道德理想主義的重建——牟宗三新儒學論著輯要》編序，中國廣播電視大學出版社 1992 年版。

[126]. 蕭萐父：《徐復觀學思成就的時代意義》，李維武編《徐復觀與中國文化》，湖北人民出版社 1997 年版，第 7 頁。

[127]. 徐復觀：《三十年來中國文化思想問題》，《學術與政治之間》第 423 頁。

[128]. 徐復觀：《學術與政治之間》第 424 頁。

[129]. 徐復觀：《學術與政治之間》第 425 頁。

[130]. 徐復觀：《學術與政治之間》第 437 頁。

[131]. 徐復觀：《學術與政治之間》第 436 頁。

[132]. 徐復觀：《中國的治道》，《學術與政治之間》第 104 頁。

[133]. 徐復觀：《學術與政治之間》第 125 頁。

[134]. 徐復觀：《學術與政治之間》第 125 頁。

[135]. 殷海光：《自由中國》第 8 卷第 12 期，第 383 頁。

[136]. 徐復觀：《儒家政治思想的構造及其轉進》，《學術與政治之間》第 48 頁。

[137]. 徐復觀：《儒家政治思想的構造及其轉進》，《學術與政治之間》第 53-54 頁。

[138]. 徐復觀：《學術與政治之間》第 47 頁。

[139]. 徐復觀：《學術與政治之間》第 48 頁。

[140]. 徐復觀：《三十年來中國文化思想問題》，《學術與政治之間》第 429 頁。

[141]. 徐復觀：《儒家對中國歷史運命掙扎之一例：西漢政治與董仲舒》，《學術與政治之間》第 331-332 頁。

[142]. 徐復觀：《學術與政治之間》第 357 頁。

[143]. 徐復觀：《學術與政治之間》第 363-364 頁。

[144]. 徐復觀：《學術與政治之間》第 371 頁。

[145]. 徐復觀：《學術與政治之間》第 367 頁。

[146]. 徐復觀：《學術與政治之間》第 383-384 頁。

[147]. 徐復觀：《學術與政治之間》第 385 頁。

[148]. 徐復觀：《學術與政治之間》第 385 頁。

[149]. 徐復觀：《學術與政治之間》第 389 頁。

[150]. 徐復觀：《學術與政治之間》第 390 頁。

[151]. 徐復觀：《儒家政治思想的構造及其轉進》，《學術與政治之間》第 54 頁。

[152]. 徐復觀：《儒家對中國歷史運命掙扎之一例：西漢政治與董仲舒》，《學術與政治之間》第 395 頁。

[153]. 本文曾載於《湖北大學學報》2005 年第 6 期。

[154]. 黎漢基：《難為知己難為敵：略論徐復觀與殷海光的關係》，臺灣《當代》第 141 期，1999 年 5 月出版。

[155]. 李維武：《徐復觀與殷海光》，見《徐復觀學術思想評傳》第六章，北京圖書館出版社 2001 年版。

[156]. 韋政通：《兩種心態，一個目標——新儒家與自由主義觀念衝突的檢討》，載《儒家與現代中國》，臺北東大圖書公司 1984 年版。

[157]. 李明輝：《徐復觀與殷海光》，在張斌峰等主編《殷海光學術思想研究——海峽兩岸殷海光學術研討會論文集》，遼寧大學出版社 2000 年版。

[158]. 任劍濤：《自由主義的兩種理路》，載李維武編《徐復觀與中國文化》，湖北人民出版社 1997 年版。

[159]. 還有一些高校碩博論文也在這一層面討論了一些論題，如鄭慧娟：《傳統的斷裂與延續：以徐復觀與殷海光關於中國傳統文化的辨證為例》，臺灣大學三民主義研究所碩士論文，1992 年 5 月。翁志宗：《自由主義與當代新儒家的政治論述之比較：以殷海光、張佛泉、牟宗三、唐君毅、徐復觀的論述為核心》，政治大學中山人文社會科學研究所博士論文，2001 年 11 月。

[160]. 殷海光：《「反共」不是黑暗統治的護符！》，《殷海光全集》，臺北桂冠圖書公司 1990 年版（下同從略），第 11 卷第 895 頁。

[161]. 徐復觀撰社論：《我們信賴民主主義》，《民主評論》第 2 卷第 6 期，第 2 頁。

[162]. 徐復觀撰《復刊辭》，《民主評論》第 3 卷第 1 期，第 2 頁。

[163]. 殷海光：《自由主義的蘊涵》，《殷海光全集》第 11 卷，第 202 頁。

[164]. 殷海光：《自由主義的蘊涵》，《殷海光全集》第 11 卷，第 196-197 頁。

[165]. 殷海光：《自由主義的蘊涵》，《殷海光全集》第 11 卷，第 203 頁。

[166]. 徐復觀撰社論：《我們信賴民主主義》，《民主評論》第 2 卷第 6 期，第 2 頁。

[167]. 徐復觀：《中國政治問題的兩個層次》，《民主評論》第 2 卷第 18 期，第 2、3 頁。

[168]. 殷海光：《治亂的關鍵》，《殷海光全集》第 17 卷，第 347、348 頁。

[169]. 殷海光：《不要怕民主！》，《自由中國》第 16 卷第 1 期，《殷海光全集》第 11 卷，第 427 頁。

[170]. 徐復觀：《中國政治問題的兩個層次》，《民主評論》第 2 卷第 18 期，第 6 頁。

[171]. 徐復觀：《中國政治問題的兩個層次》，《民主評論》第 2 卷第 18 期，第 6 頁。

[172]. 殷海光：《我對於三民主義的看法和建議》，《殷海光全集》第 12 卷，第 933 頁。

[173]. 李實（徐復觀）：《歷史文化與自由民主》，《民主評論》第 8 卷第 10 期，第 3 頁。

[174].（日）務台理作著，徐復觀譯：《歷史哲學中的傳統問題》，《民主評論》第 4 卷第 7 期。

[175]. 徐復觀：《儒家政治思想的構造及其轉進》，《民主評論》第 3 卷第 1 期，第 3 頁。

[176]. 徐復觀：《中國的治道》，《民主評論》第 4 卷第 9 期，第 3 頁。

[177]. 兩家不同的只是，儒家「無為」的基底，是作為人文世界根本的仁；而道家係自然世界的自然。道家主張順乎自然的無為而治，儒家無為的本質則是德治。

[178]. 徐復觀：《儒家政治思想的構造及其轉進》，《民主評論》第 3 卷第 1 期，第 5 頁。

[179]. 徐復觀：《國史中人君尊嚴問題的商討》，《儒家政治思想與民主自由人權》，臺北學生書局 1988 年版，第 168 頁。

[180]. 徐復觀：《為什麼要反對自由主義？》，《民主評論》第 7 卷第 21 期，第 3 頁。

[181]. 徐復觀：《儒家政治思想的構造及其轉進》，《民主評論》第 3 卷第 1 期，第 5 頁。

[182]. 徐復觀：《論自由主義與派生的自由主義》，《民主評論》第 1 卷第 11 期，第 6 頁。

[183]. 殷海光：《思想自由與自由思想》，《殷海光全集》第 11 卷，第 92 頁。

[184]. 殷海光：《致王道》，《殷海光全集》第 10 卷，第 8、9 頁。

[185]. 殷海光：《新實證論的基本概念》，《殷海光全集》第 17 卷，第 379 頁。

[186]. 殷海光：《中國文化發展的新取向》，《殷海光全集》第 12 卷，第 856 頁。

[187]. 殷海光：《雜憶與隨筆》，《殷海光全集》第 9 卷，第 39-40 頁。

[188]. 殷海光：《傳統底價值》，《殷海光全集》第 13 卷，第 281 頁。

[189]. 殷海光：《民主的試金石》，《殷海光全集》第 11 卷，第 360 頁。

[190]. 殷海光：《我所認識之「真正的自由人」》，《自由中國》第 6 卷第 2 期。

[191]. 殷海光：《胡適與國運》，《殷海光全集》第 12 卷，第 845-846 頁。

[192]. 李實（徐復觀）：《歷史文化與自由民主——對於辱罵我們者的答覆》，《民主評論》第 8 卷第 10 期，第 2 頁。

[193]. 殷海光曾對徐復觀說「我有時非常痛恨你，有時又非常敬重你。」徐認為「這句話實在可供兩人共同使用」。見《自由的討論》按語，《民主評論》第 5 卷第 6 期，第 14 頁。殷去世後，徐的悼文即為《痛悼吾敵，痛悼吾友》，見《殷海光全集》第 18 卷。

[194]. 殷海光臨終前自承對徐復觀既厭惡又激賞「這種矛盾，正是不同的生命火花激盪而成」。見《殷海光全集》第 10 卷，第 3 頁。徐復觀也說「我和海光的性情，要便是彼此一想到就湧起一股厭惡的情緒；要便是彼此大談大笑，談笑得恣肆猖狂」，

並認為原因是「我們兩人有若干相同的地方」,包括「潛意識中的反抗性,脾氣都有些怪而且壞」;包括「都是不很信邪的人」等。見《徐復觀雜文·憶往事》,時報文化出版公司 1984 年版,第 169,178 頁。

[195].《民主評論》「復刊辭」明言,「本刊在內容上顯然側重於較嚴肅的理論文章。雖然也兼顧重要時事的評論,但總以文化思想方面所占篇幅較多。我們並非不知道,單靠幾支筆的力量,不會造成改變現實政治的效果。我們也知道,社會各方面所要求於民主評論者,不限於文化思想問題的討論。但我們願始終保持這一風格,其原因有二:一則因為我們相信,非從文化思想上入手,即無法在根本上澄清誤盡蒼生的共產主義毒素,二則因為自由中國範圍內的報刊,大都側重時事問題的討論,我們想以分工的方式來互求配合。……對於今天窮凶極惡的錯誤思想,固然要先有『破』的工夫,但對今後新局面的創建,則更要有『立』的工夫。人類面對空前的危機,文化需要新的融合,以塑造出一更高的形態。所以本刊今後希望能在溝通東西文化的這一方面,有所效力。」《民主評論》第 3 卷第 1 期,第 2 頁。

[196].《徐復觀文存自序》:「三十八年在香港辦《民主評論》,將不材之身,從實際政治中逃避出來,想以旁觀者的地位,在言論上給擔負重任的先生們以一點助力,於是正式寫起了政論文章。」徐復觀還一直自承信仰三民主義,對於當局提倡中國文化,也存良好願望。

[197].退守臺灣後,蔣介石發表了《反共抗俄基本論》、《三民主義的本質》、《解決共產主義思想與方法的基本問題》、《總理知難行易學說與陽明知行合一哲學之綜合研究》、《今後教育的基本方針》等一系列文章和講演,一方面曲解孫中山的「知難行易」學說為「革命哲學」(即他所謂「力行哲學」),一方面繼續鼓吹中國傳統文化中的「四維八德」(禮義廉恥;忠孝仁愛信義和平),把國民黨,尤其他自己,說成是中國傳統文化的繼承者。提出要建立倫理、民主、科學的三民主義教育,即民族主義的倫理教育、民權主義的民主教育、民生主義的科學教育。其中,所謂民族主義的倫理教育,就是要特別注重中國的傳統倫理哲學,「以倫理為起點,來啟發一般國民的父子之親,兄弟之愛,推之以鄰里鄉土之愛,和國家民族之愛」;所謂民權主義的民主教育,就是要灌輸「民族至上、國家至上」的信念,培養服從意識。《自由中國》反對傳統道德說教,反對個人之外的民族、國家觀念,都是在這個背景下進行的,與新儒家的理念不在同一語境。

[198].1957 年「五四」紀念日殷海光撰寫的《重整五四精神》中稱,「五四這個日子,是凡屬希望中國新生進步的人士所要紀念的日子……然而,近七八年來,這個日子居然成了不詳的記號。大多數青年竟不知有此節日。少數明白事理的學人只把它藏在心裡。……這種局勢是怎樣造成的呢?這是開倒車的復古主義與現實權力二者互相導演的結果。」《殷海光全集》第 11 卷,第 457 頁。

[199]. 韋政通回憶，「我曾經提醒他：『新儒家並不能代表儒家，儒家也不只是一套玄學，要批判中國的傳統，必須追索到先秦。在那裡你才能認識到中國文化偉大的一面，也才能瞭解中國文化的缺陷的根源。』他聽了我的話，很是興奮，就要我為他擬一個書目，希望以後能直接讀些古籍。」「海光先生閱讀中國古籍的能力很差，一般的國學常識也貧乏。在臺灣的二十年，幾乎全是讀英文書。他的書房兼會客室裡，有三架書，其中沒有一本中文的。臥室裡另有兩架書，一架是英文的普及本，另一架上有些中文書籍，但多屬時人的作品。」韋政通：《我所知道的殷海光先生》，《殷海光全集》第 18 卷，第 57-58 頁。章清認為，殷海光與「五四」人物的文化養成不同，反傳統的發言位置和模態不同，「五四」人物是在「傳統之內」反傳統，殷海光是在「傳統之外」反傳統。見章清：《殷海光》，臺灣東大圖書公司，第四章。

[200]. 徐復觀：《論傳統》，李維武編：《中國人文精神之闡揚：徐復觀新儒學論著輯要》，中國廣播電視出版社 1996 年版第 15 頁。

[201]. 奧康剃刀（Occam's Razor），意思是說，當項目不是必要時，不要堆上去，對不是必要的東西，要削掉。

[202]. 殷海光：《羅素底後設科學及其影響》，《殷海光全集》第 14 卷，第 631 頁。

[203]. 殷海光：《雜憶與隨感》，《殷海光全集》第 9 卷，第 39 頁。

[204]. 徐復觀：《保持這顆「不容自己之心」》，《儒家政治思想與民主自由人權》，臺北學生書局 1988 年版，第 351 頁。

[205]. 陳獨秀：《本志罪案之答辯書》，《新青年》第 6 卷 1 號第 10 頁。

[206]. 殷海光：《中國文化的展望》下冊，第 667-668 頁。

[207]. 殷海光：《中國文化的展望》下冊，第 668 頁。

[208]. 殷海光：《中國文化的展望》下冊，第 685 頁。

[209]. 殷海光：《中國文化的展望》下冊，第 697 頁。

[210]. 殷海光：《病中語錄》五，陳鼓應編《春蠶吐絲——殷海光最後的話語》，臺北遠景出版社 1979 年版（下同從略），第 70 頁。

[211]. 殷海光：《病中語錄》三十六，《春蠶吐絲》，第 80 頁。

[212]. 殷海光：《病中語錄》五，《春蠶吐絲》，第 70 頁。

[213]. 韋政通：《我所知道的殷海光先生》，《殷海光全集》第 18 卷，第 58-59 頁。

[214]. 殷海光：《病中語錄》五十六，《春蠶吐絲》，第 85 頁。

[215]. 徐復觀：《痛悼吾敵，痛悼吾友》，《殷海光全集》第 18 卷，第 80 頁。

[216]. 林毓生在通信中向他提出中國自由主義必須實現傳統的創造性轉化後，殷海光極為讚賞，認為是「開天闢地的創見」。殷海光：《致林毓生》，《殷海光全集》第 10 卷，第 151 頁。

[217]. 徐復觀撰《創刊辭》，《民主評論》第 1 卷第 1 期，第 2 頁。
[218]. 徐復觀《中國傳統文化中的性善論與民主政治》，《徐復觀最後雜文集》，臺北時報文化出版公司 1984 年版，第 140 頁。

▍代結語 近代中國自由主義的舊傳統與新遺產[1]

民族主義、自由主義、社會主義三大社會政治思潮，作為近代西方意識形態發展的結果，隨著西方殖民化和世界一體化的推進，在近代中國也各有市場。民族主義以西方的「主義」便利地裝進了中國「民族」的內容；社會主義雖然是全球價值，也很快意識到在革命和建設中有個「中國特色」問題；唯獨自由主義的引進者，大體都明確認可原汁原味的西方自由主義是普世性的價值，所以他們在爭取中國自由主義前途的過程中，一方面與西方自由主義者一樣，對自由、人權、民主、憲政等自由主義基本價值一往情深，一方面與中國的民族主義者和社會主義者不同，對民族傳統採取激烈的排斥態度。這客觀上給人們一種印象：留學生們「舶來」的自由主義，與中國這塊土壤格格不入。也正因此，在一些研究者看來，自由主義在中國的失敗，注定要由這種「格格不入」負責。

自由主義思想家殷海光晚年在檢討「中國自由主義」時提醒人們，不要以為中國自由主義來自西方，中國版的「自由主義」與西方原版的「自由主義」就完全一樣。「翻版總是翻版。雖然，中國社會文化裡的自由主義與西方的自由主義有共同的地方，但二者也有不同的地方。在某一個社會文化裡滋長出來的觀念、思想、和學問，傳到另一個社會文化裡以後，因受這一個社會文化的作用而往往染出不同的色調。」[2] 這個提醒對於我們檢視歷史真相不無重要啟示。有了這樣一個覺悟，從 20 世紀前半期的思想運動實際面貌觀察，的確不難發現作為西學東漸內容之一的中國自由主義，確實呈現出不少異於原生地的重要特性，有著自己的特殊語境，特殊性格，以及特殊命運。

一、自由主義的中國語境

自由主義在西方的產生和發展是與市場經濟的發展和個性人格的獨立相聯繫的，然而這種思想形態在被中國知識分子倡導的時候，中國整體上還在

農業社會,宗法關係仍然為社會關係的基礎。自由主義是作為救亡的思想被關注、被引進的。晚清溫和和激進兩派知識分子都注重揭櫫自由主義的權利觀念進行國民啟蒙,他們的解釋是:「而欲實行民族主義於中國,捨新民未由」[3],「民權之集,是為國權;民而無權,國權何有?」[4]民國時期雖出現自由主義與國家主義和共產主義鼎立互斥態勢,救亡的有效性仍是解釋自由主義合理性的基本理據。

自由主義在中國開始被提倡的時候,面對的基本語境有二:一是兩重歷史邏輯交匯於中國,二是兩重思維邏輯結合於中國知識分子。

前一語境指中國傳統治亂興衰的歷史邏輯與世界一體化所引起的順昌逆亡邏輯的交匯。在傳統中國盛行循環歷史觀,這種觀念實際上來自中國歷史上治亂興衰王朝輪替的基本事實,而這個事實又與歷史中的兩大週期性循環相關:一是經濟層面土地與人口關係的週期循環(農業社會土地對人口的依賴和限制、多災害環境下農業社會的抗災能力、戰亂災荒對人口的消減);二是政治層面勵精圖治與驕奢貪瀆的週期循環(從開國之君到亡國之君的心態變化)。這兩個循環之間也有密切關聯:政治上升時期有利於社會經濟矛盾的緩解;社會經濟矛盾的加劇會進一步惡化政治形勢。反之亦然。到了近代中國,東方這個古老的帝國恰恰再次演變到兩大循環套的下滑線,王朝由治而亂、由興而衰、貧困和社會衝突越來越嚴重。太平天國和土地革命的發生,都可以從這個背景得到解釋。在太平天國和土地革命之間,形式上有政權輪替的發生,但因為辛亥革命屬於「文明革命」,未出現歷史上血流成河的狀況,也未真正建立起新的社會制度,經濟和政治兩個層面上的矛盾事實上被民國繼承下來。

在此同時,中國開始遭遇「三千年未有之奇變」。歐西社會邁出中世紀並創造了近代新文明、開始大規模對外擴張,推動「世界一體化」。西方侵略勢力在成功地完成了對美洲、澳洲、中東、印度等地的侵略之後,1840年發動鴉片戰爭,揭開征服中國的序幕。中國歷史的軌跡與世界歷史的軌跡不期而遇。中國歷史的「中國因素」與「世界因素」(在相當長時期內主要表現為「西方因素」)便發生了複雜的糾結——「近代中國」便既是「古代中國」的續篇,又是「近代世界」的一章了。「在鴉片戰爭之前,西方國家向中國

政府要求平等待遇而不可得，戰後，紙老虎被揭穿，中國方面反向西方國家要求平等亦不可得」[5]，整個近代中國，中西雙方從未享有平等相處的地位。中國歷史的主題由一而二，「救亡」更超越「治亂」，突出成為整個民族最揪心的課題。「在西方帝國主義壓力下，要做到不喪權辱國，傳統文化與民氣已不足恃」[6]，變革漸成時代強音。

「饑餓與西方文明，是決定中國近百年命運的兩大因素：前者要中國『亂』；後者要中國『變』。」[7]所以近代中國，實在是「亂」與「變」相交、傳統循環軌跡與西方文明挑戰相疊加的時代。

後一語境，指顯性的西方理論思維與隱性的中國傳統思維在知識分子頭腦中的結合。根據博藍尼（Michael Polanyi）的知識論觀點，思想者「思想」，除了顯性的「集中意識」的作用，還必然會有隱性的「支援意識」。真正創造的源泉是來自個人心中無法表面化的「支援意識」，而非表面上可以明說的「集中意識」。這種支援意識只有在接觸豐富、具體而親切的事例或師事師長的過程中得來。而我們的精神中，真正使我們產生具體親切感的，是我們所置身的文化傳統。既然文化傳統透過思想者的「支援意識」，能夠對「集中意識」發生染色的作用，那麼，所謂思想的純潔性，便幾乎不可能做到。中國知識分子無論多麼洋化，幾千年民族思維傳統和集體無意識，如道義意識、教化意識、天人合一意識等，始終都潛存於他們的思想底層，成為理解外部思想資源的底色。於是，自由主義進入中國，便勢必成為「中國自由主義」。「中國自由主義」的含義，不僅僅是說自由主義在中國有其存在和發展，而且意味著自由主義的中國色調、中國性格。

二、自由主義的中國性格

近代中國自由主義與西方自由主義相比，有不少特性。比如國族意識和平等意識強，理性精神有主觀放大的情形，啟蒙意識重於運動意識，觀念層次勝於理論層次等。

國族情結

西方自由主義興起的基本動機，是適應市場經濟發展和社會結構變化的形勢，建立一種穩健、開放的秩序，中心目標為維護公民權利。例如，17世

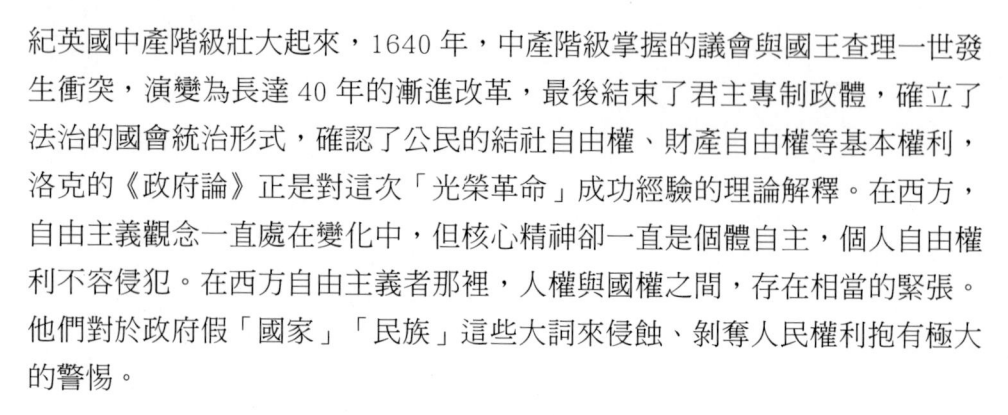

紀英國中產階級壯大起來，1640年，中產階級掌握的議會與國王查理一世發生衝突，演變為長達40年的漸進改革，最後結束了君主專制政體，確立了法治的國會統治形式，確認了公民的結社自由權、財產自由權等基本權利，洛克的《政府論》正是對這次「光榮革命」成功經驗的理論解釋。在西方，自由主義觀念一直處在變化中，但核心精神卻一直是個體自主，個人自由權利不容侵犯。在西方自由主義者那裡，人權與國權之間，存在相當的緊張。他們對於政府假「國家」「民族」這些大詞來侵蝕、剝奪人民權利抱有極大的警惕。

中國自由主義思潮由於是讀書人「憂患意識」和「師夷制夷」的結果，並非以社會經濟生活為基礎，個人權利要求並不強烈。自由主義在中國成為獨立思潮始於五四運動，但是五四自由主義的顯著特徵是「求解放」[8]（個性解放，即個人從舊文化的束縛中解放出來），而非「求自由」（在政治架構下保障個人自由）。中國自由主義者「求自由」的努力，以新月派的人權訴求最為典型，然隨著「九一八」事變的出現轉瞬即逝。抗戰勝利後自由主義得到兩雄爭勝的空隙一時如日中天，與其說是「爭自由」，不如說是爭「第三條」建國道路，以至於胡適怪異那些不講自由而聲稱自由主義者的人，有如「長坂坡沒有趙子龍」[9]。

中國的自由主義者尤其不像西方同道那樣強調個人自由與國家權力的緊張。最初引入自由主義的是嚴復，國外漢學家早已注意到，「個人與社會的嚴重對立，個人積極性和社會組織性的嚴重對立，等等，都沒有深入到嚴復的感覺中樞」[10]。即使後來鼓吹個人自由最力的胡適，其「真的個人主義」不過是「使個人擔干係，負責任」[11]、「社會國家沒有自由獨立的人格，如同酒裡少了酒麴，麵包裡少了酵，人身上少了腦筋；那種社會國家決沒有改良進步的希望」[12]。他在一篇名為《不朽》的文章裡，更提出「小我」（個體）的生命有限，「大我」（社會）則生命不朽，大我的不朽，也造成了小我的不朽的觀念。[13]

自由主義在西方本來是「自由為體，民主為用」的，到了中國，可以與各種主義相連接的「民主」反而成了駕乎其上的價值，「自由主義者」幾乎等同於「民主主義者」。

平等訴求

中國自由主義者除受了民族存亡危機壓迫，追求人權與國權的一致；還受了民眾赤貧苦痛的刺激，特別追求平等。講到平等，有道德人格上的平等、法律人格上的平等、政治人格上的平等、經濟生活上的平等、社會地位上的平等等多種含義，這裡主要指的經濟平等。在西方思想譜系裡，經濟平等是社會主義的核心價值，其左翼的共產主義者為了達成這一目標，主張實行財產公有、計劃經濟、按勞進而按需分配。

在西方，自由主義通常被作為資本主義（市場經濟）的意識形態，可是，中國自由主義者卻絕大多數長期同情社會主義（計劃經濟）。五四後期胡適曾與李大釗等走向馬克思主義的激進分子展開「問題與主義」論爭，但雙方不滿意資本主義的態度，並無異議；隨後胡適《我們對於西洋近代文明的態度》中，更是公開讚揚社會主義，說「十八世紀的新宗教信條是自由、平等、博愛，十九世紀中葉以後的新宗教信條是社會主義」，稱那些「知道自由競爭的經濟制度不能達到『自由、平等、博愛』的目的」的人是「遠識的人」；在與同道的討論中胡適曾經提出「新自由主義」和「自由的社會主義」等概念[14]，試圖將自由主義的自由精神與社會主義的平等精神嫁接起來。傅斯年說：「自由與平等不可偏廢，不可偏重，不可以一時的方便取一捨一。利用物質的進步（即科學與經濟）和精神的進步（即人之相愛心而非相恨心），以造成人類之自由平等，這是新自由主義的使命。」[15] 這種傾向在中國自由主義者中幾乎是普遍的，所以有人乾脆將中國的自由主義等同於「民主社會主義」。很多人甚至主張將公有制計劃經濟的蘇聯模式全然接受，拒絕的只是蘇聯的政治獨裁。[16]

應該說，西方在共產主義運動的衝擊下，也出現過「新自由主義」。不過，私有財產權始終是西方自由主義者信念的基石，這與中國自由主義者對社會主義出於道義的浪漫嚮往明顯不同。

理性迷思

科學理性，本來與自由民主分屬不同領域，但因為西方自由主義從反對宗教蒙昧主義中產生，科學理性精神充當了重要的批判角色，故一般比較重

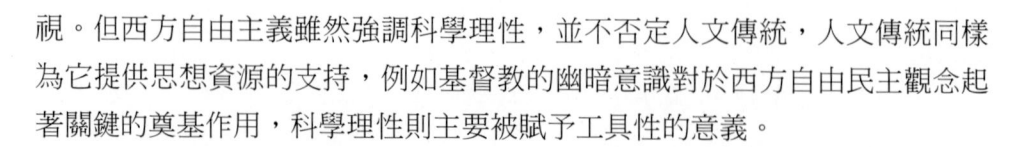

視。但西方自由主義雖然強調科學理性,並不否定人文傳統,人文傳統同樣為它提供思想資源的支持,例如基督教的幽暗意識對於西方自由民主觀念起著關鍵的奠基作用,科學理性則主要被賦予工具性的意義。

中國的自由主義者同樣以科學理性為「解放思想」的武器,但由於潛伏的天人合一傳統世界觀的習染,科學理性不僅被視為工具理性,而且被視為一種不容置疑的價值尺度。自由主義者同時也是科學主義者,「科學」、「民主」並列成為最有號召力的口號。他們心目中的科學與民主,既有「二」的特徵,又有「一」的本質,相信沒有「科學」便沒有「民主」。

理智上,他們也清楚,「科學者,智識而有統系者之大名。就廣義言之,凡智識之分別部居,以類相從,井然獨繹一事物者,皆得謂之科學。自狹義言之,則智識之關於某一現象,其推理重實驗,其察物有條貫,而又能分別關聯抽舉其大例者,謂之科學。是故歷史、美術、文學、哲理、神學之屬,非科學也;而天文、物理、生理、心理之屬,為科學。」[17]但在情感意識中,他們寧願將「科學」主要理解為一種「求真」的精神、務實的精神、分析的精神,力求在「歷史、美術、文學、哲理、神學之屬」上求應用,將其「提升」為實現民主自由的不二法門,根本手段。胡適廣泛流傳的所謂科學人生觀的「十誡」[18],即可做佐證。

理性的迷戀,加上科學理性與中國本土人文傳統的不和諧,很自然造成自由主義者對傳統的反感,五四以後甚至長期極端地全盤地反傳統,文化論戰不斷,以至於留給人們一種印象:自由主義者都是「反傳統」「非人文」論者。

啟蒙心態

西方自由主義者努力於民主憲政,非常注重現實的制度設計和政治參與,把制度的創發和運作,建立在凡俗、多元世界基礎上,並不追求全體公民價值觀的一致。「政教分開」是其社會建構的基本思路。

中國的自由主義者則不同。以胡適這樣一個留美求學期間即認定「關心政治是知識分子的責任」,並一直自認是「注意政治」的人,在追求民主的「黃金時期」五四之際,居然立志「二十年不談政治、不幹政治」,而打定主意

「要想在思想文藝上替中國政治建築一個革新的基礎」[19]。這就反映出，中國自由主義者受傳統教化思維影響，具有很深的思想決定論傾向，也潛藏著一種不自覺的一元論意識，希望透過新文化啟蒙，徹底改造國民性，使國民在確立民主憲政制度之時，先有健全而統一的新文化做根柢。胡適認為，建設政治首先要有深厚的「思想文化基礎」，這既包括破舊（對傳統文明進行「系統的嚴肅批判和改造」），又包括立新（「文藝復興」的新文化運動），只有這樣，才是「從根本下手，為祖國造不能亡之因」，而「今日造因之道，首在樹人；樹人之道，端賴教育」[20]。他們認為國民普及自由民主的新文化，便足以成為締造新政治的「新人」。

五四以後，自由主義者為形勢所「逼」，不得不走上前臺「談政治」，但止於「談」，不願「幹」實際的政治，基本的理念仍然是要改變國民的思想，只是因為「惡政治」太過糟糕，使得這一工作完全沒有環境進行，才「忍不住先打擊他」[21]——但「打擊」的方式仍然是辦報寫文章，唯將教育啟蒙調整為論政啟蒙而已。

林毓生界定這種啟蒙思維為「藉思想文化以解決問題的途徑」，這種居高臨下的精英主義思維方式，不同於西方自由主義者的平民主義風格。縱然，平民主義也曾是中國自由主義者揭櫫的思想主題之一，但平民主義只是啟蒙的內容，不是對啟蒙的取代。中國的自由主義者大多具有知識領袖的身分，君子不黨的傳統意識仍然發生作用，不習慣於用運動政治的方式解決政治訴求，多啟蒙家而少政治家。

信念形態

在近代西方，自由主義者分頭充當思想家、宣傳家、政論家和政治家的角色。啟蒙家與政論家的工作，通常以觀念應用和政治批判為主；思想家和政治家的工作，則重在建設。在西方，思想家和政治家一樣也是自由主義者特別獻身的工作，每個國家都有以落實自由主義政綱為目的的政黨和政治領袖，每個時代都有思考自由原理的大思想家。思想家的工作，主要的動力來自「我愛我師更愛真理」的精神，和不斷追問的思維傳統。

中國自由主義者多扮演啟蒙家與政論家,不僅政治家少,從事創造性思想工作的人也不多。思想建設按理應為書生分內且力所能及的事,然而,由於時代危機的急迫,沒有給他們從容思想的機會,在傳統的用世精神之下,簡單甚至浮泛的信條成為他們基本的信念形態。

各時期自由主義者都注意引進當時世界流行的某個西方自由主義思想家的觀念作為啟蒙論證之資,卻較少結合中國思想傳統和社會實際加以反思和再創造,甚至對於自由主義的基本命題,比如自由的概念定位、正當性、自由與「民主」「法治」等鄰近概念的關係等,很少有意作理論性的論證。[22]胡適鼓吹了一輩子的自由主義,有關自由主義含義,直到離開大陸前夕才有一個簡短的說法,那就是「自由主義的第一個意義是自由,第二個意義是民主,第三個意義是容忍——容忍反對黨,第四個意義是和平的漸進的改革」[23]。

殷海光反省中國自由主義時說,「在這五十年來,我們既未看見中國有像穆勒(J.S. Mill)的《論自由》(On Liberty)的著作,更沒有看見像海耶克(F.A. Hayek)的《自由之構成》(The Constitution of Liberty)的著作。」在他看來,中國自由主義在思想建設方面的成熟性,反而不如常被作為論敵的中國保守主義。

三、中國自由主義的「舊傳統」與「新遺產」

自由主義的中國性格,從西方的角度看,也許是「弱點」和「缺陷」。但如果說自由主義理想在中國的落空,應由這些性格負責,則言過其實。任何制度的生命力在於其核心價值成為社會生活的第一需要,自由主義亦然。自由主義的核心價值是自由人權,在國將不國和民不聊生的一個社會,自由人權對於多數人無疑顯得奢侈。這也是中國有些自由主義者常常進退失據,自失立場的原因。

1949 年國共內戰塵埃落定,國民黨帶著他的國族主義去了臺灣,共產黨則建立起一個共產主義的新政權。自由主義者除了極少數有條件者可以移居海外,大多數都不得不在去臺灣和留大陸之間做出選擇。這一選擇本身就意味著自由主義的邊緣化。不過由於國共政治性格的差異,這些做出不同選擇

的自由主義者,個人最後的結局還是有所不同,作為思想的自由主義,處境也有一些差別。

留在大陸的自由主義者,在抗風暴雨式的思想改造運動中,不管自覺自願抑或不情不願,很快都放棄了自由主義。即使內心裡仍抱有自由主義若干觀念的知識分子,也由於文化媒體的管制制度而無從表達,偶有隻言片語的流露亦會遭遇到嚴重的批鬥。總之,作為一種思潮,自由主義不復存在了。直到1980年代,隨著改革開放的推進,自由主義才悄然再生,但在「中國特色社會主義」的羽翼下新生的自由主義,與原來的自由主義不僅沒有人脈上的傳承,也表現出不同的語境和問題意識。

而去臺灣的自由主義者,開始時也表現出自覺自願遷就國民黨以「同舟共濟」、「反共抗俄」的姿態(與之相應的是受失敗打擊的國民黨對自由主義者形式上的禮遇)。只是在朝鮮戰爭發生,美國出面保護臺灣後,國民黨舊病復發重建獨裁體制,自由主義才恢復獨立的存在。他們以《自由中國》半月刊為基地,展開了對國民黨威權政治的抨擊,成為制約臺灣地區權力體制的一支力量。此後,自由主義雖屢遭打擊,卻香火未斷,甚至勢頭日勁,從書齋走向街頭,最後與民間反抗力量結合,逼成了臺灣地區的政治轉型,而使自由主義上升為社會主流價值。

為什麼自由主義在20世紀上半期的中國大陸慘遭失敗,而在20世紀下半期的臺灣卻能結出「民主之花」?這與其在戰後臺灣地區的語境變化密切相關,也與自由主義的性格調整有關係。

臺灣地區經濟基礎較好,國民黨遷臺後成功進行土地改革,既緩解了基層社會的生存狀況,又因此提升了工業經濟的資本投入,臺灣經濟因此得以較快起飛,成為亞洲「四小龍」之首。經濟狀況改善的同時,中等教育全面覆蓋,高等教育逐漸普及且與國際接軌,對於自由主義的基本價值,有越來越高的認同,權利意識日益生活化。而在政治方面,儘管威權體制長期維持,基於「行憲」所推行的地方選舉卻週期性地形成「民主假期」,激發知識精英參與政治的熱情。在「朝小野大」的格局下,地方民主的擴大一步步逼近「中央」層級。這些條件,都不是20世紀前半期的中國所可想像。

在這樣的背景下，自由主義的若干「性格」也出現變化。比如，70年代後，自由主義不再單純依託啟蒙而存在，越來越多的自由知識分子投身「黨外」政治運動，乃至在白色恐怖下組成梯隊相約突圍組黨。自由主義也不再迷信理性，而將矛頭只對準理論和實際形態的政治威權，為此自由主義者逐漸消除了與傳統主義者之間不必要的衝突。而在更早之前的《自由中國》時期，自由主義者透過反思，已經刻意釐清了自由與人權的內在關係，出現了第一本中國人闡述自由主義的經典著作《自由與人權》（張佛泉著）[24]，在自由主義的信念形態中增加了新內容；透過殷海光、傅正等與國族主義者的論戰，凸顯了國權與人權的緊張；透過殷海光、夏道平等與各種社會主義者的劃界，申說了自由與平等的矛盾；透過殷海光、徐復觀等人從論戰反目到和好反思，揭開了化解政治自由與文化傳統死結的序幕。這些都顯示「爭自由」已經成為自由主義者問題意識的核心。實際上自由主義從啟蒙到行動的最初嘗試也出現在《自由中國》時期雷震領導的反對黨運動，這個運動以雷震的十年牢獄和《自由中國》停刊為代價，卻開啟了後來黨外運動的大門。[25]

這樣說來，自由主義在中國20世紀上半期的失敗，似乎並不等於是自由主義在中國的宿命。1941年蔣介石在《中國之命運》中宣判自由主義和共產主義都不適合中國國情，1949年共產主義顛覆了他認為符合「國情」的國族主義，使中國大陸山河變色，給宿命式的宣判開了一個大玩笑。反右和文革時期，自由主義又被「左」傾思想宣判為不適合中國國情，但改革開放後自由主義卻悄然再起並成為市場經濟和政治改革的支持力量，而在這個時期的臺灣，自由主義更成為政治和社會轉型的旗幟。這似乎再次說明，歷史是人的活動，人的活動就有可能透過創造各種條件而打開意想不到的天空。今天的中國大陸，基於經濟發展而甦醒的人權意識，正在變成「生活的第一需要」的途程中，自由主義的中國命運能否改寫，日益為舉世所注目。

注　釋

[1]. 本文原題為《自由主義的中國語境、性格和命運》，載於《自由的探尋：陳宏正先生七十壽慶論文集》，臺北稻鄉出版社，2012年版。第三標題有變動。

[2]. 殷海光：《中國文化的展望》，臺北桂冠圖書公司1988年版，第319頁。

[3]. 中國之新民（梁啟超）：《新民說》「論新民為今日中國第一要務」，《新民叢報》第 1 期，1902 年 2 月 8 日。

[4]. 《二十世紀之中國》，《國民報》第 1 期，1901 年 5 月 10 日。

[5]. 韋政通：《中國十九世紀思想史》，臺北東大圖書公司 1992 年版，第 3 頁。

[6]. 韋政通：《中國十九世紀思想史》，臺北東大圖書公司 1992 年版，第 11 頁。

[7]. 許冠三：《西方文明的挑戰》，《自由中國》第 2 卷 6 期，第 11 頁。

[8]. 張斌峰、何卓恩編：《殷海光文集》第二卷，湖北人民出版社 2009 年版，第 278 頁。

[9]. 胡適：《自由主義》，1948 年 9 月 5 日北平《世界日報》。

[10]. 史華茲：《尋求富強：嚴復與西方》，江蘇人民出版社 1989 年版，第 228 頁。

[11]. 胡適：《易卜生主義》，《胡適文存》卷四。

[12]. 胡適：《易卜生主義》，《胡適文存》卷四。

[13]. 胡適：《不朽》，《胡適文存》第一集卷四。

[14]. 耿雲志、歐陽哲生編：《胡適書信集（上）》，北京大學出版社 1996 年 9 月第一版，第 386 頁。

[15]. 傅斯年：《羅斯福與新自由主義》，1945 年 4 月 29 日重慶《大公報》。

[16]. 高瑞泉教授的新著《平等觀念史略論》第五章，對此問題進行了考辨和分梳，該書由上海人民出版社 2011 年 12 月出版。

[17]. 任鴻雋：《論中國無科學之原因》，《科學》第 1 卷第 1 期（1915 年）。

[18]. 胡適：《科學與人生觀·序》，張君勱、丁文江等：《科學與人生觀》，上海亞東圖書館 1923 年版。

[19]. 胡適：《我的歧路》，《努力》週報第 7 期，1922 年 6 月 18 日。

[20]. 《胡適留學日記》，商務印書館 1947 年首版，第 832、833 頁。

[21]. 胡適：《答伯秋與傅斯年兩先生》，《胡適文集》，北京大學出版社 1998 年版，第 370 頁。

[22]. 雖然「自由」「民主」成為眾所周知的流行名詞，卻只有零星的文章涉及這些概念，如張佛泉的《論自由》、蕭公權的《說民主》、羅隆基的《什麼是法治》等。即使這類乍看起來是討論概念的文章，學理成分其實也很有限。張佛泉：《論自由》，《國聞週報》第 12 卷第 3 期。蕭公權：《說民主》，《觀察》第 1 卷第 7 期。羅隆基：《什麼是法治》，《新月》第 3 卷第 11 期。

[23]. 胡適：《自由主義》，1948 年 9 月 5 日北平《世界日報》。

[24]. 陳奎德認為該書「實際上已成為臺灣以及中國大陸知識界的經典」(《張佛泉：自由的卓越闡釋者——自由主義在近代中國》)；許紀霖認為該書在華人知識圈「至今無出其右」(《共和愛國主義與文化民族主義——現代中國兩種民族國家認同觀》,華東師範大學學報哲學社會科學版，2006 年第 4 期)。

[25]. 有關赴臺自由主義者觀念的調整和風格的改變，參見筆者所著《〈自由中國〉與臺灣自由主義思潮》，臺北水牛出版社 2008 年版，第二、三、五章。

附錄 殷海光、夏道平、徐復觀年表

一、殷海光年表

1919 年，12 月 5 日生於湖北省黃岡縣回龍山鎮殷家樓村一個基督教家庭，取名福生。大伯父殷子衡早年為反清革命志士，是「日知會」骨幹。

1925 年，入葉家凹小學讀書。

1928 年，轉入上巴河鎮一私立小學。

1930 年，到武昌讀中學。

1934 年，開始接觸羅素和西方哲學。撰寫《意志自由問題的檢討》，發表於《東方雜誌》32 卷 1 期。

1935 年，寫信向金岳霖求教，得到金岳霖回信鼓勵。譯 Champsman 與 Henle 合著的《邏輯基本》，後由正中書局出版。「譯者引語」《邏輯和邏輯學究竟是什麼》，經金岳霖推薦，在《文哲月刊》發表。

1936 年，夏，高中畢業。得金岳霖允諾，上北京問學。

1937 年，七七事變後逃回湖北。

1938 年，入西南聯合大學哲學系，續從金岳霖學。

1942 年，大學本科畢業，被錄取為清華大學哲學研究所研究生。

1943 年，著《邏輯講話》由重慶中國文化服務社出版。

1944 年，12 月 8 日，以研究生資歷投筆從戎，加入青年軍。

1945 年，7 月，從印度結束訓練回國。8 月抗戰結束，退伍。一路艱辛赴重慶。結識徐復觀，撰寫政論文章《中國共產黨底氣象學》、《光明前之黑暗》等，受到國民黨中央宣傳部部長梁寒操賞識。

1946 年，春，經徐復觀引薦晉見蔣介石。自印著作《中國國民黨的危機》，在國民黨二中全會上散發，受到國民黨文化運動委員會主任張道藩等

重視。秋,到南京,得陶希聖賞識,任國民黨中央宣傳部編案。譯著《哲學與邏輯語法》由重慶商務印書館出版。撰寫《中國共產黨之觀察》。

1947年,3月,任職《中央日報》,撰《中國民主運動底正確方向》、《中國文化建設之路》、《中國現代政治思潮》等文。秋,任《中央日報》主筆,撰寫眾多社論。辦報之餘,金陵大學兼課,授《哲學》和《邏輯》。年底探親,衣錦還鄉。

1948年,到徐蚌會戰前線慰問國軍。開始關注民生問題,對國民黨失望日重,為《中央日報》撰寫《趕快收拾人心》等社論。

1949年,1月到臺灣。3月12日,《中央日報》臺北版出版。仍任《中央日報》主筆,兼任《民族報》(《聯合報》前身之一)總主筆。撰寫《政治與寬容》、《主義並非國教》、《論國民黨底改造運動》等文。夏,辭去《民族報》、《中央日報》職務,轉任臺灣大學講師,參與籌辦《自由中國》半月刊並任主筆。撰寫《思想自由與自由思想》等文。

1950年,秋,接觸西方著作數量大增,殷海光思想開始「新陳代謝」。撰寫《自由主義的蘊涵》、《洛克底政治哲學》等文。

1951年,撰寫《科學經驗論底徵性及其批評》等文。

1952年,與牟宗三發生「真正的自由人」論戰。發表《自由人的反省與再建》、《輪選推論底解析》等文。

1953年,譯述海耶克《到奴役之路》在《自由中國》連載。

1954年,與新儒家就「真自由」問題再次發生思想論戰。

1955年,以哈佛燕京學社訪問學人身分赴美一年,提前半年歸臺。發表《民主底試金石》、《自由的真義》、《傳統底價值》、《論科學與民主》等文,遊記《西行漫記》、《旅人隨記》在港臺刊物連載。

1956年,參加編撰《現代學術季刊》。與國民黨當局發生個人與國家論戰、民主觀論戰。

1957 年，成為《自由中國》靈魂人物。撰寫《反民主的民主》、《胡適思想與中國前途》、《重整五四精神》、《反攻大陸問題》等文，反攻大陸問題的言論被國民黨刊物圍攻構陷。與新儒家發生「五四」問題論戰。升任教授。

1958 年，集中發表學術教育、知識分子問題的言論。12 月在臺大演講《胡適與國運》後，臺大當局不准社團邀請殷海光作公開講演。

1959 年，繼續論政啟蒙。出版《怎樣判別是非》，撰寫《中國文化發展的新取向》等文。與胡適發生「容忍與自由」論爭。與羅素通信討論問題，在自由與和平上發生分歧。

1960 年，發表《「五四」是我們的燈塔！》、《人是不是人？》、《論沒有顏色的思想》、《「反共」不是黑暗統治的護符！》、《我對三民主義的看法和建議》等文。公開抗議羅織雷案，並與夏道平、宋文明一起發表聲明，自攬文「罪」。《自由中國》停刊，此後喪失言論舞臺。

1961 年，開始透過學生「小天窗」接觸西方當代前沿思想和學術。開始受到國民黨迫害。

1962 年，「中西文化論戰」發生，被傳統派指為西化派總後臺。

1963 年，7 月倫敦出版的《中國季刊》刊登臺灣專論，《臺灣的政治》一文，隱然推崇殷海光為臺灣自由主義思想的領袖，引發論敵攻擊和圍剿。

1964 年，出版文集《思想與方法》。

1965 年，4 月撰寫《讓我們攜手從事文化創建》，希望與論敵息爭，未能刊出。10 月會見海耶克。文集《思想與方法》脫銷再版。譯著《到奴役之路》出版。撰寫《自由的倫理基礎》、《近代中國的文化問題》等文。

1966 年，5 月拒簽當局策劃的被人們廣泛視為忠誠測試的《給美國人民的一封公開信》，當局更加懷恨。當局逼迫他放棄國科會津貼，離開臺大。住宅受到特務嚴密監視。專著《中國文化的展望》出版，迅速被查禁。

1967 年，4 月發現胃癌。20 日，口述遺囑，表示自己思想快要成熟，並自我定位為「自由思想者」。5 月 1 日在臺大醫院實施手術，14 日出院。

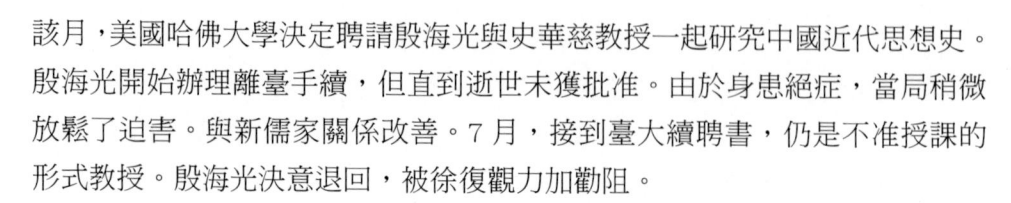

該月,美國哈佛大學決定聘請殷海光與史華慈教授一起研究中國近代思想史。殷海光開始辦理離臺手續,但直到逝世未獲批准。由於身患絕症,當局稍微放鬆了迫害。與新儒家關係改善。7月,接到臺大續聘書,仍是不准授課的形式教授。殷海光決意退回,被徐復觀力加勸阻。

1968年,3月,哈佛大學燕京學社寄來研究經費一千美元,供其寫作《中國近代思想史》之用。

1969年,堅持帶病讀書和思考。「五四運動」五十週年紀念日,在家放鞭炮慶祝,據說這是殷海光一生僅有的一種放鞭炮場合。6月癌病惡化,入臺大醫院。8月9日開始口述著作《思痕》,陳鼓應筆錄。計劃口授六十萬字,分思想、知識、哲學、人物四項。22日病情惡化而止。9月16日下午5時45分逝世。遺體送臺大醫院解剖後火化。10月1日,香港《明報月刊》刊出系列紀念文章,其中有《安眠曲——悼臺灣自由主義者的領袖殷海光先生》,詩云:「睡吧!別去想了。／殘酷的帝王已死,小器的帝王已死,拖油瓶一心裝聖的帝王已死,喪權失地的帝王已死,只愛自己白痴子孫的帝王已死,貪位賣國的帝王已死。／……／死;都已死了……／所以,……睡吧,別去想了,那是歷史。」

1978年1月2日,雷震、胡學古等將安放在懷恩堂的殷海光骨灰,遷葬於南港墳山「自由墓園」,碑刻「自由思想者殷海光先生之墓」。後來《自由中國》社多位骨幹故世,如雷震、羅鴻詔、傅正,亦安葬於「自由墓園」,與殷海光作自由主義的「生死之交」。

二、夏道平年表

1907年5月,出生於湖北省大冶縣保安鎮一個巨富之大家族。祖父和大伯也是鄉鎮大眾所敬重的紳士。

1913年,進家塾讀書。先後請四位老師,前三年的兩位老師不足道,第三位是杜星符先生,第四位是一位吳姓的先生,兩位都長於辭章學,講究桐城義法,使夏道平受益終身。尤其杜星符是晚清名儒張裕釗的再傳弟子,教夏道平六年,內容涵蓋經史子集的重要部分。杜先生未通新知卻知道科學新

知的重要，勸夏家讓子弟考新制學校，夏家父輩半信半疑，杜先生離開後續請吳先生教舊書兩年。

1923年，湖北省督軍蕭耀南在武昌創辦國學館，延請黃侃等華中四省名儒授課，夏道平及其堂兄前往應考，皆被國學館錄取。

1925年，自作主張以同等學力報考武昌新制名校私立共進中學，被錄取。開始接受新式教育。

1929年，考入武漢大學預科。

1931年，升入武漢大學法學院經濟學系。

1935年，大學畢業，留校任助教。

1938年，武漢大學因日軍入侵西遷四川樂山，隨遷。三年多時間內，主要是精讀了馬歇爾的《經濟學原理》，翻譯了霍布森的《分配經濟學》，泛覽了一些經濟和非經濟書刊。

1940年，投筆從戎，赴洛陽前線任文職上校軍官。

1943年，進入國民參政會擔任經濟建設策進會研究室主任，結識雷震。

1946年，抗戰勝利後，隨政府復員南京，任職經濟部。

1948年，國民政府遷入廣州時，脫離公職，準備赴臺。

1949年，赴臺灣，打算在民間作點有意義而可謀生的事情，再也不要進政府機關任公職，正好王雲五籌辦華國出版社，聘為編輯。不久雷震籌辦《自由中國》，又聘為主筆。

1951年，為《自由中國》撰寫社論《政府不可誘民入罪》，引起強烈社會迴響。為《自由中國》撰寫《政治作風與人情味》、《論政治作風》等文。

1952年，為《自由中國》撰寫《讀薩孟武先生〈關於讀經問題〉書後》、《談做保》等文。

1953年，為《自由中國》撰寫《青年節應該改期》等文。

1954 年，為《自由中國》撰寫《我們對於字體簡化的意見》，主張簡化字體。撰寫《有感於臺大教聘會拒聘事件》，支持抵制政治對教育的滲透。撰寫《諾言貴實踐》，質疑行政院長「遵循憲法、保障人權」的誠意。撰寫《國營事業轉投資問題的商榷》，反對國營事業擴大範圍。

1955 年，為《自由中國》撰寫《用容乃大，無慾則剛》鼓吹自由民主。撰寫《民營事業的使命》，希望民營事業表現出科學管理的成績來，再以此成績影響政府行政。撰寫《從孫元錦之死想到的幾個問題》，批評治安機關濫權，引起臺灣當局不滿，被禁發行。撰寫《論言論和新聞的管制》，呼籲保障言論自由。

1956 年，為《自由中國》撰寫《建立法治》、《請從今天起有效地保障言論自由》等文，訴求現代化的社會體制。

1957 年，1-2 月將著名英文雜誌《美國新聞和世界報導》上介紹米塞斯《反資本主義心理》文章分四期（16 卷 1-4 期）連續譯介於《自由中國》。為《自由中國》撰寫《選票與人心》、《我們的軍事》、《小地盤，大機構》等文。

1958 年，開始任教於政治大學。為《自由中國》撰寫《彈劾案與調查權》，矚望「立法委員」和「監察委員」「應該有為萬世開太平的抱負，應該有為憲政奠基的宏圖」。撰寫《為〈自治〉半月刊橫遭查扣而抗議》捍衛言論自由。撰寫《救國主義與亡國主義的對照》、《一篇血腥氣的怪論——〈中立主義的轉變〉》，抨擊國民黨喉舌濫扣帽子打擊自由言論。四論「奉命不上訴」問題，揭露國民黨司法的黑暗，社會迴響強烈。

1959 年，開始兼任省立法商學院教職。為《自由中國》撰寫《我們反對軍隊黨化》、《開倒車——走私案移送軍法審判》等文，抨擊違憲體制；撰寫《蔣總統不會做錯決定了吧？》、《好一個舞文弄法的謬論——所謂「修改臨時條款並不是修改憲法本身」》等文，嚴詞抨擊蔣介石違憲謀求三連任。

1960 年，為《自由中國》撰寫《敬向蔣總統作一最後的忠告》、《敬告我們的國大代表——團結、法統、政治買賣》、《怎樣才使國大的紛爭平息了的！》、《蔣總統如何向歷史交代》等文，繼續反對蔣介石「違憲」三連

任。撰寫《從行政院改組說到陳院長觀念中的經濟建設》，批評當局所謂「經濟建設」實際上是「經濟浪費」。撰寫《為軍公教人員鳴不平》、《臺灣人與大陸人》等文，關懷弱勢群體。9月，因為雷震出面組織反對黨，被當局羅致莫須有匪諜罪名逮捕起訴，《自由中國》停刊。殷海光、夏道平、宋文明聯名發表共同聲明，表示作為雷震案罪證之一的《自由中國》言論，大部分是他們三人所為，自攬「罪」責，試圖挽救雷震。7月已接到臺灣省立法商學院續聘的聘書及政治大學的續任聘書，雷案發生後，法商學院的續聘被校方解除，政大聘書未收回，一直持續到退休。後十多年夏道平還先後獲得東海大學、輔仁大學、東吳大學、銘傳大學等校兼職之聘。

　　1961年，翻譯出版霍布森《分配經濟學》。

　　1965年，在《時與潮》發表《不要過分依賴所得稅》，反對當局提高個人所得稅稅率；發表《對蘇俄經濟改革的觀感》，認為「混合經濟」對於社會主義國家來說是積極的（意味著個人自由漸漸擴大），對於資本主義國家來說則值得戒懼（意味著個人自由漸漸消減）。為「文星叢刊」之《海耶克和他的思想》撰寫長文《海耶克教授經濟思想的結構》，系統介紹海耶克的自由主義經濟思想。

　　1967年，在《中國財政》上發表長文《累進稅理論之崩潰與重建》，主張改革個人所得稅制度，以遞減累進稅代替分級所得稅。

　　1968年，翻譯出版米塞斯《經濟科學的最後基礎》。譯序中很欣賞海耶克說過的話「只是一個經濟學家的人，不會是一個好的經濟學家」，認為米塞斯的這本書就是一個好的經濟學家的作品。他認為廣博與精深是米塞斯和海耶克共有的優點，米塞斯廣博更勝於精深，海耶克精深更勝於廣博，表示「譯者在譯完米塞斯這本書以後，再譯點海耶克論著的心願油然而生」。

　　1971年，在《現代經濟金融月刊》發表《經濟自由主義的接種人》，介紹經濟自由思想的源流和命運。翻譯出版海耶克《個人主義與經濟秩序》。譯序說海耶克們的經濟思想不只是經濟學，更不同於當代一些籍籍有名的經濟工程師的理論：「他們的經濟理論是植根於『把人當人』的社會哲學，而不像後者的所謂經濟思想之受制於聯立方程式或電子計算機。前者有助於維

持或恢復以某些公認的原則作基礎的社會秩序,後者則有利於用命令來創造社會秩序。」

1972 年,翻譯出版 Kaldor 的《消費支出稅》。譯序中說,Kaldor 並非自由經濟思路上的人,但本書的觀點,大體上可納入自由經濟理論體系。

1976 年,翻譯出版米塞斯《人的行為》。譯序中對本書所代表的一種經濟學思路作出了評斷,說:「米塞斯和海耶克這個學派的經濟思想,是有其深厚廣博的社會哲學基礎的。所以米塞斯寫了經濟學方面的專書,如《貨幣和信用理論》等等以外,還能寫這本《人的行為》;海耶克除寫了《價格與生產》、《資本純論》等書以外,還寫了《自由的憲章》。可是當代大多數經濟學者所宗奉的凱因斯,除幾本經濟學專著以外,留給我們的就是一本《機率論》。由此可以看出:米塞斯和海耶克這個學派的經濟學家是把經濟學納入社會哲學或行為通論的架構中來處理;凱因斯則偏於把經濟學寄託於數學或統計學部門。這一差異,關乎他們個人學問造詣之深淺廣狹者,乃至關乎經濟學之是否被確實瞭解者,其事小;關乎其影響於人類文明演化之分歧者,其事大。面對這個關係重大的分歧路口,我們能不審慎取捨於其間嗎?」

1977 年,在《銘傳學報》發表《平等與經濟平等》,反對平等主義。翻譯出版 Gottfried Haberler 的《經濟成長與安定》。譯序說本書作者是奧地利學派第四代的佼佼者,是繼承了米塞斯的精神傳統,又有異於米塞斯的一位自由主義經濟學家。其不同於米塞斯的地方主要是就事論事,「而不是一味地對那些錯誤政策做挖根的工作」。

1978 年,8 月底國際自由經濟學家組成的蒙貝勒蘭學會在臺北召開特別會,未引起臺灣學界重視。當時臺灣學界仍瀰漫凱因斯主義的氣氛。

1979 年,翻譯出版德國經濟學家洛卜克《自由社會的經濟學》。譯序說,他之所以樂意翻譯這部書,是因為它作為一個自由經濟思想家的作品,在批評凱因斯方面所下的「破」的功夫和在闡述「第三道路」方面所表現的「立」的功夫。

1981-1982 年,臺灣發生蔣(蔣碩傑)王(王作榮)論戰。蔣碩傑由於天性木訥寡言,不善言辭,在論戰中每每激怒對方,受到不少人的圍攻,內

心深感孤獨鬱悶。當時夏道平深受蔣碩傑先生兩篇文章感動，乃寫信對當時身處弱勢，倍感「苦寂」的蔣先生表示敬佩和支持，而蔣先生將之視為「如聞空谷足音，實引以為莫大鼓勵」，而且更盼望夏道平也能「常為文駁斥濫竽充數之經濟學家在報章發表之言偽而辯之文章」；蔣先生認為：「這些經濟學家之所以猖獗，實因行家過於沉默不予痛擊故也。」夏道平果然寫了《討論經濟問題應有的共識》，發表在《中央日報》以為聲援，多少解除了蔣先生「各報圍剿之苦」。又，在《銘傳學報》發表《海耶克論凱因斯的通貨膨脹》，批評奉行凱因斯通貨膨脹理論的經濟政策是「正像抓住一隻老虎的尾巴」。

1983 年，在銘傳大學學生刊物發表《經濟學的課外話》，向學生傳播自由經濟理念。

1985 年，擔任中華經濟研究院特約研究員，籌備和編輯《經濟前瞻》。

1986 年，在《經濟前瞻》創刊號發表《經濟自由化與市場秩序》，第 2 號上發表《突破貿易方面的觀念障礙》，主張自由經濟。

1987 年，在《經濟前瞻》發表《工會與罷工問題的多面觀》、《關於工會罷工權行使問題的補充意見》等文，主張工會行使罷工權不應採取多數服從少數的「多數決」，而應實行「少數不服從多數的多數決」，以減輕對於現代文明的威脅。

1988 年，1 月在《經濟前瞻》發表《市場秩序與所謂叢林法則》，為市場秩序辯誣。2 月，與馬凱、林全、吳惠林合譯《自由經濟的魅力——明日資本主義》出版。譯者序中說，「資本主義」這個名詞，是馬克思主義者創造出來，用以概括工業革命初期一切叫人厭惡的現象，作為攻擊的總目標。「但是正確地講，資本主義是一種經濟秩序。這種經濟秩序，是以私有財產權為基礎；生產與分配則由市場運作，透過價格體系來決定；政府的經濟功能只限於提供某些必要的法律架構，使市場能自由順暢地運作而不加干擾。所以我們也把資本主義叫做市場經濟。」「市場經濟不是什麼偉大人物的精心設計，它是從芸芸眾生個別行為的互動中慢慢自然形成的；高明的社會哲學家只是發現它，瞭解它的優越性，並進而發展出一套自由經濟的理論體

系。」休謨、亞當史密斯、米塞斯、海耶克就是發現市場經濟並予以闡釋的具有社會哲學基礎的經濟學家，他們的理論都顯示，「市場經濟或資本主義，是人類有史以來社會制度中最好的」。9月，蒙貝勒蘭學會第二次來臺灣開會，夏道平在《中國論壇》發表長文《一個自由派國際學會的成長——寫在蒙貝勒蘭學會來臺開會之前夕》，呼籲學界和知識分子給予重視。

1989年，文存《我在〈自由中國〉》、《自由經濟的思路》出版。譯著《反資本主義的心境》、《經濟學的最後基礎》修訂再版。

1990年，譯著《人的行為》出版修訂版。在《經濟前瞻》發表《介紹海耶克的一本新書：毀滅性的狂想，社會主義》等文。在《中國時報》發表祝賀海耶克九十大壽的文章。

1991年，翻譯米塞斯《經濟學的最後基礎》。譯著《自由社會的經濟學》修訂再版。

1992年，譯著《個人主義與經濟秩序》出版修訂版。海耶克辭世，在《聯合報》發表《敬悼海耶克教授》。

1994年，在《經濟前瞻》發表自述性文章《自由主義與宗教——一個自由經濟學者成為基督教徒的心路歷程》。

1995年，5月在《中國時報》發表《走出「社會正義」的流行迷思——也談社會福利與自由經濟的爭議》。9月在《經濟前瞻》發表《勿開時代倒車——讀歐陽正宅〈凱因斯理論的爭議和肯定〉一文有感》。11月文存第三冊《自由經濟學家的思與言》出版。12月23日逝世。

三、徐復觀年表

1903年1月31日，生於湖北浠水巴河沿岸的鳳形灣農家。8歲起，從父發蒙讀書，新舊並進。

1915年，考入浠水縣高等小學，到縣城讀書。

1918年，考入湖北省立第一師範學校，到武昌讀書，系統學習了中國傳統典籍。

1923年，畢業求職。經爭取，以半價謀得浠水縣第五模範小學教員職務，收入不足維持生活。適逢湖北省國學館開辦招生，遂以第一名考中，讀內課文科三年。其間，一度到漢川當了4個月小學教員，補貼生活。

1926年，北伐軍攻克武昌，國學館停辦。求學生活結束，開始捲入社會政治活動。在武昌就地參加過國民革命軍，擔任過商民協會宣傳部長，被推為民眾會議主席。開始接觸孫中山三民主義，瞭解馬克思主義。棄置線裝書。

1927年，國民黨清共之時，險些被當作共產黨殺頭。轉而從教，擔任省立第七小學校長數月。

1928年，被送赴日留學，先後就讀明治大學經濟系和陸軍士官學校步兵科。熱心馬克思主義，曾組織「群不讀書會」。

1931年，與同學抗議九一八日軍侵華，被捕三天後，受驅逐回國。曾輾轉上海、武昌，為救國奔走呼號，受冷遇而失望，組織「開進社」以唯物辯證法來完成三民主義理論發展的計劃也流產。經人介紹，到廣西桂系國民黨軍隊任上尉營副，「正式過起丘八（兵）生活」。

1933年，因不滿桂系割據，離開廣西，不久成為黃紹竑幕僚，幫助籌備進兵新疆，鞏固邊防。次年曾受命率員赴西北偵察路線。後因胡宗南反對計劃而廢。

1935年，黃紹竑調任浙江省主席兼滬杭甬指揮官，籌備沿海御日防衛，隨往。贊成團結抗戰。與王世高小姐結婚，視為「一生中最大收穫」。後來黃紹竑又調任湖北省主席等職，亦隨往。

1937年，盧溝橋事變時，正以黃幕僚在廬山參與國民黨高官和教育界知名人士集訓，親聽蔣介石廬山講演。此後，隨黃紹竑參加山系梁子關戰役。役後離開黃紹竑，任八十二師的團長。次年春，到武漢大學校園（學校已搬遷）參加蔣介石主持的軍官集訓。

1942年，奉國民黨軍事委員會派遣，到延安八路軍駐地任聯絡參謀，歷時半年。與毛澤東、劉少奇等人多有學、政之論。

1943 年，返回重慶後，以《中共最新動態》向國民黨最高當局報告共產黨情況，指出共產黨有能力奪取全國政權，國民黨必須警醒。此文引起蔣介石重視，圈點後祕密下發傳閱。由此受到蔣介石器重，開始作為蔣介石幕僚參與國民黨高層工作。先後任聯合祕書處祕書長隨從祕書、侍從室第六組副組長、總統隨從祕書等職。放棄對馬克思主義的興趣，產生「由救國民黨來救中國」的構想，希望「把當時龐大而漸趨空虛老大的國民黨，改造成一個以自耕農為基礎的民主政黨」。是年，另一件重要的事，是結識熊十力，學術上得到名師指點，「起死回生的一罵」，開始改變他的人生道路，選擇回到學術文化研究道路。熊十力將「佛觀」更名「復觀」。

　　1945 年，抗戰勝利，國民黨加速腐敗，已無救藥，不再想到國民黨改造問題。以陸軍少將退役，結束 15 年軍旅生涯。但繼續充任蔣介石幕僚。

　　1946 年春，復員到南京。得蔣介石資助，次年創辦《學原》，漸為學術界接納。

　　1947 年曾策劃組建可以幫助蔣介石鬥爭的「新組織」，未果。次年，又一度激起「興師勤王」念頭，試圖凝聚黨內頗有聲望的中層骨幹，以座談會形式逐步擴大，形成綱領向外發展，又未果。11 月前後，離開南京，決心脫離現實政治，遂撒手攜家退往廣州。《學原》停刊。

　　1949 年 2 月底 3 月初，被業已下野的蔣介石召到溪口，商議辦組織和改造國民黨的事，他態度變得消極，認為組織救不了急。但撰寫《中興方略草案》，提出要將三民主義與民主自由者結合在一起。提議在香港辦一個刊物，得允，是為 5 月創辦的《民主評論》。此際，他已舉家遷臺，住臺中。主編《民主評論》，基本不再從事現實政治活動。

　　1952 年，任臺灣省立農學院兼職教師，年後改為專任教授。

　　1955 年，受聘美國基督教會在臺中新創辦的東海大學，任中文系教授兼主任。此後 14 年，生活穩定，學術成果豐富，著有《學術與政治之間》、《中國思想史論集》、《中國人性論史‧先秦篇》、《中國藝術精神》、《公孫龍子講疏》、《徐復觀文錄》等。

1956年，為《自由中國》「祝壽專號」撰文《我所瞭解的蔣總統的一面》，批評蔣介石性格缺陷。文集《學術與政治之間》甲集由臺灣中央書局出版。

1957年，因《自由中國》發表《重整五四精神》，以《歷史文化與自由民主》與之論戰。《學術與政治之間》乙集由臺灣中央書局出版。

1958年，與牟宗三、唐君毅、張君勱共同發表《為中國文化敬告世界人士宣言》。

1959年，《中國思想史論集》由臺灣中央書局出版。

1960年，雷震案發生前後，他明確表示反對國民黨鎮壓。

1961年，針對11月胡適發表《社會發展所需要的社會改革》演講，以《中國人的恥辱，東方人的恥辱》痛擊，引發中西文化論戰。

1963年，《中國人性論史‧先秦篇》由臺灣中央書局出版。

1966年，《中國藝術精神》由臺灣中央書局出版。《公孫龍子講疏》由臺灣學生書局出版。

1968年，《石濤之一研究》由臺灣學生書局出版。

1969年，因維護中國文化，與校方發生對抗，被迫從東海大學退休離校。在臺北各大學爭取教職，因國民黨壓力未果。受聘香港中文大學新亞書院客座教授，遷居香港，與牟宗三、唐君毅再次會合。三大儒分別以智者、仁者、勇者的風格，使新儒學興盛一時。

1971年，《徐復觀文錄》1-4冊，由臺灣寰宇出版社出版。

1972年，《周秦漢政治社會結構之研究》（後作為《兩漢思想史》卷一）由香港新亞研究所出版。

1974年，中文大學關閉屬下的新亞書院，三大儒建立獨立的新亞研究所，繼續工作。徐復觀在臺灣學生書局出版《中國文學論集》。

1976年，《兩漢思想史》卷二，由臺灣學生書局出版。

1977年，《黃大癡兩山水長卷的真偽問題》，由臺灣學生書局出版。

1979年，《兩漢思想史》卷三，由臺灣學生書局出版。《儒家政治思想與民主自由人權》有臺灣八十年代出版社出版。

　　1980年，到臺灣參加國際漢學會議，發現胃癌，頓覺生命可貴，開始寫日記。加緊經學史的撰述。《徐復觀雜文》四卷有臺灣時報文化出版公司出版，有大量批判大陸文化大革命和支持改革開放的內容。臺灣學生書局則出版《徐復觀文錄選粹》、《周官成立之時代及其思想性格》、《學術與政治之間》甲乙集合刊。

　　1981年，《徐復觀雜文續集》由臺灣時報文化出版公司出版，《中國文學論集續篇》由臺灣學生書局出版。

　　1982年元旦後，完成最後一篇長篇學術論文《程朱異同》，提出「為己之學」是中國思想史的主線的觀點。《中國經學史的基礎》由臺灣學生書局出版，《中國思想史論集續編》由臺灣時報文化出版公司出版，《論戰與譯述》由臺灣志文出版社出版。4月1日，徐復觀逝世於臺灣大學醫院。去世後，最後雜文、日記、家書等皆先後出版。1987年，徐復觀骨灰移葬於故鄉城郊，「葉落歸根」。

後記

　　這裡需要對本書「哲人」、「哲學家」的稱謂做一個簡要說明。「哲人」的意旨本有寬嚴二義，寬者指智慧卓越的人；嚴者指哲學家。不過所謂「哲學家」，又有廣狹之分，狹義的哲學家是有一套完整嚴密哲學體系的學人，廣義的哲學家則泛指在某一領域有著清晰思想主張的人。本書所研究的三位哲人，應該屬於廣義哲學家的範疇。他們並沒有康德、黑格爾那樣的哲學體系，甚至也許算不上在專業哲學領域有經典著作傳世的學者，但他們也不僅僅是智慧卓越的人，而是分別在自由主義政治、經濟、文化等領域有自己獨到見解，並直接影響社會歷史走向的思想家。

　　鑒於大多數文字是前後數年間發表的文章，出版時基本保持原貌未作實質變動，若干陳述的交叉重疊定不能盡免，有關學術史的描述亦未及最近的發展，敬請方家批評。

何卓恩

國家圖書館出版品預行編目（CIP）資料

自由主義的新遺產：殷海光、夏道平、徐復觀政治經濟文化論說 / 何卓恩著. -- 第一版. -- 臺北市：崧博出版：崧燁文化發行, 2019.02
　　面；　公分
POD 版
ISBN 978-957-735-679-6(平裝)

1. 社會科學 2. 政治思想 3. 文集

507　　　　　　　　　　　　　　　　108001902

書　　名：自由主義的新遺產：殷海光、夏道平、徐復觀政治經濟文化論說
作　　者：何卓恩　著
發 行 人：黃振庭
出 版 者：崧博出版事業有限公司
發 行 者：崧燁文化事業有限公司
E‑mail：sonbookservice@gmail.com
粉 絲 頁：▨▨▨　　網　址：▨▨▨
地　　址：台北市中正區重慶南路一段六十一號八樓 815 室
8F.-815, No.61, Sec. 1, Chongqing S. Rd., Zhongzheng Dist., Taipei City 100, Taiwan (R.O.C.)
電　　話：(02)2370-3310　傳　真：(02) 2370-3210
總 經 銷：紅螞蟻圖書有限公司
地　　址：台北市內湖區舊宗路二段 121 巷 19 號
電　　話:02-2795-3656　傳真:02-2795-4100　　網址：▨▨▨
印　　刷：京峯彩色印刷有限公司（京峰數位）

　　本書版權為九州出版社所有授權崧博出版事業股份有限公司獨家發行電子書及繁體書繁體字版。若有其他相關權利及授權需求請與本公司聯繫。

定　　價：550 元
發行日期：2019 年 02 月第一版
◎ 本書以 POD 印製發行